Língua de Herança

Q11   Quadros, Ronice Müller de.
          Língua de herança : língua brasileira de sinais / Ronice
      Müller de Quadros. – Porto Alegre : Penso, 2017.
          xvi, 247 p. : il. ; 23 cm.

          ISBN 978-85-8429-110-6

          1. Língua brasileira de sinais - Libras. 2. Educação
      inclusiva. I. Título.

                                              CDU 376-056.263

Catalogação na publicação: Poliana Sanchez de Araujo – CRB 10/2094

Ronice Müller de Quadros

Língua de Herança

Língua brasileira de sinais

Reimpressão

2017

© Penso Editora Ltda., 2017

Gerente editorial: *Letícia Bispo de Lima*

Colaboraram nesta edição

Editora: *Paola Araújo de Oliveira*

Capa: *Maurício Pamplona*

Imagem da capa: *Sukhonosova Anastasia/Shutterstock.com*

Preparação de originais: *Grasielly Hanke Angeli*

Leitura final: *Lisandra Picon*

Editoração: *Kaéle Finalizando Ideias*

Reservados todos os direitos de publicação à
PENSO EDITORA LTDA., uma empresa do GRUPO A EDUCAÇÃO S.A.
Av. Jerônimo de Ornelas, 670 – Santana
90040-340 – Porto Alegre – RS
Fone: (51) 3027-7000 Fax: (51) 3027-7070

SÃO PAULO
Rua Doutor Cesário Mota Jr., 63 – Vila Buarque
01221-020 – São Paulo – SP
Fone: (11) 3221-9033

SAC 0800 703-3444 – www.grupoa.com.br

É proibida a duplicação ou reprodução deste volume, no todo ou em parte, sob quaisquer formas ou por quaisquer meios (eletrônico, mecânico, gravação, fotocópia, distribuição na Web e outros), sem permissão expressa da Editora.

IMPRESSO NO BRASIL
PRINTED IN BRAZIL

Autora

Ronice Müller de Quadros é Mestre e Doutora em Linguística pela Pontifícia Universidade Católica do Rio Grande do Sul (PUCRS), com estágio por 18 meses na University of Connecticut, pesquisando sobre gramática da Libras e aquisição da Libras. Pós-doutora pela Gallaudet University e pela University of Connecticut, com pesquisas relacionadas ao desenvolvimento bilíngue bimodal (crianças usuárias de Libras e português e crianças usuárias de ASL e inglês), com financiamento do National Institute of Health (NIH) e do Conselho Nacional de Desenvolvimento Científico e Tecnológico (CNPq – 2009-2014). Pós-doutora pela Harvard University, com pesquisas sobre línguas de bilíngues bimodais (Libras e português e ASL e inglês), com financiamento do CNPq (2015-2016).

Atualmente é professora e pesquisadora da Universidade Federal de Santa Catarina (UFSC – 2002-atual) e pesquisadora do CNPq com pesquisas relacionadas ao estudo das línguas de sinais desde 2006.

Dedico este livro aos nossos pais surdos, que nos deram a herança da língua de sinais e da cultura surda que nos constitui codas.

Agradecimentos

Agradeço a todos os filhos de pais surdos que participaram direta ou indiretamente da composição desta obra. Em especial, aos codas que aceitaram fazer parte das biografias deste livro e aos que participaram do Inventário Nacional de Libras. Codas: Adriana Venancino, Andréa Venancino, Fabrício Tasca Lohn, Kelvin Piedade de Arsila Faria, Léa Mizoguchi, Maitê Maus da Silva, Mariana Farias Lima, Riva Watwick Caraver, Rosane Lucas de Oliveira e Sonia Marta Oliveira. Foram vocês que me inspiraram a escrever este livro, que traz pesquisas sobre a língua de sinais, como língua de herança, e apresenta algumas histórias de codas brasileiros.

Agradeço também a todos os bolsistas que participaram da transcrição dos dados do projeto do Inventário Nacional de Libras com as entrevistas dos codas: Miriam Royer, Bianca Sena Gomes, Maitê Maus da Silva, Edinata Camargo, Harrison Adams, Nicoly Danielsky, Bruna Crescêncio Neves, Hanna Furtado e Karina Bertolino. Também, aos colegas e bolsistas que se ocuparam das filmagens, da edição e da catalogação dos vídeos e da publicação: Roberto Dutra Vargas, Bianca Sena Gomes, Miriam Royer, Juliana Tasca Lohn, Deonísio Schmitt, Ramon Dutra Miranda e Andressa Dreher.

Agradeço à colega Débora Campos pela tradução dos nomes dos codas para a escrita da língua de sinais. Agradeço à minha amiga interlocutora Mara Lúcia Masutti, que sempre estava pronta para me ouvir, me ler e me dar retorno sobre o terceiro espaço, o espaço dos codas. Agradeço à Aline Lemos Pizzio, pela primeira leitura deste livro. Agradeço às minhas interlocutoras acadêmicas Diane Lillo-Martin, da University of Connecticut, Maria Polinsky, da Harvard University e da University of Maryland, e Kate Davidson, da Harvard University, que discutiram muitas das questões que resultaram nas análises aqui compartilhadas.

Este livro fez parte das atividades de pós-doutorado realizadas na Harvard University (2015-2016), parcialmente financiadas pelo Conselho Nacional de Desenvolvimento Científico e Tecnológico (CNPq), a que agradeço pelo investimento nesse tipo de pesquisa (Processo 234255/2013-7).

Apresentação

É com grande alegria que vejo a publicação do livro de minha colega, amiga de muitos anos e parceira de luta pela qualidade da educação de surdos. E foi com certo receio que aceitei o desafio de fazer esta Apresentação, pois sou também mãe de um menino coda de 4 anos.

A professora Ronice Müller de Quadros inaugura as pesquisas sobre as línguas de herança e codas no Brasil, e a tarefa de escrever a Apresentação desta obra me emociona e incita. Como mãe surda e pesquisadora, devo dizer que acompanhei o processo das pesquisas de Ronice, com seu conhecido pioneirismo e, agora, passados tantos anos, me alegra reconhecer a importância de seu trabalho, mesmo (ou principalmente) com nossas diferenças.

A professora Ronice levou, para o Núcleo de Aquisição de Língua de Sinais da Universidade Federal de Santa Catarina (UFSC), a teoria para a análise do coletivo ou individual infantil em espaços da esfera pública, nas comunidades surdas brasileiras e em grupos profissionais. Com o objetivo de "abrir" um espaço de discussão para as questões relativas à elaboração e à manutenção de *corpora*, ao intercâmbio de recursos e ideias referentes à pesquisa baseada em *corpus* e à formação de parcerias entre pesquisadores e instituições, esses encontros, inicialmente poucos, passaram a ser anuais e a contar com cada vez mais participantes. Além disso, alguns pesquisadores do Programa de Pós-graduação em Linguística aproveitaram para ampliar suas pesquisas nessa área.

Conforme também se reflete nos capítulos deste livro, as línguas de herança apresentam-se como um patrimônio linguístico e cultural transmitido às crianças codas por suas famílias surdas, e estão carregadas de sentimentos, registros familiares e identidade.

Os capítulos sobre as relações entre filhos ouvintes de pais surdos, filhos surdos de pais surdos e filhos surdos de pais ouvintes revelam maneiras de comunicação bem-sucedidas e também frustradas. São interessantes para que pais, surdos ou ouvintes, compreendam o fundamento básico de construção da comunicação e da relação, que fez muitos deles se organizarem ao redor do mundo, criando espaços de convivência e transmissão da língua e cultura para as crianças.

Neste livro, Ronice reflete sobre as famílias de codas e suas condições, bem como as dos pais surdos. Aborda os preconceitos enfrentados, como a ideia de algumas famílias ouvintes de que os filhos codas não têm capacidade de se comunicar em português e os que pensam que a Libras é uma língua inferior, bem como o medo de alguns pais surdos de perderem os filhos se eles não usarem a Libras. Também fundamenta a importância de os codas participarem e conviverem nas associações de surdos, para que tenham recordações de experiências de contato visual com a cultura surda e com a língua de sinais na infância.

Vendo meu filho coda participar na Colônia de Férias dos Surdos em Capão da Canoa, Rio Grande do Sul, percebi que ele, ao conviver com outros codas, sinalizava mais do que em casa, produzia com vontade e leveza, brincava com as mãos e observava os olhos, estabelecendo o contato pelo olhar. Na volta para casa, usava sem parar as expressões faciais que as crianças codas gostam. Para mim, a Colônia das Férias dos Surdos é igual a um país dos surdos, onde as crianças codas ou as crianças surdas vão durante as férias e fazem uma imersão na Libras e na cultura surda muito mais intensa do que na escola. Diferentemente de crianças ouvintes de pais ouvintes, que quando viajam de férias a outro país não desfrutam dessa imersão intensa na língua.

A relevância das pesquisas para os pais surdos é grande: ter um filho ouvinte implica uma série de escolhas em relação à língua portuguesa e à Libras. Há de se decidir se ele produzirá de uma forma falada as duas línguas, dependendo da situação e do contexto com as pessoas surdas e ouvintes.

Uma política linguística cada vez mais focada na promoção da Libras e na expansão de seu ensino, inclusive aos profissionais intérpretes de Libras/português, tem sido desenvolvida cada vez mais no Brasil. O estímulo do ensino e da manutenção da Libras como língua não materna ou de herança para as crianças codas e jovens é bem-acolhido pela comunidade surda.

Os depoimentos dos filhos ouvintes de pais surdos são interessantes, e suas experiências ressaltam a extrema importância de transmitir a língua brasileira de sinais e os valores culturais surdos. Contudo, a tarefa de criar filhos em ambientes em que duas línguas são faladas nem sempre é fácil. Os pais surdos, assim como eu, querem que os filhos ouvintes se tornem bilíngues, mas será que estamos no caminho certo? Não queremos fechar as mãos, os sinais, as expressões faciais e os olhares, deixando as crianças aos cuidados da escola e achando que o fato de saberem falar e brincar com os amiguinhos ouvintes já os torna bilíngues. Não queremos nos distanciar de nossos filhos somente falando em português. Como despertar o interesse da criança coda em aprender a ser intérprete de Libras/português? Apesar de fazer parte da comunidade surda, ela sempre necessitará se comunicar com pessoas ouvintes. Isso as faz sentirem-se úteis.

Tais premissas dão força ao estudo da Libras para buscar maior integração com os interlocutores surdos, para que eles proporcionem às próximas gerações codas as mesmas oportunidades e menos discriminação.

É preciso lembrar que o que une os pais surdos a seus filhos, acima de tudo, é o amor e também os sentimentos e as experiências transmitidas pelas vivências da cultura surda.

Diversos estudos apontam que o ambiente da família não é suficiente para o desenvolvimento constante de uma língua de herança. O contato com outros interlocutores e com um ambiente escolar que crie e valorize vínculos afetivos com a identidade da língua de herança também é necessário.

Agradeço imensamente à Ronice por compartilhar conosco, pais surdos, este conhecimento valioso a respeito dos codas e das línguas de herança, tendo a certeza de que este livro fará diferença no caminho de todos nós.

Marianne Rossi Stumpf
Doutora em Informática na Educação pela
Universidade Federal do Rio Grande do Sul (UFRGS).
Professora e pesquisadora do Programa de Pós-graduação em
Linguística da Universidade Federal de Santa Catarina (UFSC).

Sumário

Introdução 1

1 Línguas de herança 7

2 Comunidades de línguas de herança 17

3 O caso da língua brasileira de sinais: língua de herança? 33

    A língua brasileira de sinais - Libras 33

        Sobre as origens da língua brasileira de sinais 39

        Sobre os estudos da língua brasileira de sinais 43

    Transmissão da língua brasileira de sinais: um caso à parte 63

        Filhos ouvintes de pais surdos 63

        Filhos surdos de pais surdos: surdos de referência 72

        Filhos surdos de pais ouvintes 74

4 Pesquisas com línguas de sinais como língua de herança 81

    As pesquisas com línguas de herança 81

    Pesquisas com filhos ouvintes de pais surdos: sinalizantes
de língua de herança 99

**5 Língua de herança: políticas linguísticas e a língua
brasileira de sinais** 131

**6 Biografias: o que os filhos ouvintes de pais surdos contam
sobre as línguas, as identidades e as culturas** 143

    Ronice Müller de Quadros (1969-) 145

Sonia Marta de Oliveira (1967-) 161

Maitê Maus da Silva (1982-) 169

Léa Mizoguchi (1951-) e Riva Watwick Caraver (1955-) 181

Adriana Venancino (1975-) e Andréa Venancino (1979-) 190

Fabrício Tasca Lohn (2000-) 208

Sobre as biografias 211

Considerações finais 226

Referências 229

Leituras recomendadas 245

Introdução

Língua de herança é uma língua usada pelas comunidades locais (étnicas ou de imigrantes) em uma comunidade na qual outra língua é utilizada de forma mais abrangente. Língua de herança é, normalmente, a língua da família, em um contexto no qual outra língua é falada nos demais espaços sociais, tais como a escola e a mídia. "Herança" significa transmissão de bens culturais e materiais de uma geração para a outra. Nesse sentido, os falantes de herança herdam um patrimônio cultural que inclui uma língua em seu berço familiar. No entanto, o termo é usado aqui para se referir especificamente àqueles que nascem em uma família e herdam uma língua que carrega uma bagagem cultural diferente da que está disposta no local onde vivem. São aqueles que têm contato com a língua de herança antes ou paralelamente com a língua usada na comunidade. Dessa forma, esse falante tem a oportunidade de compartilhar duas experiências culturais e linguísticas diferentes. O falante de herança cresce com uma língua de herança e com a língua usada em sua comunidade mais geral, portanto, é supostamente um bilíngue com duas (ou mais) línguas nativas. No entanto, apesar de estarem expostos à língua de herança de forma intensa no período da infância, esses falantes podem não ter a fluência de seus pais. Nesse caso, os falantes de herança podem ser bilíngues com mais ou menos fluência em uma e outra língua (desbalanceados). Fishman (2001) os identifica como aqueles que contam com uma herança cultural, em vez de uma herança linguística.

Os falantes de herança são crianças bilíngues. Os estudos sobre esse tipo de bilinguismo atestam uma grande variação entre seus falantes e sinalizantes. Conforme Grosjean (2010), o bilinguismo é uma realidade, pois muitos países proporcionam a aquisição bilíngue (ou multilíngue) na vida das crianças, seja em contato com diferentes contextos em que as línguas são usadas com funções distintas, seja em grupos sociais específicos. Em tais casos, essas crianças tornam-se bilíngues nativas, ou seja, apresentam fluência em suas línguas e se adequam aos seus diferentes usos de acordo com os contextos nos quais convivem com elas. Essas pessoas são bilíngues simultâneos, ou seja, vão convivendo com as diferentes línguas e se apropriando delas de acordo com os diversos contextos em que são usadas. Por exemplo, no Paraguai, há falantes nativos de castelhano e guarani. Nesse país, há uma política linguística pública que favorece a manutenção dos usos do guarani, o que proporciona espaços de usos diversificados, garantindo a transmissão dessa língua, além do castelhano. Ambas as línguas são consideradas oficiais no país; portanto, as escolas são bilíngues. Assim, como extensão do uso dessas línguas em diferentes contextos, a escola afirma seu uso com atividades em ambas as línguas, refletindo uma política bilíngue. As crianças, então, crescem bilíngues simultâneos, ou seja, desde pequenas usam as duas línguas de acordo com os contextos em que se apresentam.

No entanto, em vários outros países, como no Brasil, a realidade do bilinguismo é diferente. Os falantes de herança lidam com a perspectiva histórica de um país supostamente monolíngue. As famílias étnicas, de imigrantes e das comunidades surdas se deparam com preconceitos estabelecidos que afirmam que, no Brasil, a língua falada é o português (BERGER, 2011). Subjacente a essa frase amplamente proferida por quase todos os brasileiros, existe uma posição ideológica que estabelece a língua portuguesa como a única língua falada no país. Nesse contexto, as famílias que usam outra língua, que não o português, são falantes e sinalizantes de uma língua de herança que se depara com uma relação desigual entre as línguas concorrentes. A língua de herança fica bastante restrita aos contextos familiares ou aos locais de uma comunidade específica, pois o português é a língua amplamente difundida em todos os espaços públicos. Isso interfere no desenvolvimento bilíngue das crianças e determina as formas que o bilinguismo toma em nosso país.

Nas fronteiras também acontece a aquisição bilíngue (ou até plurilíngue), mas nem sempre as políticas linguísticas favorecem a manutenção de todas as línguas existentes nesses espaços. Por exemplo, no caso da fronteira entre Brasil, Argentina e Paraguai, há pelo menos três línguas em constante contato: português, guarani e castelhano. Segundo Berger (2011), a escola tem sido um espaço que concretiza os preconceitos linguísticos relativos aos usos das línguas que não compreendem o português. As atitudes diante do castelhano e do guarani são preconceituosas, desqualificando o *status* dessas línguas perante o português. Assim, as crianças já se defrontam com contextos que desfavorecem o bilinguismo, o que interfere no uso dessas línguas, mesmo sendo elas uma realidade dessas fronteiras. Provavelmente, isso também aconteça no lado argentino em relação ao português e, talvez, ainda no lado paraguaio, embora neste último haja uma política nacional bilíngue instaurada.

Nos casos dos bilíngues de famílias de imigrantes, grupos étnicos e surdos, há os falantes e sinalizantes de línguas de herança que apresentam a especificidade de se defrontarem com contextos linguísticos que podem interferir no processo de aquisição da linguagem e nos níveis de proficiência das línguas, por representarem usos de línguas em um país em que outra língua é empregada de forma massiva. Apesar de serem supostamente considerados falantes e sinalizantes "nativos" do ponto de vista linguístico, o contexto social interfere no desempenho dessas línguas, que seriam consideradas nativas, L1, indicando características específicas que podem contribuir para a compreensão da linguagem humana. Por exemplo, no Brasil, há comunidades indígenas urbanas, como em Campo Grande, cujos integrantes convivem com o português todo o tempo. Apesar da existência de escolas bilíngues indígenas nesses contextos, a relação com o português torna-se imperativa, interferindo na fluência da língua indígena, no caso, línguas guarani, kadiwéu, ofayé, xavante e terena, sendo esta última a mais representada na área. Os terenas procuram manter a língua terena, mas a relação com o uso massivo do português torna essa tarefa bastante difícil. Os meios de comunicação, bem como as escolas, mesmo com propostas bilíngues, são ferramentas linguísticas poderosas que tendem à homogeneização linguística, favorecendo o uso do português.

Em outros contextos, há os imigrantes que colonizaram o Brasil e que já se tornaram brasileiros há alguns anos. Por exemplo, os italianos e alemães que se instalaram no sul do Brasil e constituíram colônias que falavam quase que exclusivamente as línguas de seus países de origem. As políticas linguísticas brasileiras sempre favoreceram o português e até impuseram essa língua por vários anos. Foram essas políticas que desfavoreceram o bilinguismo, exigindo o uso do português e estabelecendo atitudes negativas em relação às demais línguas utilizadas nessas comunidades. Em alguns momentos da história brasileira, ações impuseram a assimilação e a "erradicação" das línguas indígenas e das línguas de imigrantes (MASSINI-CA-GLIARI, 2004). Em tais contextos, algumas famílias resistiram a todas essas ações de imposição monolíngue. Essas famílias continuaram a falar o italiano ou o alemão (mesmo que escondidas), mas houve uma grande variação quanto à transmissão dessas línguas, pois tais atitudes instauradas historicamente favoreceram apenas o uso do português. De certa forma, o legado das línguas resistiu ao genocídio linguístico instaurado historicamente no Brasil, mas seus efeitos foram inevitáveis.

Assim, os falantes de herança acabaram apresentando diferentes níveis de *performance* nessas línguas. Configura-se aqui o que vamos referir como um bilinguismo "desbalanceado", em que uma língua é muito mais representativa do que a outra em termos de uso, o que impacta diretamente a fluência da pessoa bilíngue. Por exemplo, nas colônias de imigrantes, algumas pessoas falavam italiano ou alemão, mas não escreviam a respectiva língua. Alguns compreendiam a língua, mas não a falavam. Outros nem sequer conseguiam acompanhar uma conversa.

Isso não foi diferente com os surdos, pois as línguas de sinais foram proibidas por muitos anos, em decorrência de uma proposta de ensinar os surdos a falar a língua do país (por razões políticas) e a proferir a fé perante Deus por meio de uma língua (falada, pois as línguas de sinais não tinham *status* de língua) (para mais detalhes, ver LANE, 1992). O efeito de posições políticas monolíngues e religiosas impôs aos surdos a aprendizagem da língua falada no país. No Brasil, o chamado "oralismo" (educação de surdos que pressupunha o ensino da língua falada no país) baniu a língua de sinais da sala de aula. Os surdos continuaram usando a língua de sinais escondidos, fora dos espaços escolares, "pela janela" (como referido por BASSO, 2003), resistindo ao massacre linguístico instaurado por muitos anos. A partir da década de 1980, as línguas de sinais começaram a ressurgir nos espaços escolares. No entanto, os efeitos da relação instaurada entre as línguas de sinais e as línguas "oficiais" de cada país estão impressos no desenvolvimento bilíngue das crianças até os dias de hoje (QUADROS, 1997, 2003, 2006d, 2012). No caso específico do Brasil, a língua brasileira de sinais (Libras) é uma herança que se defronta com o português, impactando o desenvolvimento bilíngue de diferentes formas. Alguns filhos ouvintes de pais surdos são fluentes em Libras e português, outros compreendem a

Libras, mas falam com seus pais em português, alguns chegam a apresentar uma comunicação bastante comprometida com seus pais, pois o português é sua língua primária.

Atualmente, há uma mudança diante dos usos dessas línguas, com incentivo à diversidade e às perspectivas mais enriquecedoras e plurilíngues que contaram com a resistência dos próprios indígenas, dos descendentes de imigrantes e das comunidades surdas. No entanto, o peso da história ainda interfere nas práticas linguísticas, determinando diferentes tipos de bilinguismo, quando esses se instauram.

Este livro se ocupa em apresentar esses bilíngues (multilíngues) que são chamados de falantes ou sinalizantes de língua de herança. Após introduzirmos a questão central deste livro, as línguas de herança, vamos debater a respeito dos estudos relativos aos sinalizantes de língua de herança, aqueles que crescem em uma família ou em uma comunidade em que a língua de sinais é compartilhada, com ênfase nos ouvintes, filhos de pais surdos, sinalizantes da língua de sinais de seu respectivo país. Aqueles que nasceram ouvintes nas famílias de pais surdos tiveram a oportunidade de adquirir a língua de sinais em casa com seus pais surdos (incluindo ou não a comunidade surda local). Esses sinalizantes de herança vão para a escola e outros locais e convivem, inclusive, com outros membros da unidade familiar, quase que exclusivamente com a língua falada em seu país, língua que também se apresenta em diferentes meios de comunicação. A relação entre a língua de sinais e a língua falada pode constituir um bilinguismo desbalanceado, ou seja, a língua falada normalmente ocupa muito mais tempo de interação linguística, em comparação com o tempo de interação na língua de sinais. Além da questão do tempo, a qualidade de exposição à língua falada se apresenta de forma muito mais diversificada, em relação ao uso da língua de sinais, que, muitas vezes, se restringe ao lar, somente com os pais surdos. Esses contextos são análogos aos diferentes cenários de língua de herança, pois as línguas usadas em casa diferem das línguas utilizadas na sociedade em geral.

Línguas de herança

Línguas de herança são as línguas que, em um contexto sociocultural, são dominantes diferentes da usada na comunidade em geral. A palavra "herança" remete à ideia de tradição herdada, assim como a ideia de patrimônio, que remete à relação familiar. As línguas que a pessoa adquire em casa com seus pais, diferentes da língua usada de forma massiva no país, configuram línguas de herança. Isso é o que normalmente acontece com as famílias de imigrantes e de indígenas. Os pais que ainda preservam sua língua nativa e a usam em casa passam a sua língua para seus filhos, embora essa língua não seja falada por outras pessoas na comunidade onde estejam inseridos. De certa forma, essa herança pode estar sendo passada por uma comunidade em que a família esteja inserida. Assim, língua de herança está diretamente relacionada linguística e culturalmente aos usos de uma língua por pessoas de um grupo social específico dentro de um grupo social maior. Essa língua não é a mesma da comunidade dominante, "dominante" no sentido de ter o maior número de pessoas utilizando uma língua com abrangência e número de falantes muito maior do que as línguas usadas em comunidades locais inseridas em determinado país.

Muitas vezes, a língua de herança passa a ser uma língua secundária, mesmo sendo a primeira língua (L1) de seus falantes, diante da língua massivamente usada na comunidade em geral, a língua primária, que pode ser até uma segunda língua (L2). Língua primária é entendida aqui como a língua mais usada no dia a dia, enquanto a língua secundária é empregada apenas em contextos muito restritos. Nesses contextos, muitas vezes, portanto, a L1, primeira língua, a língua de herança, pode ser a língua secundária, e a L2, a segunda língua, a língua usada na comunidade mais abrangente, pode passar a ocupar o estatuto de língua primária.

A variação entre a transmissão da língua de herança é muito grande. Há vários fatores que podem determinar que uma criança seja bilíngue nativa em duas L1, a língua de herança e a da comunidade em geral, ou ter diferentes níveis de proficiência em uma ou outra língua. Os fatores envolvem atitudes em relação às línguas, quantidade de exposição às línguas, níveis de interação nas línguas, as políticas linguísticas instauradas no país em que as duas línguas sejam usadas, ambientes linguísticos que podem favorecer ou comprometer o desenvolvimento bilíngue e assim por diante.

Boon (2014) traz a definição de Draper e Hicks (2000) para os alunos de línguas de herança que abre a discussão para esses falantes como estando expostos a outra língua fora de casa:

> Aquele que esteve ou está exposto a uma língua que não é o inglês fora do contexto formal. Isso frequentemente refere alguém com uma língua que também foi exposto de forma profunda a outra língua. Outros termos que são usados para essas pessoas podem incluir "falante nativo", "bilíngue" e "herdeiros". Enquanto esses termos são frequentemente usados de forma intercambiável, eles podem ter interpretações bastante diferentes.[1] (DRAPER; HICKS, 2000, p. 19, tradução nossa).

Esses termos são realmente flutuantes, pois refletem diferentes experiências que caracterizaram muitas formas de ser bilíngue. No caso de falantes de língua de herança, os termos "falante nativo", "bilíngue" e "herdeiros de uma língua" tomam diferentes formas e refletem possibilidades que variam em termos de fluência nas línguas. As experiências individuais em determinadas comunidades estabelecem os usos das línguas em suas diferentes modalidades.

---

[1] Original: "...*someone who has had exposure to a non-English language outside the formal education system. It most often refers to someone with a home background in the language, but may refer to anyone who has had in-depth exposure to another language. Other terms used to describe this population include "native speaker", "bilingual" and "home background." While these terms are often used interchangeably, they can have very different interpretations*" (DRAPER; HICKS, 2000, p. 19).

Benmamoun, Montrul e Polinksy (2013a, p. 132) afirmam que o termo "falante de herança" se refere, em geral, a uma segunda geração de imigrantes que vivem em contextos bilíngues. No Brasil, quaisquer línguas, além da língua portuguesa brasileira usada em diferentes comunidades, podem ser consideradas línguas de herança. Isso significa que línguas de imigrantes, grupos étnicos e línguas de sinais podem ser consideradas línguas de herança, pois sua relação com o português configura uma situação bilíngue. A língua portuguesa falada no Brasil é a língua usada em diferentes mídias e considerada a língua oficial utilizada nas escolas públicas brasileiras, conforme estabelecido constitucionalmente. Entretanto, as línguas de sinais, as línguas de fronteira, as línguas de imigrantes japoneses, alemães, italianos, poloneses e assim por diante, bem como os diferentes grupos indígenas falantes de mais de 180 línguas distintas, são usadas apenas nas comunidades locais (às vezes, apenas na própria família) e estão em um ambiente que favorece o uso massivo do português. Os falantes e/ou sinalizantes de língua de herança, portanto, estão imersos em uma sociedade que usa uma língua diferente da língua utilizada em casa. A escola tem um impacto grande na vida desses indivíduos, pois eles têm aulas em uma língua que não é a língua que usam em casa, em contraste com seus colegas, que usam a mesma língua em casa e na escola. O tipo de exposição à língua que usam em casa também é diferente, como apontado por Benmamoun, Montrul e Polinsky (2010), pois, se estivessem em um ambiente no qual essa língua fosse amplamente usada, seu uso seria mais abrangente do que o uso estabelecido apenas na unidade familiar.

Similarmente, nos Estados Unidos, as línguas de imigrantes, assim como as línguas étnicas (FISHMAN, 2001) e as línguas de sinais, são consideradas línguas de herança nos contextos bilíngues em que o inglês configura a língua majoritária. Nesse contexto, os "falantes de herança" podem ser competentes em sua L2, mas não serem tão competentes em sua L1. Logo, em tais cenários, a L1 pode tornar-se a língua secundária, enquanto a L2, a língua primária (BENMAMOUN; MONTRUL; POLINSKY, 2013a). Isso significa que, no dia a dia, a língua da escola é usada mais intensamente e com muitas pessoas; diferente da língua de herança, que é usada apenas em casa com os pais.

Os falantes e sinalizantes considerados bilíngues, por fazerem parte de grupos étnicos, comunidades indígenas, comunidades de fronteiras e comunidades de surdos, normalmente são considerados usuários de línguas minoritárias e apresentam uma variação considerável na proficiência de suas primeiras línguas. Alguns apresentam fluência de falantes e sinalizantes nativos, e outros podem chegar a níveis de fluência que permitem apenas compreender a língua, mas não produzi-la. Por exemplo, o caso já mencionado na Introdução deste livro: em colônias de alemães no interior do Rio Grande do Sul, é muito comum ter famílias que falam o alemão em casa, mas os filhos, apesar de entenderem, respondem e conversam em português. Todavia, em outras cidades em que há um projeto de educação bilíngue municipal, as crianças são bilíngues nativas de alemão e português.

Cho, G., Cho, K. S. e Tse (1997), em um estudo com crianças imigrantes da Coreia nos Estados Unidos, verificaram que crianças que saem de seu país ainda muito novas, acompanhando sua família para viver em outro lugar, apesar de os pais continuarem usando a língua de origem, tendem a usar a língua do novo país, por se sentirem mais confortáveis. A tendência é de chegarem no período da adolescência usando exclusivamente a língua falada no novo país.

De certa forma, isso é o que também observamos em algumas crianças e adultos codas, filhos ouvintes de pais surdos, para quem o português passa a ser a língua de preferência, especialmente quando não têm muitas oportunidades de convivência com a comunidade surda. Por exemplo, é o caso de uma das crianças de nosso estudo longitudinal do Núcleo de Aquisição de Línguas de Sinais – NALS – da Universidade Federal de Santa Catarina, o Edu (1;0-4;1). Edu é um menino que é ouvinte nascido em uma família de pais surdos. Os pais usam Libras para conversarem com ele e entre o casal. Ambos os pais são bilíngues, ou seja, usam Libras e língua portuguesa, normalmente na modalidade escrita. O pai não usa o português falado, mas a mãe articula o português oralmente, quando o contexto favorece o uso do português em ambientes monolíngues. O Edu teve um comportamento diferente nas sessões interagindo com o pai e naquelas interagindo com a mãe. Ele sempre usou o português falado tanto com o pai quanto com a mãe, mas, com o pai, ele apresentou mais ocorrências de sobreposição de sentenças em português com sinais de Libras. Com a mãe, ele praticamente só falava em português, embora a mãe não usasse fala para interagir com ele. A mãe fazia sinais, compreendia o que Edu falava em português e respondia em sinais. O Edu simplesmente continuava falando em português. Percebeu-se que, ao longo de seu desenvolvimento, essa prática tornou-se mais consistente. Não temos dados de Edu depois dos 4 anos de idade, mas provavelmente ele usa português de forma bem mais fluente do que Libras. Contudo, temos o Igor (2;1-3;9), que faz parte do mesmo banco de dados, filho ouvinte de pai surdo e mãe ouvinte, fluente em Libras. A mãe de Igor usava Libras para incluir o pai nas conversas do dia a dia. O Igor foi sensível a isso e progressivamente começou a usar mais Libras nas sessões com seu pai. Por volta dos 3 anos de idade, a produção em Libras de Igor era bastante consistente com o pai, havendo sobreposição de palavras do português. Com a mãe, ele usava português e, eventualmente, produzia sinais sobrepostos para deixar a conversa mais clara. Isso mostra o quanto Igor fazia uso das duas línguas para potencializar a comunicação. Da mesma forma que com Edu, não temos dados de Igor depois dos 4 anos de idade, mas sabemos que os pais se separaram e que Igor praticamente não usa mais Libras, agora na fase da adolescência.

 Dispomos também de dados de adultos codas, filhos de pais surdos, que apresentam diferentes níveis de proficiência em Libras, dados do Inventário de Libras, constituído na Universidade Federal de Santa Catarina. Alguns codas são até profissionais tradutores e intérpretes de Libras e português, apresentando competência linguística, cultural e técnica para atuarem profissionalmente usando as duas línguas. Eles transitam nas línguas como falantes e sinalizantes nativos, além de possuírem conhecimento profundo em termos linguísticos e sociolinguísticos que permitem a realização das tarefas de tradução ou interpretação de forma exemplar. Em contrapartida, há também codas adultos que são fluentes em Libras, demonstrando um conhecimento gramatical aprofundado, mas com um vocabulário empobrecido, pois o uso da língua está restrito ao contexto familiar, o que reflete o que foi apontado anteriormente: o uso familiar acaba sendo mais restrito quando não se constitui como parte de usos de uma comunidade maior. Outros têm menos fluência ainda em Libras, pois usam português com seus pais surdos, assim como observado em famílias de imigrantes. Esses são exemplos que mostram o quanto falantes e sinalizantes de língua de herança variam quanto à fluência em sua L1. A variação na fluência da língua de herança é muito grande. Alguns são bilíngues balanceados, ou seja, usam as duas línguas como línguas nativas, de forma fluente em diferentes contextos linguísticos. Entretanto, outros acabam tendo muita dificuldade de usar a língua de sinais, pois ela passa a ser uma língua secundária, devido a seu uso restrito ao ambiente familiar.

Conforme apontado por Benmamoun, Montrul e Polinsky (2010), os caminhos que determinam o grau de fluência da língua adquirida em casa podem variar de muitas formas, mas todos os falantes de herança têm em comum a transição que acontece da língua usada em casa para a língua usada na nação (na escola e em vários outros espaços, bem como na mídia e nas ruas da cidade onde moram). Os autores falam em bilinguismo "assimétrico", que não é observado em contextos nos quais a primeira língua é a língua majoritária, e a segunda língua, uma língua minoritária ou estrangeira. Essa assimetria se configura exatamente pelos contextos em que a criança é exposta às línguas. Se a exposição à língua de herança acontece somente em casa, com os pais, e a criança vai para a escola da língua usada pela comunidade, a tendência é de haver essa assimetria na constituição desse ser bilíngue, o que pode determinar que sua língua de herança fique "adormecida".

Como apresentado por Benmamoun, Montrul e Polinksy (2013a), os falantes de herança podem trazer evidências para a discussão teórica sobre a natureza da linguagem (como a linguagem se organiza e como ela é adquirida). Chomsky (1986) levantou uma questão central que esses autores remetem ao analisar a linguagem de falantes de herança, apesar da língua dominante que adquirem: o que sabemos quando sabemos uma língua? Temos intuições sobre o que um falante nativo sabe sobre a língua, mas esses autores trazem outra questão: o que exatamente um falante nativo sabe? Como apresentado por eles, há um consenso sobre a diferença entre um falante nativo e um não nativo quanto ao conhecimento de uma língua ou mais de uma língua em contextos bilíngues. Esses falantes e sinalizantes nativos adquiriram uma língua (ou línguas) nos estágios iniciais do processo de aquisição da linguagem em contextos de aquisição natural (diferentemente de falantes de L2). Isso é o que acontece com falantes de herança. Eles adquirem uma língua em casa em paralelo a uma língua na comunidade (p. ex., espanhol em casa e português na escola e demais locais).

Dorian (1981) apresenta o termo "semifalantes" para se referir aos falantes de língua de herança. Montrul (2002) e Polinsky (2006) fazem referência ao processo de "aquisição incompleta" desses falantes, quando analisam a competência linguística que os constitui. Benmamoun, Montrul e Polinksy (2013b) introduzem o termo "gramática divergente" para se referir ao conhecimento linguístico que os falantes de herança detêm perante as línguas de herança. Todos esses termos estão sendo usados para especificar um subgrupo de falantes de herança que acabam não tendo fluência em sua primeira língua, devido aos fatores externos que impõem outra língua que é mais acessível a esses falantes de forma irrestrita. No contexto deste livro, consideramos que a língua de herança pode ficar adormecida, pois facilmente pode ser "acordada" em algum momento da vida, quando há oportunidade de revitalizar a língua adquirida em casa.

Os estudos linguísticos têm focado esse subgrupo de falantes de língua de herança que representam um caso comum de bilinguismo, com uma das línguas tornando-se mais fraca, ou seja, os falantes bilíngues em que as línguas se apresentam de forma "desbalanceada". O foco nesse grupo se justifica, pois é um caso diferenciado de bilinguismo que não se enquadra como falantes de duas L1, nem como falantes de uma L2. Falantes de duas L1 são os bilíngues simultâneos que crescem adquirindo duas línguas ao mesmo tempo, apresentando competência nativa nas duas línguas. Os falantes de L2 aprenderam a segunda língua em momentos diferentes da vida, normalmente, em ambientes mais formais, de sala de aula. Estudos sobre os falantes de língua de herança que não são falantes de duas L1 e nem apresentam o mesmo tipo de desenvolvimento de aprendizes de L2 podem trazer evidências interessantes sobre o conhecimento da linguagem e contribuir para os estudos da linguagem humana, pois esses falantes usam uma língua que não foi sua língua primária (usada em casa, como L1), em função da utilização massiva da língua secundária, que se torna a língua de uso proeminente entre eles (BENMAMOUN; MONTRUL; POLINKSY, 2013a). Todavia, de certa forma, o fato de nos depararmos com esse tipo de contexto impõe a necessidade de debatermos a questão da "pobreza de estímulos", discutida por pesquisadores da área da aquisição da linguagem no campo da psicolinguística (CHOMSKY, 1972, 1986). Seria de se esperar que esse ambiente linguístico fosse suficiente para o estabelecimento da competência nativa de um falante, mesmo em contextos restritos de uso da língua. Isso torna esse fenômeno interessante do ponto de vista linguístico, pois parece trazer evidências da competência linguística que não aparece na *performance* propriamente dita desses falantes, por exemplo pesquisas de Polinksy (2008) entre outros estudos.

Benmamoun, Montrul e Polinsky (2010) trazem uma questão crucial sobre os falantes de língua de herança, a determinação do que significa efetivamente ser falante nativo e quais as condições necessárias para desenvolver a competência que caracteriza tal falante. Essa questão tem impacto direto no ensino de línguas. Nesse sentido, acreditamos que realmente essas línguas ficam adormecidas, pois os relatos sobre o ensino de línguas para falantes de línguas de herança evidenciam que "facilmente" eles retomam suas línguas de origem (VALDÉS, 2001, 2014).

Os sinalizantes de língua de herança, assim como os demais falantes de língua de herança, podem estar em diferentes níveis de um contínuo que apresenta uma gama de estados de proficiência de línguas. No sentido de Silva-Corvalán (1991) para bilíngues em geral, parece haver um contínuo que envolve uma gama de possibilidades até o estado de fluência equivalente em duas línguas. Em todos esses níveis, as pessoas bilíngues continuam sendo bilíngues, mas com diferentes níveis de proficiência. Esse modelo percebe o fluxo das línguas em uma pessoa bilíngue. Segundo Boon (2014), parece claro que falantes de língua de herança possam ser descritos como bilíngues nesse contínuo de mais balanceados em duas línguas até os que apresentam a L1 ou a L2 como línguas mais ou menos fortes. Esse bilíngue apresenta uma diversidade no contínuo que pode ser comparada a diferentes pontos na gama de proficiências possíveis em diferentes níveis do estado bilíngue.

Assim, o modelo contínuo do bilíngue como um modelo de representação de níveis de proficiência do falante inclui os falantes e os sinalizantes de línguas de herança como bilíngues, assim como apontado por Boon (2014). Nesse sentido, a gramática divergente dos falantes e dos sinalizantes de línguas de herança faz parte da língua da comunidade de alguma forma.

No caso dos falantes e dos sinalizantes codas, discutiremos alguns casos com diferentes níveis de fluência nas línguas de sinais, conforme ilustrado anteriormente, procurando identificar alguns dos aspectos levantados por Boon e Polinsky (2014), no sentido de compreender a situação específica desses sinalizantes de uma língua de herança que se apresenta em uma modalidade diferente da língua falada, ou seja, uma língua de sinais. Portanto, além de ser uma língua de herança, é uma língua em outra modalidade. Preston (1994) observou em suas entrevistas que havia codas que sabiam língua de sinais, assim como seus pais, e outros que não conseguiam se expressar nessa língua, apesar de terem crescido com pais surdos. As experiências desses codas são diferentes e se traduzem na forma como essas línguas se apresentam em suas vidas. Tais experiências envolvem uma complexidade de fatores que vão influenciar as formas e a fluência desses codas em sua primeira língua. Entre elas, as relações entre os surdos e os ouvintes, os papéis e as funções das línguas na sociedade, as formas como os pais surdos conversam com seus filhos, as interações com os surdos e com os ouvintes, as formas como os avós, que normalmente são ouvintes, interagem com as línguas e com seus filhos surdos e netos ouvintes ou surdos, e assim por diante. Todos esses aspectos estão expressos por formas semióticas de significar, além de passarem pela semiótica das próprias línguas, e são captados pelos falantes e sinalizantes de língua de herança. Assim, vamos discutir sobre as comunidades de línguas de herança para procurar compreender alguns aspectos dessa complexidade concreta que está presente na vida desses filhos de pais que usam outra língua.

2

Comunidades de línguas de herança

As comunidades de línguas de herança podem ser representadas por 1) uma família em um país que não é seu país de origem, 2) uma comunidade que envolve um grupo de famílias e seus descendentes ou, ainda, 3) uma comunidade que abrange diferentes famílias com línguas diferentes, mas compartilhando uma língua comum. Em cada um desses contextos, podemos ainda ter uma série de variações. Vamos apresentar alguns casos para ilustrar esses diferentes níveis de comunidades que envolvem línguas de herança.

Em São Paulo, temos a família de David, que veio dos Estados Unidos, pois o pai de David é cônsul norte-americano. David nasceu no Brasil, mas fala inglês com seus pais, embora tenha contato com o português em diversos contextos fora de casa. No caso de David, a família optou em colocá-lo em uma escola norte-americana, pois é uma alternativa disponível em São Paulo. A escola norte-americana é uma escola em inglês, com a opção do ensino do português como segunda língua. David está crescendo **bilíngue** em inglês e português de forma "balanceada", pois tem várias oportunidades de falar inglês e português em diferentes contextos sociais.

Em Florianópolis, há uma família que veio da Colômbia com dois filhos, um recém-nascido e outro com 3 anos de idade. Os pais falam castelhano em casa com os filhos, e, com o passar dos anos, as crianças começaram a frequentar a escola. O mais velho imediatamente compreendeu que português é a língua comum das demais famílias de seus colegas e começou a falar português. Inicialmente, ele ainda mantinha o castelhano com os pais e o irmão mais novo. Quando o irmão mais novo começou a frequentar a escola, passou a aprender português, e os dois começaram a falar entre si em português, apesar de ainda conversarem em castelhano com os pais. Depois de um tempo, eles começaram a responder aos pais em português e falavam em castelhano eventualmente. Aos poucos, deixaram de falar castelhano e passaram a usar exclusivamente o português.

Na mesma cidade, uma família de argentinos teve uma experiência diferente, pois eles se inseriram em um bairro em que várias famílias de argentinos estão estabelecidas. As crianças interagem com amigos argentinos das demais famílias e falam fluentemente castelhano, além de falarem português.

Em Teutônia, no Rio Grande do Sul, há várias famílias de imigrantes alemães. Ingrid nasceu em uma dessas famílias, que já representa a quarta geração brasileira da imigração alemã no Brasil. Atualmente, Ingrid é adulta e está envolvida em políticas linguísticas que favorecem o desenvolvimento bilíngue alemão e português na região. Seus pais falavam exclusivamente alemão em casa, pois tinham como princípio usar a língua alemã para preservar seu patrimônio linguístico. Eles eram bilíngues balanceados, pois falavam português fluentemente (diferente de seus avós, que possuíam um português bem mais simples e apresentavam um sotaque carregado do alemão). Na região, as famílias de imigrantes valorizam imensamente o uso do alemão. Sempre quando se apresentam e a pessoa diz que fala alemão, há um reconhecimento do valor por meio do discurso: "Ah, ele fala alemão!", sendo visto como algo extremamente valioso. Isso é passado de geração em geração. Os avós de Ingrid, no entanto, presenciaram a fase em que o alemão não podia ser falado (MASSINI-CAGLIARI, 2004). O alemão não podia mais ser falado nas escolas, pois havia uma política estabelecida do Estado Novo, determinando que a língua do país era o português e estava proibido o uso de quaisquer outras línguas no Brasil. Assim, seus avós insistiram no valor dessa herança e conseguiram contornar isso usando a língua em casa entre seus familiares e com seus amigos. Na escola, eles ouviam que era "errado" falar alemão, mas, mesmo assim, resistiram a essa campanha monolíngue. O valor da língua teve um impacto tão grande que passou a ser uma espécie de bandeira desse grupo social, resistindo bravamente à imposição do português como língua única do País. Eles falam alemão até hoje, e Ingrid é bilíngue fluente e trabalha com o bilinguismo nas escolas da região, propondo políticas de consolidação do bilinguismo alemão e português na região.

No Rio Grande do Sul, em Porto Alegre, há uma família de surdos com duas crianças ouvintes. Ambas usam a língua de sinais em casa com os pais. No entanto, a primeira criança parece ter menos fluência do que a segunda. Os avós dessa família, quando teve a primeira filha, estavam muito preocupados com o desenvolvimento da língua portuguesa na criança. Assim, insistiram em ficar alguns dias da semana de forma sistemática com a menina até que ela aprendesse o português. Os pais, ambos com história de oralização e preocupados com o desenvolvimento da criança, aceitaram a proposta dos avós, pois sempre foi advogado que a língua de sinais não era uma língua legítima e apenas o português poderia consolidar o processo de aquisição da linguagem. Essa família frequentava a comunidade surda, que é muito ativa em Porto Alegre. Depois de alguns anos, a comunidade surda conquistou alguns espaços, e as escolas começaram a permitir o uso da língua de sinais. A comunidade surda estava inserida em um movimento de afirmação linguística bastante consolidado, e, em alguns anos, a língua de sinais começou a ganhar o reconhecimento dos próprios surdos e, aos poucos, também da comunidade em geral. O mesmo casal teve um segundo filho depois de seis anos. A primeira filha não usava Libras de forma fluente e demonstrava certa vergonha em utilizá-la publicamente, por exemplo, no contexto escolar. Quando o casal teve a segunda filha, investiram no desenvolvimento da língua de sinais, pois se deram conta de que isso não causaria qualquer atraso, além de abrir uma porta para a constituição bilíngue de sua segunda filha. A segunda filha desse casal é fluente em Libras, pois cresceu com os pais (sem a interferência dos avós, mesmo que esses quisessem) e teve uma relação extremamente positiva em relação à língua de sinais na comunidade surda. Mesmo frequentando escolas de língua portuguesa, acabou mantendo a língua de sinais, pois a família oportunizou diferentes contextos de interação na própria comunidade. Essa família também passava as férias na Colônia de Férias em Capão da Canoa, mas a primeira filha ficava com os avós na casa de praia de um familiar, enquanto a segunda filha participava ativamente das atividades de férias dos pais. Na mesma família, temos dois níveis diferentes de fluência de falantes de língua de herança.

Nos Estados Unidos, há falantes de português que se caracterizam como falantes de língua de herança (JENNINGS-WINTERLE; LIMA-HERNANDES, 2015). Jenninges-Winterle e Lima-Hernandes (2015) discutem a língua portuguesa como língua de herança nos Estados Unidos considerando três espaços: o global, o local e o individual. O primeiro, o "global", está relacionado com o tratamento do português como língua de herança, que envolve dimensões intercontinentais e que configura um campo de estudo. O segundo, o "local", refere-se à comunidade que vai apresentar características específicas em cada país no qual se constitui, podendo envolver pais e professores que se engajam no propósito de garantir a seus filhos e alunos o patrimônio da língua portuguesa. O terceiro, o "individual", envolve a família e o próprio falante de herança. Nos Estados Unidos, há um movimento para constituir comunidades da língua portuguesa com o objetivo de cultivar a transmissão dessa língua. Assim, os falantes de herança da língua tornam-se bilíngues, isto é, falam sua língua de herança, o português, e a língua do país onde residem, o inglês. No caso específico dos brasileiros residentes nos Estados Unidos, a comunidade se refere às crianças e aos adolescentes como os "brasileirinhos", os quais vão concretizar a herança brasileira por meio da língua portuguesa além das fronteiras do Brasil.

Poderíamos continuar apresentando mais e mais exemplos de contextos brasileiros de línguas de herança no Brasil, pois são inúmeros. O que vemos nos casos apresentados é que o papel da comunidade linguística é fundamental na transmissão da língua de herança. A língua vem inserida culturalmente e é estabelecida pelas pessoas que a usam em um grupo social específico. A língua não se estabelece individualmente, mas socialmente. Ela faz sentido e ganha sentido na comunidade linguística que a usa. A língua é um fato social (SAUSSURE, 2006). Embora tenha uma realização cognitiva individual, ela acontece na relação com o outro imersa na cultura de uma comunidade e significada semioticamente (SILVERSTEIN, 2004). Além disso, em tempos de globalização, a língua pode representar ganhos de ordem econômica, valor real de sobrevivência linguística e cultural e ressignificação das relações entre diferentes comunidades (BLOMMAERT, 2010).

Nos casos apresentados, é incrível que as crianças tão pequenas consigam perceber que uma língua tem uma representação mais marcante do que outra em determinada sociedade. Elas percebem as atitudes negativas em relação a sua língua de herança e, então, às vezes, escolhem não usá-la. Em alguns casos, as crianças ficam envergonhadas de seus pais usarem a língua de herança, pois percebem que as pessoas não atribuem um valor positivo àquela língua. Dessa forma, elas optam em usar apenas a língua de prestígio, que é a língua empregada nos demais espaços que compartilham suas experiências linguísticas. Todavia, quando a criança percebe que a família atribui valor a sua língua e convive com um grupo social que valoriza e exalta essa língua, ela pode incorporar isso e se tornar bilíngue, tendo inclusive orgulho de seu uso. Essas são possíveis variantes de efeitos que a comunidade tem sobre as crianças que crescem em meio às famílias que usam uma língua de herança em um país falante de outra língua. As atitudes são transmitidas semioticamente, ou seja, estão signficadas por meio de vários elementos que transmitem direta ou indiretamente os sentidos atribuídos aos usos das línguas, além de estar presente nas próprias línguas. Nas biografias dos codas deste livro, isso aparece em alguns casos. A vergonha da língua e/ou a vergonha dos pais pode imprimir consequências no uso da língua de herança de um falante/sinalizante de língua de herança. Às vezes, a vergonha dos próprios pais tem implicações nos usos da sua língua por seus filhos.

A comunidade linguística tem um papel fundamental, mesmo sendo local. A própria família pode determinar a condição bilíngue de seus filhos, caso tome isso como valor e busque alternativas de significação social da língua na comunidade. Nem sempre isso é possível, mas, no caso de comunidades étnicas, de imigrantes e de surdos, normalmente há agrupamentos de famílias que favorecem a interação social entre as pessoas usando sua respectiva língua de herança. É um trabalho que exige empenho por parte das famílias, pois, com a língua usada nos demais espaços sociais, facilmente seus filhos podem deixar de falar (sinalizar) suas línguas de herança. A sobreposição da língua usada nos demais espaços é quase inevitável, mas a resistência ao monolinguismo pode ser determinada pelo convívio entre os pares de uma comunidade local para garantir aos filhos o desenvolvimento bilíngue com a transmissão de valores culturais e linguísticos que sejam considerados importantes para esses grupos. No caso do Brasil, o português é considerado a língua oficial e se constitui por meio da imposição linguística que começou quando os portugueses se apropriaram do país e, posteriormente, foi estabelecida por uma série de políticas que objetivaram o monolinguismo, no sentido do estabelecimento de uma unidade linguística brasileira. No entanto, em tempos de globalização, o monolinguismo já não é mais a alternativa de sobrevivência nacional, pelo contrário, o multilinguismo torna-se a cada dia uma ferramenta poderosa de fortalecimento dos países. É bom ser bilíngue nos dias de hoje. Isso é um ponto positivo para o incentivo dos pais em transmitir sua língua no seio da comunidade linguística e social.

A comunidade linguística tem um efeito direto nas oportunidades de exposição à língua de herança. Os falantes e os sinalizantes de língua de herança podem ter oportunidade de contato com a língua exclusivamente em sua casa, com seus pais, o que pode representar um risco para a manutenção da língua por seus filhos. Além disso, essas famílias podem estar inseridas em comunidades linguísticas que viabilizam a exposição à língua a seus filhos de forma mais variada e rica. A forma pela qual os filhos têm acesso à língua pode ter um impacto em como a língua será estabelecida. Além disso, as atitudes em relação à língua apresentam impacto significativo no desenvolvimento bilíngue dessas crianças. O fato de a língua apresentar valor de fato para a comunidade, normalmente, exerce impacto positivo na transmissão e no estabelecimento da língua de herança.

No Brasil, sempre tivemos as comunidades locais com suas línguas de herança. Essas comunidades se organizaram mais ou menos, o que produziu efeitos da perpetuação ou não de suas línguas no país. Por exemplo, as comunidades japonesas no Brasil resistiram bravamente ao monolinguismo imposto no país. Elas criaram estratégias de resistência por meio das comunidades, consideradas "fechadas", incentivando seus filhos a se casarem com outros japoneses brasileiros, por exemplo. Essa e outras alternativas foram vitais para garantir que o japonês continuasse a ser falado dentro do Brasil. Atualmente, essas comunidades locais contam com novas políticas que são mais favoráveis à consolidação de suas línguas de herança, como patrimônio linguístico brasileiro (ver Cap. 3). Com isso, as ações locais ganham mais força e as línguas passam a ser consideradas valores culturais importantes. Algumas cidades e regiões conseguem estabelecer escolas bilíngues, e, assim, as comunidades de línguas de heranças passam a contar com a escola como aliada na constituição de uma comunidade bilíngue.

Especificamente sobre as comunidades surdas brasileiras, vemos uma organização muito peculiar. Dalcin (2006) observou que a relação de pertencimento estabelecida entre as pessoas surdas dentro das associações de surdos ou dos agrupamentos de surdos parece caracterizar uma relação que vai além das relações de amizade de um grupo social. Em termos psíquicos, a relação parece indicar muito mais relações familiares. As comunidades surdas brasileiras criaram as associações com o objetivo de reunir os surdos para se encontrarem e conversarem sobre diferentes assuntos com fim social, político e esportivo. Nesses espaços, os surdos encontram seus parceiros, casam e têm filhos. Essa grande família que se une a partir de traços identitários, tais como ser surdo e usar a língua de sinais, estabelece espaços que acolhe os surdos e consolida relações de pertencimento. As línguas de sinais de vários países foram preservadas e passadas de geração a geração por meio de associações de surdos e famílias de surdos. No Brasil, as associações de surdos sempre mantiveram intercâmbios por meio de redes, possibilitando contatos entre surdos do país inteiro. Tais redes foram fortalecidas por meio das festas de aniversário das associações de surdos, dos jogos e das competições esportivas. Os surdos sempre se organizaram em verdadeiras caravanas para se deslocarem até a instituição que sedia o ato cultural, esportivo e social. Por meio desses contatos, os amigos e líderes se encontravam e ainda se encontram para trocar ideias e contar as novidades. Atualmente, essas redes estão potencializadas por meio do uso de celulares e internet. As festas, os jogos, os campeonatos e as sedes organizadas por surdos são formas de interação social e linguística que não aparecem nas escolas de surdos (muito menos nas escolas regulares) por representarem movimentos de resistência a um sistema que poda, que determina e que lesa a formação da comunidade surda brasileira. Muitas associações começaram nas casas de lideranças surdas com o objetivo de criar esse espaço de encontro. O "encontro surdo-surdo", ou seja, evento em que os surdos se encontravam, poderia ser em uma garagem ou em um ponto de encontro com hora marcada e sistemático. Por exemplo, todas as sextas-feiras, às 19 horas, no centro da cidade, em determinado local (MIRANDA, 2001; PERLIN; MIRANDA, 2003; STROBEL, 2008).

> Considerando que a cultura surda mostra uma nostalgia curiosa em relação a uma "comunidade imaginária" e que é barbaramente ou profundamente transformada, senão destruída no contato com a cultura hegemônica, ela age como reguladora da formação da identidade surda, que se reaviva novamente no encontro surdo-surdo. Este encontro é um elemento-chave para o modo de produção cultural ou de identidade, pois implica um impacto na "vida interior", e lembra da centralidade da cultura na construção da subjetividade do sujeito surdo e na construção da identidade como pessoa e como agente pessoal. (MIRANDA, 2001).

Os surdos mantêm esses pontos de encontros até hoje, caracterizando as comunidades de surdos do Brasil inteiro. O encontro surdo-surdo é um marco nas comunidades surdas, pois é onde a comunidade de herança se estabelece. A relação "familiar" estabelecida por meio do pertencimento caracteriza os espaços em que o legado da língua de sinais e da cultura surda torna-se patrimônio dos surdos e de seus filhos, surdos ou ouvintes. Os filhos ouvintes, codas, herdam esse patrimônio no seio da comunidade surda, assim, além dos pais surdos, os surdos da associação, dos pontos de encontros, tornam-se referência linguística e cultural. Para os surdos filhos de pais surdos, isso acontece também de forma natural. No entanto, esses espaços tornam-se essenciais para a maioria dos surdos que nasce em famílias de ouvintes e que não conhece esse patrimônio em seu núcleo familiar. Esses são os surdos que vão aprender sobre sua língua e sua cultura no seio da comunidade surda. Entende-se cultura surda como a identidade cultural de um grupo de surdos que se define como um grupo diferente de outros grupos.

> A cultura é esse padrão de organização, essas formas características de energia humana que podem ser descobertas como reveladoras de si mesmas – "dentro de identidades e correspondências inesperadas", assim como em "descontinuidades de tipos inesperados" – dentro ou subjacente a todas as demais práticas sociais. A análise de cultura é, portanto, "a tentativa de descobrir a natureza da organização que forma o complexo desses relacionamentos" (HALL, 2003, p. 136).

Como diz Perlin (1998, p. 54), "[...] os surdos são surdos em relação à experiência visual e longe da experiência auditiva". Os espaços dos pontos de encontro surdo-surdo e das associações de surdos são locais de celebração da cultura surda, com sua língua e os valores dos surdos. A herança é passada dos surdos mais velhos para os surdos mais jovens nessas associações e pontos de encontro surdo-surdo, tornando-se, portanto, essencial para a constituição das identidades surdas.

A contextualização da língua na cultura surda é um elemento constituidor da identidade surda.

> Essa cultura é multifacetada, mas apresenta características que são específicas, ela é visual, ela traduz-se de forma visual. As formas de organizar o pensamento e a linguagem transcendem as formas ouvintes. Elas são de outra ordem, uma ordem com base visual e, por isso, têm características que podem ser ininteligíveis aos ouvintes. Ela se manifesta mediante a coletividade que se constitui a partir dos próprios surdos. A escola a muito tem representado o lugar em que os surdos não possuem seus espaços, pois baniu a língua de sinais e jamais permitiu a consolidação dos grupos surdos e de suas produções culturais. Assim, a coletividade surda garantiu-se por meio de movimentos de resistência com a fundação de organizações administradas essencialmente por surdos. Em muitas dessas organizações, ouvintes não são permitidos no corpo administrativo. O que acontece aqui é o clamor pela coletividade surda com a constituição de suas regras e de seus princípios e um confronto de poderes. Nesse espaço com fronteiras delimitadas por surdos é que se constitui a cultura surda. Em alguns casos, até admite-se a existência dessa cultura, mas enquanto cultura subalterna ou minoritária, jamais como cultura diferente. (QUADROS, 2003, p. 86).

Seguindo as formulações de Bhabha (2003) e pensando sobre o contexto das línguas de herança, em que as comunidades se constituem como estratégia de sobrevivência para preservação de seu patrimônio e legado para os surdos e seus filhos, de que modo se formam sujeitos nos "entre-lugares", nos excedentes da soma das "partes" da diferença? De que modo chegam a ser formuladas estratégias de representação ou aquisição de poder no interior das pretensões concorrentes de comunidades em que, apesar das histórias comuns de provação e discriminação, o intercâmbio de valores, significados e prioridades pode nem sempre ser colaborativo e dialógico, podendo ser profundamente antagônico, conflituoso e até incomensurável?

O autor segue suas reflexões que se aplicam aos surdos quanto à invenção da surdez embebida na cultura, mas não apenas nas relações culturais apropriadas entre os próprios surdos, mas nas relações com os ouvintes.

> A representação da diferença não deve ser lida apressadamente como o reflexo de traços culturais ou étnicos preestabelecidos, inscritos na lápide fixa da tradição, [...] mas sim uma negociação complexa, em andamento, que procura conferir autoridade aos hibridismos culturais que emergem em momentos de transformação histórica. (BHABHA, 2003, p. 20-21).

Instaura-se, nesse momento, um processo de negociação com menos ou mais embates entre as diferenças.

Nesse sentido, não buscando formular uma cultura como uma essência do ser surdo, mas compreendendo que "cultura surda" é um instrumento para analisar as *nuances* que se manifestam entre os surdos com os próprios surdos. Esses surdos nesse tempo apresentam uma visão e uma construção cultural imersa em determinadas condições políticas. Assim, "[...] a passagem intersticial entre identificações fixas abre a possibilidade de um hibridismo cultural que acolhe a diferença sem uma hierarquia suposta ou imposta" (BHABHA, 2003, p. 22). Nas relações com os ouvintes, manifestam-se estratégias de resistência que se expressam nas falas dos surdos. Além disso, nessas relações, o estranhamento deve ser considerado, pois os surdos não poderiam retornar a sua vida sem perceber que tinham aprendido ou reproduzido ideias e modos dos ouvintes que inconscientemente adotaram. Os espaços de encontro surdo-surdo servem para que os surdos se alimentem de suas raízes surdas e de sua língua e se fortaleçam para enfrentar os outros, no sentido de preservar a herança surda e sua língua.

Perlin (1998) analisa alguns pontos a respeito da identidade surda calcando seus ensaios na questão do ser igual, da proximidade como necessidade da pessoa surda. A autora usa a expressão "óculos surdos", diga-se de passagem, uma expressão especialmente visual, uma expressão "surda". A autora prossegue suas reflexões da seguinte forma:

> É uma identidade subordinada com o semelhante surdo, como muitos surdos narram. Ela se parece a um imã para a questão de identidades cruzadas. Esse fato é citado pelos surdos e particularmente sinalizado por uma mulher

surda de 25 anos: aquilo, no momento de meu encontro com os outros surdos, era o igual que eu queria, tinha a comunicação que eu queria. Aquilo que identificava eles identificava a mim também e fazia ser eu mesma, igual. O encontro surdo-surdo é essencial para a construção da identidade surda, é como abrir o baú que guarda os adornos que faltam ao personagem. (PERLIN, 1998, p. 54).

Valdés (2001 apud ISAKSON, 2016) apresenta as cinco dimensões para analisar o contexto de sinalizantes de herança, especificamente de codas, filhos ouvintes de pais surdos. Essas dimensões parecem compor a competência de um falante de herança, são elas: histórica, linguística, educacional, afetiva e cultural. Isakson (2016) aplica essas dimensões aos sinalizantes de herança da seguinte forma:

a. Dimensão histórica – A língua de sinais americana (ASL) é uma língua nativa norte-americana da comunidade surda norte-americana, contando com sinalizantes de herança. Como língua de herança, seus sinalizantes refletem efeitos de transmissão da língua, pois ela é usada por uma comunidade linguística minoritária. Considerando que apenas 5% dos surdos nascem em famílias com pais surdos e que 80% dos filhos de pais surdos são ouvintes, temos uma representação de sinalizantes de herança típicos (que adquirem a língua de herança com seus pais) muito restrita. Isakson (2016) restringe seu estudo sobre as dimensões aos filhos ouvintes de pais surdos que adquirem a língua de sinais com seus pais surdos em casa e estão expostos à língua dominante na escola e em outros espaços da sociedade. Quanto à dimensão histórica, a autora observa que esses sinalizantes de herança podem ser fluentes na ASL, comparáveis com surdos sinalizantes nativos, mas podem também apresentar uma gramática incompleta e divergente, assim como observado por Polinsky (2015a, b), Polinsky e Kagan (2007), Chen Pichler e colaboradores (em fase de elaboração) e demais estudos mencionados anteriormente. Hoffmeister (2007 apud ISAKSON, 2016) refere-se ao fato de esses sinalizantes de herança fazerem parte de uma única geração (pois seus filhos serão ouvintes e terão pais ouvintes, apesar de esses pais codas serem sinalizantes de herança). Somente essa geração de filhos contará com pais surdos. Assim, nesse sentido, a língua vai se perdendo de geração em geração também porque não há mais o contato direto com os pais que usavam a língua de herança.

b. Dimensão linguística – Do ponto de vista linguístico, há três formas para discutir sobre bilíngues a partir da idade de aquisição dessas línguas que impactam na fluência desses bilíngues: (i) aquisição das duas línguas como primeira língua (duas L1), ou seja, bilíngues que adquiriram as duas línguas desde o nascimento; (ii) aquisição precoce da segunda língua (L2) (entre 1;06 e 4 anos de idade); e (iii) aquisição tardia da L2 (depois dos 4 anos de idade) (BEAUDRIE; DUCAR; POTOWSKI, 2014 apud ISAKSON, 2016). Os sinalizantes de herança estão em um contexto em que é possível adquirir as duas línguas como L1. No entanto, assim como outros falantes de herança, a língua dominante pode se sobrepor à L1, assim como Isakson (2016) observa a partir de vários autores, entre eles, Lillo-Martin e colaboradores (2012); Palmer (2015); Quadros, Lillo-Martin e Chen Pichler (2013b) e Reynolds (2016). Nesse caso, notamos várias possibilidades de relação entre as duas línguas de sinalizantes de herança, como já mencionado anteriormente. No caso de bilíngues balanceados, as duas línguas, a língua de sinais e a língua dominante, podem ser línguas primárias (duas L1), mas, dependendo do caso, quando se configura uma assimetria entre as duas línguas, a língua de sinais (L1) pode se tornar uma língua secundária, enquanto a língua dominante passa a ser a língua primária. Ainda na dimensão linguística, Isakson (2016) menciona o fato de a língua de sinais não ocupar o valor de língua de prestígio, o que pode também impactar no papel desempenhado pelas línguas em um sinalizante de herança. O inglês, no caso dos Estados Unidos, apresenta um prestígio irrefutável, enquanto a ASL nem sempre é valorizada como língua, dependendo dos contextos em que a criança cresce.

c. Dimensão educacional – Em relação às línguas na educação, há uma grande variabilidade dos usos acadêmicos das línguas de herança que, muitas vezes, também contam com uma forma escrita. No caso das línguas de sinais, não há uma escrita difundida que a registra. Apesar de haver sistemas de escritas, como o SignWriting (escrita de sinais), ainda não são usados de forma regular em escolas. Assim, os sinalizantes de herança vão aprender sobre a gramática da língua de sinais se tiverem oportunidade para isso, com base nos usos orais dessa língua. Aqui, "orais" é entendido em oposição às formas escritas, com base nos usos da língua que passam de mãos em mãos (atualmente também passam por registros em vídeo). A dimensão educacional pode ou não incluir a língua de herança em seu currículo como língua de herança, diferentemente da inclusão dessa língua como segunda língua ou língua estrangeira. Dependendo de como a escola inclui essa língua, isso pode afetar a relação dos sinalizantes de herança com sua língua de herança.

d. Dimensão afetiva – A dimensão afetiva está relacionada com as atitudes diante das línguas. Isakson (2016) indica que a presença de atitudes que identificam uma ou outra língua como mais efetiva ou como uma língua com mais prestígio ou, ainda, como uma língua estigmatizada em relação à outra pode afetar o nível de fluência de sinalizantes de herança.

e. Dimensão cultural – A questão cultural está diretamente relacionada com a identidade surda. Os codas internalizam questões culturais e identitárias dos surdos e dos ouvintes. A comunidade surda tem uma tradição em realizar eventos para se encontrar e compartilhar momentos (o encontro surdo-surdo). No Brasil, esses eventos acontecem geralmente nas associações de surdos. Os filhos acompanham seus pais surdos nesses espaços e acabam tendo essa referência do encontro surdo-surdo, que passa a cultura e a identidade surda, além do espaço familiar. Isakson (2016) menciona uma mudança nos Estados Unidos desse tipo de encontro para as interações em redes sociais que implicam a relação um a um por meio de celulares ou outros *chats* disponíveis na internet. Esse tipo de relação um a um entre os surdos afeta diretamente a constituição da identidade da comunidade surda e de seus filhos como herança cultural. A interação via *chats* tem características diferentes dos encontros sociais face a face. Os estudos sobre codas indicam que a presença da comunidade surda afeta diretamente a fluência na língua de sinais desses sinalizantes de herança. (BAKER; VAN DEN BOGAERDE, 2008; KANTO; HUTTUNEN; LAAKSO, 2013; QUADROS; LILLO-MARTIN; CHEN PICHLER, 2013b).

Até agora, percebemos que identificar um falante (sinalizante) de língua de herança é algo extremamente individualizado e, ao mesmo tempo, necessariamente coletivo. Cada caso envolve experiências específicas que podem levar a diferentes interpretações do que seja um falante e sinalizante de língua de herança. No entanto, de modo geral, a relação de pertencimento a uma comunidade específica que se configura minoritária em determinado país (ou região) parece identificar algo em comum entre esses falantes e sinalizantes de língua de herança: o fato de contarem com uma língua diferente da língua usada fora da comunidade local. A relação de pertencimento a duas (ou mais) comunidades com línguas diferentes é um elemento que identifica esses falantes e sinalizantes, mesmo quando eles apresentam menos fluência na língua local. Além disso, existem padrões que podem ser identificados em cada comunidade linguística que podem também indicar alguns padrões comuns entre as diferentes comunidades de falantes de línguas de herança. A proposta de identificar um falante de língua de herança por meio de modelo contínuo capta os diferentes níveis de proficiência desses falantes e sinalizantes de línguas de herança, captando o que os identificam dessa forma, mas, ao mesmo tempo, reconhecendo suas especificidades (BOON, 2014).

A comunidade linguística passa a ter um papel muito importante na vida das crianças surdas, dos adolescentes surdos, dos adultos surdos e das crianças ouvintes, filhos de pais surdos, no sentido de ser o espaço em que a língua de sinais é usada. Como veremos no Capítulo 3, a transmissão da língua é garantida nos espaços em que os surdos se encontram. As crianças que recebem a oportunidade de vivenciar a língua de sinais nesses espaços têm uma experiência com a língua que vai além da experiência que se restringe ao ambiente familiar. Isso impacta nos significados atribuídos às línguas, em especial, à língua de sinais. Algumas dessas crianças vão experimentar esses espaços somente mais tarde, mas, mesmo assim, a comunidade de surdos apresenta um papel fundamental na transmissão da língua para esses surdos.

A seguir vamos compreender a especificidade da língua brasileira de sinais como língua de herança, discutindo sobre a língua em si, suas origens, suas formas de transmissão.

O caso da língua brasileira de sinais: língua de herança?

Considerando que a Libras é passada de geração em geração de surdos da comunidade (não necessariamente dentro do núcleo familiar) e que é uma língua usada por comunidades brasileiras dos grandes centros urbanos em um país que usa outra língua como oficial, a língua portuguesa, veiculada nos meios de comunicação, documentos oficiais, órgãos públicos e educação, essa língua de sinais configura sim uma língua de herança. Neste capítulo, vamos abordar a Libras, suas origens, as pesquisas sobre a língua e suas formas de transmissão como língua de herança.

A LÍNGUA BRASILEIRA DE SINAIS - LIBRAS

> A língua de sinais é a minha língua, afinal de contas, a mão é sua ou é minha? (Gelda Maria de Andrade, depoimento concedido à TV Minas, 1996, informação verbal)

Libras é uma língua que expressa todos os níveis linguísticos, assim como as demais línguas. Essa língua se constituiu na "comunidade surda brasileira", principalmente dos grandes centros urbanos, no encontro surdo-surdo. Desde antes da proibição do uso da língua de sinais em sala de aula à permissão de seu uso, os surdos usam a Libras em diferentes espaços da sociedade. Em 2002, foi aprovada a Lei 10.436, que reconheu a língua brasileira de sinais como a língua dos surdos brasileiros:

Art. 1º É reconhecida como meio legal de comunicação e expressão a língua brasileira de sinais – Libras e outros recursos de expressão a ela associados. Parágrafo único. Entende-se como língua brasileira de sinais – Libras a forma de comunicação e expressão, em que o sistema linguístico de natureza visuomotora, com estrutura gramatical própria, constitui um sistema linguístico de transmissão de ideias e fatos, oriundos de comunidades de pessoas surdas do Brasil. (BRASIL, 2002).

Essa lei foi regulamentada por meio do Decreto 5.626/2005, que apresenta as ações para aplicar as políticas linguísticas e educacionais com vistas a preservar e disseminar a língua brasileira de sinais. A lei de Libras resulta das ações dos movimentos sociais surdos e das pesquisas com as línguas de sinais. Os surdos brasileiros resistiram à tirania do poder que tentou silenciar as mãos deles, mas que, felizmente, fracassou nesse empreendimento autoritário (LANE, 1992). Os surdos adquiriram a língua de sinais pela "janela", como diz Basso (2003), mas a assumiram e perpetuam por meio de seu uso com outros surdos, valores, ideias e concepções de mundo. Resistiram criando espaços fora da escola: nos pontos de encontros, nas associações de surdos e nas casas dos pares surdos, onde, ao se encontrarem, conversavam entre si, planejavam os encontros, organizavam as festas em sua própria língua, ou seja, a língua brasileira de sinais.

A Libras, língua brasileira de sinais, é visuoespacial, representando por si só as possibilidades que traduzem as experiências surdas, ou seja, as experiências visuais. Os surdos veem a língua que o outro produz por meio do olhar, das mãos, das expressões faciais e do corpo. É uma língua vista no outro.

Que significados os surdos atribuem à própria língua? Com base em trechos de conversas com surdos sobre a língua de sinais, Quadros (2003) apresenta algumas possíveis reflexões sobre essa pergunta.

> Eu me sinto melhor usando a língua de sinais. Acho que é mais fácil, leve e suave. Gosto de conversar na língua de sinais, não preciso fazer esforço, pois a conversa flui. Os sinais saem sem eu pensar, muito melhor. Posso falar de tudo na língua de sinais. Aprendo sobre as coisas da vida, sexo, trabalho, estudos, tudo na língua de sinais. Gosto de encontrar com outros surdos só para conversar, pois consigo relaxar. Eu prefiro usar sinais, mais fácil, melhor. (S., 2000).

Nessa passagem, percebe-se que a língua de sinais apresenta a possibilidade efetiva de troca com o outro. É uma língua que está na zona de conforto dos surdos, também chamada de "*safe house*" por Pratt (1999, 2000). Além disso, é uma língua que possibilita aos surdos falar sobre o mundo, sobre significados de forma mais completa e acessível, uma vez que ela se organiza visualmente. Também se nota o quanto é prazeroso o uso dessa língua conforme enfatizado no trecho a seguir:

> A língua de sinais é a língua em que me comunico, diferente da língua falada. Por meio dos sinais, consigo pensar sobre as coisas da vida, é uma língua que faz eu pensar. Quero que todas as crianças surdas tenham a chance de aprender a língua de sinais desde pequenas com outros surdos, porque é uma língua que faz parte do mundo dos surdos, do povo surdo. A língua de sinais possibilita organizar as ideias de um jeito próprio dos surdos que é diferente do ouvinte. (G., 2004).

Nesse contexto, a língua de sinais é trazida como elemento constituidor dos surdos na relação com outros surdos e na produção de significados a respeito de si, de seu grupo, dos outros e de outros grupos. O encontro surdo-surdo representa, pois, a possibilidade de troca de significados que, na língua de sinais, nas políticas e na marcação das diferenças, carregam a marca da cultura. Assim, o outro igual é aquele que usa a mesma língua e que consegue trilhar alguns caminhos comuns que possibilitam o entendimento sem esforços de outra ordem. O processamento mental é rápido e eficiente, além de abrir possibilidades de troca efetiva e o compartilhar, o significar, o fazer sentido. Os caminhos comuns passam por formas surdas de pensar e significar as coisas, as ideias e os pensamentos necessariamente na língua de sinais.

Ao se referirem à língua de sinais, há uma tendência de compará-la ao português. Nos trechos já destacados, também foram feitos comentários expressando de forma explícita ou implícita uma relação com o português. *A língua de sinais é melhor, é mais fácil* e assim por diante. Esses trechos foram retirados de surdos letrados no português, pois seu estatuto bilíngue permite que eles comparem uma língua com a outra. Além disso, existe uma relação de poder instituída entre as línguas que reforçam a dicotomia entre língua de sinais e língua portuguesa, nesse caso sendo a língua de sinais o primeiro elemento, visto como o melhor, e a língua portuguesa considerada negativamente.

Ladd (2003) situa o momento atual como pós-colonial em que os surdos tornam-se aqueles que respondem pelas línguas de sinais.

> Como muitas pessoas surdas sabem, há um gênio particular nas línguas (e nos próprios surdos), que, por si só, diferente de qualquer língua falada, sofisticou uma comunicação internacional a qual não se baseia em qualquer língua nacional. Quando seu trabalho entra neste terreno, você começa a encontrar talvez o ponto tolerável da cultura surda – que é um povo. As pessoas surdas precisam saber, por muito tempo quiseram saber, como essa crença é construída e o que as partes podem constituir. Quanto mais se sabe sobre isso, melhor podemos entender a nós mesmos, articular nossas crenças e quanto mais nós os ensinamos, melhor, não somente as crianças surdas e seus merecidos pais. Precisamos saber quais são as características gramaticais desse fenômeno linguístico global, mas, também, precisamos explorar o que é único de cada cultura de nossas culturas surdas e como elas operam dialetalmente com outras línguas. Isso é importante, pois nós encontramos um ponto pós-colonial em que estudar e publicar sobre a cultura surda não é apenas o próximo passo, mas também possivelmente o final do divisor de águas acadêmico para esse movimento específico de liberação. (LADD, 2003, p. 7).

Nesse momento, também no Brasil, muitos surdos se apropriam da própria língua e fazem um movimento intenso para garantir seus direitos de acesso a ela. Os próprios surdos tomam a frente dos movimentos para o reconhecimento legal dela. Os surdos reivindicam a presença de intérpretes de língua de sinais em diferentes espaços, incluindo os espaços de negociação com os ouvintes para pensar e definir aspectos relacionados às próprias vidas. Dessa forma, a autoria surda passa a ser representada em algumas instâncias delineando o período pós-colonialista em relação aos surdos brasileiros. Isso se traduz na presença dos surdos no Ministério da Educação, na prioridade do ensino da língua de sinais aos instrutores necessariamente surdos, na articulação dos movimentos surdos e assim por diante.

Ladd (2003) recoloca as prioridades em relação aos estudos das línguas de sinais a partir da perspectiva surda. Os surdos querem entender suas origens, buscar explicações de como se constituiu sua língua. Como afirma Ladd (2003), se entendemos que um povo se torna descolonializado quando estabelece os próprios interesses e planeja o próprio futuro, precisamos nos perguntar quais são as prioridades que estamos apresentando para nossas investigações. Os surdos querem saber a respeito da própria língua no sentido de compreender a genealogia de sua constituição no passado e no presente.

> Se os linguistas perguntassem aos surdos como eles gostariam de ver os recursos alocados em pesquisas, a maioria responderia que gostaria de vê-los alocados "na história das línguas de sinais", bem como, "nas diferenças regionais". Por alguma razão, que não é fácil de ser sintetizada, as pessoas surdas têm a sensação de esses serem tópicos de importância vital. Entendemos, até o momento, que aspectos sintáticos e morfológicos têm requerido prioridade no processo de reestabelecimento das línguas de sinais em direções que podem ser de uso prático para a educação e a interpretação. Mas, espero que eu tenha demonstrado aqui que essas prioridades estão mudando agora. (LADD, 2003, p. 13).

Na entrevista que fiz a uma candidata surda ao mestrado em linguística, perguntei por que ela estava interessada em estudar a origem dos sinais brasileiros por meio de registros existentes de um conjunto de itens lexicais e por meio de diferentes gerações de surdos. A candidata respondeu:

> É importante guardar a história da língua brasileira de sinais. Eu não quero que ela se perca, mas quero que entendamos como ela se constituiu. Precisamos guardar a história da língua de sinais para poder ensiná-la a nossos alunos surdos. Eles precisam conhecer como a nossa língua se constituiu. Antes ela era diferente e foi se transformando no que é agora. Os surdos mais velhos têm sinais diferentes e eles estão morrendo. Se não nos preocuparmos em ver agora como eles faziam os sinais, depois será muito mais difícil. Precisamos aproveitar os que estão vivos para nos contar como fazem ou faziam os sinais que mudaram. É importante isso. Quero estudar isso para não perder a história de nossa língua. (A., 2005).

A língua de sinais apresenta um valor inestimável para os surdos e para aqueles que crescem na comunidade surda. É uma língua que permite adentrar e participar de um grupo: o grupo de surdos. Isso ultrapassa fronteiras nacionais. Como afirma Ladd (2003), é algo que faz parte do ser surdo (LANE; BAHAN; HOFFMEISTER, 1996). Os surdos do mundo inteiro apresentam formas comuns de identificação que são internacionais. Os olhares dos surdos se cruzam, independentemente de sua nacionalidade, possibilitando o contato mesmo com línguas de sinais diferentes. Os surdos param os outros surdos e se identificam: *"Sou surdo de tal lugar"*. A partir disso, se estabelece uma relação que acontece em uma espécie de língua de sinais internacional e, rapidamente, se aprende a outra língua de sinais incorporando-a em um curto espaço de tempo. A língua de sinais para os surdos é a possibilidade de adentrar e significar o mundo.

Como captado por Sacks (1989) na citação que abre seu livro, a língua de sinais para os surdos realmente é muito especial:

> [A língua de sinais] é, nas mãos de seus mestres, uma das línguas mais bonitas e expressivas que existem, pela qual, em seu intercurso com cada um, é significada fácil e rapidamente e é captada pelas mentes dos surdos; nem a natureza e nem mesmo a arte têm dado a eles uma substituição satisfatória.
>
> É impossível para os que não a entendem compreender suas possibilidades, sua poderosa influência na felicidade moral e social dos surdos e de seu poder maravilhoso de carregar pensamentos inteligíveis do que poderia ser considerado perceptualmente obscuro. Nem podem ao menos apreciar o papel que essa língua tem para os surdos. Onde houver dois surdos na face da terra e eles estiverem juntos, haverá sinais sendo usados (J. Schuyler Long, diretor da Escola de Surdos de Iowa).
>
> The Sign Language (1910 apud SACKS, 1989)[2]

Os surdos se encontram e usam a língua de sinais. Essa língua é uma marca cultural inegável. Preston (1994) discute a cultura surda e menciona o quanto a língua de sinais a representa. Apesar de todas as suas variações e de todos os seus usos em diferentes contextos e vivências únicas de cada surdo, fica muito claro o quanto a língua de sinais representa uma marca

---

2 *[Sign language] is, in the hands of its masters, a most beautiful and expressive language, for which, in their intercourse with each other and as a means of easily and quickly reaching the minds of the deaf, neither nature nor art has given the satisfactory substitute.*
It is impossible for those who do not understand it to comprehend its possibilities with the deaf, its powerful influence on the moral and social happiness of those deprived of hearing, and its wonderful power of carrying thought to intellects which would otherwise be in perpetual darkness. Nor can they appreciate the hold it has upon the deaf. So long as there are two deaf people upon the face of the earth and they get together, so long will signs be in use.

cultural linguística que identifica a comunidade surda. Conhecer a comunidade surda requer conhecer sua língua, assim como com qualquer outra comunidade linguística. A língua é um instrumento cultural que diz muito sobre como as pessoas que usam essa língua pensam e se organizam (SILVERSTEIN, 2004). Do ponto de vista semiótico, ao considerá-la a partir da perspectiva dos próprios surdos, a língua de sinais representa muito mais que um constructo linguístico, ela significa de forma profunda as formas de significar o mundo por meio das experiências visuais e corporais.

> A voz dos surdos são as mãos e os corpos que pensam, sonham e expressam. As línguas de sinais envolvem movimentos que podem parecer sem sentido para muitos, mas que significam a possibilidade de organizar as ideias, estruturar o pensamento e manifestar o significado da vida para os surdos. Pensar sobre a surdez requer penetrar no "mundo dos surdos" e "ouvir" as mãos que, com alguns movimentos, nos dizem o que fazer para tornar possível o contato entre os mundos envolvidos, requer conhecer a "língua de sinais". (QUADROS, 1997).

Sobre as origens da língua brasileira de sinais

Os registros históricos da Libras apresentam alguns indícios sobre sua história. Campello (2011), Quadros e Campello (2010) e Diniz (2011) trazem como um dos fatos históricos importantes a criação do Instituto Nacional de Educação de Surdos (INES), em 1855. O imperador Dom Pedro II contratou o conde e professor surdo E. Huet, ex-diretor do Instituto de Bourges, na França, para estabelecer a primeira instituição educacional para surdos no Brasil, no Rio de Janeiro. Huet era um professor surdo francês que trazia consigo a língua de sinais francesa (LSF). Ele começou a ensinar as crianças surdas brasileiras nesse instituto. A LSF acabou tendo um papel fundamental na constituição da Libras, pois, segundo registros encontrados, parece que Huet utilizava a língua de sinais. Campello (2011) analisou os documentos históricos existentes e encontrou alguns registros que mencionam a língua brasileira de sinais como língua já em 1856 (BACELLAR, 1926). Campello (2011) também encontrou o dicionário *Iconographia dos signaes dos surdos mudos*, do surdo Flausino José da Gama, de 1875, com o prefácio do Dr. Tobias Leite, ex-diretor do Instituto Nacional dos Surdos Mudos

(INSM). Esse dicionário, na verdade, é uma cópia dos desenhos de sinais da LSF com a tradução dos termos do francês para o português. A seguir, apresentamos alguns registros de Quadros e Campello (2010) do dicionário de Flausino José da Gama com uma página da versão original publicada na França (Fig. 3.1) e uma página da versão brasileira (Fig. 3.2).

Figura 3.1 Língua de sinais francesa – LSF.
Fonte: Quadros e Campello (2010, p. 1547).

Figura 3.2 Língua brasileira de sinais – Libras.
Fonte: Quadros e Campello (2010, p. 1547).

Os autores chegam à conclusão de que a LSF teve uma influência na constituição da Libras, pois os registros indicam a presença de Huet como professor e também de materiais que foram traduzidos (ou adaptados) do francês para o português, incluindo registros das línguas de sinais.

Depois do período colonial, as fundações das associações de surdos tiveram um papel importante na nacionalização da Libras. Os ex-alunos do INES e, mais tarde, do Instituto Santa Terezinha, em São Paulo, retornavam a seus estados e começavam a criar as associações de surdos. Essas associações de surdos representaram e representam espaços em que os surdos se encontram e disseminam sua língua. Nesses espaços, os surdos estabeleceram pontos de encontros para se organizarem social e politicamente. O encontro surdo-surdo foi fundamental para estabelecer a comunidade surda brasileira (MIRANDA, 2001; QUADROS, STROBEL E MASUTTI, 2014).

Quadros (2012) e Quadros, Strobel e Masutti (2014) apresentam uma contextualização histórica mais atual, a partir da Lei 10.436 de 2002, que reconhece a Libras como língua nacional, e o Decreto 5.626 de 2005, que regulamenta as políticas linguísticas relacionadas à Libras. A legislação brasileira teve um papel importante no reconhecimento da Libras no país. O decreto representa uma espécie de planejamento linguístico de valorização e legitimação da Libras no Brasil, incluindo uma série de ações que estão em fase de implementação desde 2005. Uma das primeiras ações constitui a criação do curso de Letras Libras, que representa um marco histórico na consolidação da Libras no Brasil. Quadros (2015) relata a criação desse curso que concretiza o reconhecimento e a legitimidade da Libras no espaço acadêmico. Os cursos de Letras Libras foram criados no âmbito do curso de Letras, assim como quaisquer outros cursos de línguas no país, em nível de graduação, para formar licenciados e/ou bacharéis nessa língua. Os profissionais que têm essa formação podem atuar como professores de Libras e/ou tradutores e/ou intérpretes de Libras e língua portuguesa. O primeiro curso foi criado na Universidade Federal de Santa Catarina, em 2005. Desde então, o governo federal já abriu mais 27 cursos de Letras Libras em universidades federais espalhadas em todo o Brasil. Esse marco coloca a Libras dentro da academia em um espaço de destaque junto com outras línguas, inclusive o português. Esse destaque atribui à Libras o valor de língua por meios formais e inclui profissionais que usam essa língua no ensino para fins de tradução e interpretação. Com isso, pesquisas sobre a Libras estão proliferando em todo o Brasil, conforme apresentado na seção 3.1.2. Além dos cursos de Letras Libras, o País começou a criar o curso de pedagogia bilíngue, pois o Decreto 5.626/2002 e o atual Plano Nacional de Educação (2014) preveem a educação bilíngue para os surdos brasileiros, com a Libras como língua de instrução e com o português como segunda língua. Outra ação importante foi a inclusão da Libras nos currículos de formação de professores de todas as licenciaturas e no curso de fonoaudiologia. Essa inclusão tem também impacto direto no reconhecimento e na valorização da

Libras, atingindo todos os futuros professores que vão atuar no ensino de todas as áreas na educação básica (séries iniciais e finais). Essas ações, entre outras, impactam o reconhecimento da Libras em todo o País.

A Libras sobrevive historicamente ao longo das gerações. A questão da transmissão dessa língua, ou seja, como essa língua é herdada pelas crianças que a adquirem, é um ponto fundamental para sua manutenção. A transmissão está diretamente relacionada com o *status* de língua de herança atribuído à Libras. A seguir, vamos abordar os estudos da Libras que confirmam seu *status* de língua por meio de pesquisas e, posteriormente, vamos retomar a questão da transmissão dessa língua, um fator fundamental para a manutenção da Libras no Brasil.

Sobre os estudos da língua brasileira de sinais[3]

A Libras é uma língua usada pela comunidade surda brasileira, incluindo pessoas surdas e ouvintes (amigos, familiares e profissionais). O Brasil conta com aproximadamente 5.750.805 surdos brasileiros, dos quais 766.344 são jovens entre 0 e 24 anos de idade (FENEIS, 2011). Muitos desses surdos usam a Libras, uma língua reconhecida como nacional por meio da Lei 10.436/2002 e regulamentada pelo Decreto 5.626/2005. No campo acadêmico, temos estudos sobre a Libras que iniciaram nos fins dos anos de 1980. Os estudos publicados representam campos de investigação linguística, tais como a fonologia, a morfologia, a sintaxe, a semântica, a pragmática, a sociolinguística e a análise do discurso, bem como pesquisas no campo da linguística aplicada com enfoque no ensino de línguas e na tradução e interpretação da Libras.[4]

Os primeiros artigos e livros publicados sobre a Libras são de Ferreira Brito (1984, 1990, 1995). Ferreira Brito (1984) apresentou duas línguas brasileiras de sinais, a língua de sinais dos centros urbanos brasileiros (atualmente referida como Libras), focando a variante de São Paulo, e a língua de sinais Urubu-Kaapor, pertencente à família tupi-guarani, uma língua usada na comunidade indígena Urubu-Kaapor do interior do Mara-

---

[3] Esta seção está baseada em um artigo publicado em Estudos da Língua de Sinais, volume 1 (2014), capítulo de minha autoria.
[4] Essa seção sobre os estudos da Libras não necessariamente representa todas as produções envolvendo a Libras no contexto brasileiro.

nhão. Nesse artigo, a autora apresenta algumas similaridades e diferenças entre essas duas línguas. Por exemplo, na língua de sinais Urubu-Kaapor, o uso do espaço parece ter uma flexibilidade bem maior do que na língua de sinais usada em São Paulo, em que os sinais são realizados em um espaço bem mais restrito. Em contrapartida, ambas as línguas usam os intensificadores e os quantificadores depois do nome ou incorporados ao nome. (A seguir, apresentamos exemplos usados pela autora em [1] e [2].) No caso da incorporação do intensificador, a autora observou a mudança no padrão do movimento.

1. Língua de sinais Urubu-Kaapor
   a. PÁSSARO QUATRO
   b. PEIXE MUITO
   c. FLORES VÁRIAS
   d. BOM+intensificador
2. Língua de sinais de São Paulo
   a. FELIZ MUITO
   b. BOM+intensificador

Ferreira Brito (1995) apresenta uma síntese dos estudos produzidos pelo grupo de estudos de língua brasileira de sinais, com resenhas e pesquisas realizadas por suas orientandas, além das próprias pesquisas, chamada de GELES, da Universidade Federal do Rio de Janeiro. Entre as pesquisas apresentadas no livro, Ferreira Brito (1995) discute sobre aspectos pragmáticos, focando os elementos de polidez. A autora apresenta vários exemplos em que a polidez é marcada pela redução no tamanho do sinal e no padrão do movimento.

Berenz e Ferreira Brito (1990) apresentam um comparativo entre a produção pronominal na língua de sinais norte-americana e na língua brasileira de sinais. As autoras identificam várias formas comuns entre as duas línguas e sustentam que os pronomes pessoais nessas línguas de sinais funcionam como pronomes de fato, ou seja, são pronomes pessoais e pronomes demonstrativos, e não apenas como uma forma única com um local referencial associado e nem como advérbios locativos. Essa constatação é apresentada, uma vez que há uma tendência de confundir a apontação gestual com o uso de pronomes, apesar de terem a mesma forma. Conforme a proposta das autoras, há uma representação do sistema do espaço que é tripartida para a locação, com três níveis espaciais diferenciados: (1) a locação é vista como um componente interno da estrutura de um sinal; (2) a locação é vista como parte do espaço de sinalização usado como estrutura linguística para pronomes (a interpretação espacial linguística de referentes); e (3) a locação pode compreender a posição atual dos participantes da conversação e dos referentes de terceira pessoa. Os dois primeiros níveis são linguísticos e convencionais, em oposição ao terceiro nível, que não apresenta essa convencionalidade.

Mais tarde, Berenz (1996) conclui sua tese de doutorado sobre pessoa e dêixis na Libras. Nesse trabalho, Berenz (1996) descreve detalhadamente o sistema de referência da Libras. Por exemplo, na Libras, o conjunto de pronomes pessoais se distingue em três pessoas (primeira, segunda e terceira) e em três números (singular, dual e múltiplo/mais de dois). O sistema não apresenta marcação de gênero, embora os pronomes de terceira pessoa possam ser precedidos dos sinais HOMEM e MULHER, quando for relevante. A autora também identificou que a Libras apresenta uma categoria gramatical do sistema pronominal chamada de número dual. A evidência para isso é encontrada nas formas dos próprios pronomes pessoais e nas modulações para número nos verbos: NÓS-DOIS, VOCÊS-DOIS, ELES--DOIS. A marcação dual é uma categoria completamente gramaticalizada. Na Libras, todas as formas com o dedo indicador apontado com movimento em arco são consideradas múltiplas, em contraste com as formas singular e dupla. Na forma coletiva, em que os não participantes (outras pessoas além do sinalizante e seu interlocutor, "eles") estejam presentes, o sinal inicia com o contato do dedo indicador no peito e faz o movimento em arco no plano horizontal e termina novamente com o contato no corpo do sinalizante. A segunda pessoa do plural ("vocês") pode ser marcada com uma forma coletiva do interlocutor ou uma combinação da forma singular do interlocutor com outros participantes. Para a terceira pessoa do plural ("eles"), o dedo indicador se move em arco para fora do espaço à frente do sinalizante. Para referentes presentes dos demais referentes, o dedo indicador fica na posição horizontal na direção dos próprios referentes indicados; para referentes não presentes, o dedo indicador fica na posição perpendicular indicando pessoas que estejam fora do contexto discursivo direto. Berenz (1996) também apresenta em detalhes as formas usadas para os possessivos. A Libras também pode apresentar formas singulares e plurais marcadas com diferentes sinais. Por exemplo, o sinal SEU é feito com a mão em P direcionada ao referente possuidor de algo.

Souza (1998) apresenta uma descrição tipológica para os verbos da Libras. A autora apresenta os verbos em duas classes principais, aqueles que não apresentam flexão e os que apresentam flexão. Os primeiros são verbos de flexão zero, pois são produzidos sem estarem associados a algum morfema. Os segundos são referidos como verbos direcionais pela autora. São verbos que apresentam uma trajetória de movimento incorporada à sua raiz. A autora também apresenta os verbos quanto à categoria semântica. Os verbos instrumentais, por exemplo, são aqueles que incorporam o instrumento à sua raiz (como PINTAR-COM-PINCEL); os verbos de movimento envolvem eventos (como ENTREGAR), e os verbos locativos envolvem locativos (como IR). Karnopp (1994, 1999) mostra uma descrição básica da estrutura fonológica da Libras. A autora se aprofunda no parâmetro de configuração de mão e analisa os processos fonológicos de apagamento, assimilação e substituição em uma criança surda, adquirindo a língua brasileira de sinais. A autora baseia sua análise em dados coletados longitudinalmente, a cada mês entre 1 e 4 anos de idade, de uma criança surda (Ana), filha de pais surdos. Ana apresenta várias evidências de aplicação de processos fonológicos. Entre eles, por exemplo, a substituição de uma configuração de mão mais complexa por uma configuração de mão mais simples: PATO produzido com a configuração de mão com cinco dedos sendo aberta e fechada em vez da configuração de mão com dois dedos selecionados. Esse tipo de exemplo evidencia que crianças surdas em fase de aquisição apresentam processos fonológicos análogos aos processos observados em crianças adquirindo uma língua falada.

Quadros (1997) traz uma análise de crianças surdas adquirindo a Libras como primeira língua, em nível sintático. A autora apresenta uma descrição do fenômeno do licenciamento de argumentos nulos na Libras e faz um estudo considerando o padrão de aquisição dessas estruturas na aquisição monolíngue da Libras (L1), de dados coletados de forma transversal, de diferentes crianças surdas, filhas de pais surdos, adquirindo a Libras como primeira língua. A autora observa que as crianças produzem sentenças com pronomes nulos tanto com verbos com flexão marcada como com flexão não marcada. No entanto, os contextos dessas marcações determinam a recuperação dos referentes por via sintática ou por via pragmática. O uso da apontação, o estabelecimento de nominais no espaço e a utilização do espaço fazem parte do sistema sintático da Libras, apresentando uma evolução durante os diferentes estágios de aquisição. Inicialmente, as crianças surdas não estabelecem os nominais no espaço de forma apropriada. Esse uso apropriado do espaço e utilizado de forma complexa na língua vai ser estabelecido por volta dos 5 anos.

Quadros (1999) apresenta a estrutura da frase na Libras, incluindo uma análise dos verbos simples (sem marcação de flexão) e dos verbos com concordância (com flexão marcada). A autora identifica uma assimetria entre esses dois grupos de verbos que se reflete nas estruturas geradas nessa língua. Por exemplo, o licenciamento de pronomes nulos apresenta um comportamento diferenciado quando a derivação seleciona verbos com ou sem concordância. Outra consequência observada no comportamento sintático da Libras diante do tipo de verbo selecionado está relacionada com a ordenação dos sinais. As sentenças com verbos com concordância parecem apresentar maior flexibilidade na ordenação do que aquelas com verbos simples. A autora também descreve estruturas com verbos "pesados" (*heavy verbs*), ou seja, (a) formas produzidas por meio de classificadores que incorporam a ação verbal, (b) verbos manuais (aqueles que incorporam instrumentos ou partes de objetos) e (c) verbos com flexão aspectual (incorporada ao verbo por meio de mudança no padrão do movimento). Tais estruturas sempre apresentam esses verbos na posição final, tendo os argumentos estabelecidos em posição que antecedem esses verbos pesados, independentemente da classe à qual o verbo pertence. A autora também descreve as sentenças com tópicos, com interrogativas e com foco na Libras. A partir de toda essa descrição, a autora propõe duas estruturas sintáticas que podem ser aplicadas à Libras de acordo com as duas classes verbais existentes (com e sem flexão verbal).

A partir do novo milênio, os estudos sobre a Libras começaram a ganhar força. Não podemos ignorar o acontecimento da Lei de Libras (Lei

10.436/2002) e sua regulamentação em 2005 (Decreto 5.626/2005) como fundamentais para o estabelecimento das pesquisas com a Libras no Brasil. O reconhecimento da Libras como língua nacional impulsionou os estudos sobre essa língua.

Na Universidade Federal do Rio de Janeiro, dois trabalhos são defendidos com pesquisas com a língua brasileira de sinais: Santos (2002) e Castro (2007). O primeiro refere a um estudo geral da fonologia e da morfossintaxe da língua brasileira de sinais a partir de pesquisas com outras línguas de sinais. A autora identifica aspectos da simultaneidade e da linearidade que sustentam a base fonológica dos sinais. Quanto à morfossintaxe, Santos (2002) apresenta a dimensão do espaço à frente do sinalizante para formar sinais e compor a gramática dessa língua. Além dos aspectos espaciais, a autora analisa elementos relacionados aos movimentos associados aos sinais, levantando algumas propriedades, tais como a marcação argumental, a marcação de pessoa e a marcação de número. Para concluir sua análise, a autora também considera as marcações não manuais associadas a essa gramática espacial. O segundo trabalho, de Castro (2007), inaugura os estudos da "composicionalidade semântica", uma área complexa de investigação, até porque exige uma percepção acurada e sutil da língua para conclusões a respeito de sua organização no campo que envolve significados. Identificar as fronteiras das proposições exigiu, primeiramente, identificar as próprias proposições usadas por sinalizantes da língua brasileira de sinais. Uma história contada por um surdo e julgamentos de outras duas falantes nativas dessa língua deram alguns elementos para começar a conversa nesse campo de investigação.

Nesse milênio, realizamos o 9º Congresso Internacional de Aspectos Teóricos das Pesquisas nas Línguas de Sinais (o TISLR), em 2006, na Universidade Federal de Santa Catarina. Esse evento também marca as produções de pesquisas com a Libras no Brasil e fora do país. O TISLR está ligado à Sociedade Internacional de Pesquisadores de Línguas de Sinais[5] e é considerado o evento internacional mais importante de estudos de línguas de sinais. No Brasil, reunimos pesquisadores de 33 países apresentando trabalhos sobre diferentes línguas de sinais e impactos teóricos para a linguística em geral. A partir desse evento, foram produzidos dois volumes disponíveis gratuitamente para

---
5 Sign Language Linguistics Society: http://www.slls.eu.

download com os textos na íntegra apresentados por ocasião do encontro em inglês e uma versão com artigos selecionados traduzidos para o português e para a Libras (QUADROS, 2008b; QUADROS; VASCONCELLOS, 2008).

Ainda nesse milênio, tivemos o início da publicação da coleção Estudos Surdos, com pesquisas do campo da linguística e interfaces com educação e com tradução e interpretação. Foram publicados quatro volumes contendo resultados de pesquisas desenvolvidas por pesquisadores surdos e ouvintes (QUADROS, 2006a, 2008a; QUADROS; PERLIN, 2007; QUADROS; STUMPF, 2009). Em 2013, foi lançada uma nova coleção: Estudos da Língua de Sinais, pela Universidade Federal de Santa Catarina, Editora Insular. Já foram publicadas três edições com trabalhos desenvolvidos por pesquisadores surdos e ouvintes (QUADROS; STUMPF; LEITE, 2013; QUADROS; WEININGER, 2014; STUMPF; QUADROS; LEITE, 2014). Também em 2015, Cadernos de Tradução do Programa de Pós-graduação em Estudos da Tradução publica mais um volume especial com foco em pesquisas na Libras (RODRIGUES; QUADROS, 2015).[6]

Quadros e Karnopp (2004) publicaram "Língua de Sinais Brasileira: Estudos Linguísticos". Nessa publicação, as autoras desmistificam alguns mitos relativos às línguas de sinais e apresentam uma descrição da fonologia da Libras incluindo as configurações de mão, locações e movimentos que constituem a língua. Também as autoras descrevem alguns aspectos morfológicos da Libras com a descrição de alguns morfemas que constituem a formação dos sinais, como os morfemas de concordância e aspecto. Quadros e Karnopp (2004) ainda fazem uma descrição da estrutura sintática da Libras, incluindo uma análise da ordem básica da Libras que é SVO e outras possíveis estruturas derivadas dessa ordem em função da construção de tópicos, foco, estruturas interrogativas e sentenças complexas (subordinadas e construções relativas).

Novos centros de pesquisas começam a surgir no país. Temos várias universidades federais que passaram a oferecer o curso de Letras Libras e os polos do curso de Letras Libras na modalidade a distância espalhados por todo o Brasil – curso oferecido pela Universidade Federal de Santa Catarina

---

6 Muitas dessas publicações estão disponíveis gratuitamente no Portal de Libras: www.libras.ufsc.br na página da autora: http://ronice.paginas.ufsc.br/.

em parceria com outras universidades ou instituições de ensino superior públicas: Universidade Federal do Amazonas, Universidade de Brasília, Universidade Estadual do Pará, Universidade Federal do Ceará, Universidade Federal de Pernambuco, Universidade Federal da Bahia, Universidade de São Paulo, Universidade de Campinas, Universidade Federal do Espírito Santo, Instituto Nacional de Educação de Surdos, Centro Federal de Educação Tecnológica de Minas Gerais (Cefet-MG), Instituto Federal do Rio Grande do Norte, Instituto Federal de Goiás, Universidade Federal da Grande Dourados, Universidade Federal do Paraná, Universidade Federal do Rio Grande do Sul e Universidade Federal de Santa Maria. Com isso, as pesquisas começaram a se disseminar e tomar outra dimensão no país.

A exemplo desses desdobramentos, Faria-Nascimento (2003), da Universidade de Brasília, apresenta um estudo sobre metáforas na Libras. É o primeiro estudo realizado no país sobre essa temática, observando na Libras a produção de metáforas. A autora apresenta um repertório de expressões idiomáticas da Libras que coincidem ou não com o português ou com outras línguas. Por exemplo, a metáfora CABEÇA-DURA é comum entre as línguas, mas já a metáfora MINHOCAS-BARRIGA, que significa estar com muita fome, é usada apenas na Libras. Faria-Nascimento (2009) apresenta uma nova pesquisa, que inclui a produtividade dos sinais. A autora apresenta um estudo mais do campo lexicográfico, analisando também os neologismos. Considerando essa perspectiva, a autora oferece uma análise dos dicionários de Libras produzidos no país e propõe sistemas de busca com base visual.

Na Universidade de São Paulo, surge outro foco de pesquisas sobre a Libras com McCleary e Viotti (2010, 2011), com estudos voltados para a gestualidade nas línguas de sinais, e Barbosa e Lichtig (2014), com estudos voltados para a aquisição e o desenvolvimento da linguagem em crianças surdas. Por exemplo, McCleary e Viotti (2011) publicam um artigo que analisa a simbiose entre o gesto e o sinal em narrativas produzidas em Libras. Os autores partem da linguística cognitiva para analisar o uso dos gestos da Libras como representações mentais da utilização do espaço sendo reproduzidas gestualmente.

Uma das produções derivadas do grupo de pesquisas na Universidade de São Paulo é de Leite (2008), com um trabalho envolvendo uma análise da conversação em sinais. O autor apresenta vários elementos que são envolvidos na troca de turnos de surdos realizando uma conversação livre. Ele identifica, por exemplo, o piscar de olhos como um elemento que indica conclusão de um turno associado ao reposicionamento do movimento das mãos para a posição de descanso. O autor também identifica algumas formas de interrupção de turnos com mudança no padrão dos movimentos dos sinais, bem como da marcação facial.

Na Universidade Federal da Paraíba, há a pesquisa de Souza (2009), que busca descrever a construção da argumentação na língua brasileira de sinais. A autora analisou quatro episódios de vários vídeos com produções em Libras, constatando que a argumentação na língua de sinais envolve elementos discursivos de retomada e deslocamento, marcados pelo movimento da proxêmica e por alterações na velocidade do movimento, da amplitude na expressão corporal e nas marcações faciais, além da tensão da mão.

Na Unicamp, a pesquisa de Xavier (2014) envolve um estudo do parâmetro do número de mãos na produção de sinais da língua brasileira de sinais (Libras). Xavier (2014) analisa o fenômeno da variação da pronúncia dos sinais da Libras com dados que apresentam tanto a variação livre como a variação motivada pelo contexto fonético-fonológico. A análise apresentada indica grande variabilidade entre os sinalizantes de Libras com ocorrências de duplicação (quando a mão não dominante passava a participar da produção do sinal ao espelhar a articulação da mão dominante) e unificação (por coarticulação antecipatória ou perseveratória). O autor indicou várias razões que levam à produtividade dos sinais de diferentes formas (variação livre). Quanto à variação motivada, as mudanças determinadas pelo contexto linguístico contaram com variação na configuração de mão, na localização, na orientação e no número de mãos. A partir dos dados, Xavier (2014) concluiu que os processos fonológicos podem apresentar tanto gradiência, quanto variabilidade. Com base na fonologia articulatória, o autor constata que o número de mãos parece configurar um dos gestos articulatórios das línguas de sinais.

Ainda no contexto das produções advindas da linguística, pelo Programa de Pós-graduação em Linguística da Universidade Federal de Santa Catarina, apresentamos, a seguir, os vários estudos realizados.

Pizzio (2006) desenvolve uma pesquisa no campo da aquisição da Libras. A autora analisou a aquisição da ordem dos sinais em uma criança surda, filha de pais surdos do Banco de Dados do Núcleo de Aquisição de Línguas de Sinais da Universidade Federal de Santa Catarina. Pizzio (2006) identificou que essa criança já prioriza a ordem básica da Libras, SVO, desde o início da aquisição. No entanto, há outras ordenações possíveis, como OSV e SOV, que são observadas na produção da criança ao longo de seu desenvolvimento. Essas ordenações também são observadas nas produções de adultos sinalizantes da Libras e ocorrem, normalmente, devido à utilização de estruturas com tópico e foco. A autora verificou que os contextos podem ser interpretados como de tópico e foco, mas não detectou as marcas faciais consistentes associadas a esses tipos de estruturas nas produções da criança observada. Pizzio (2011) apresenta um estudo mais tipológico. Ela faz uma descrição das categorias das palavras de nomes e verbos na Libras, buscando identificar características específicas associadas às categorias. A autora aplica alguns instrumentos para coletar os dados de sua pesquisa e identifica alguns padrões, apesar de detectar algumas inconsistências. Por exemplo, há diferenças no padrão de movimentos que são identificadas em sinais caracterizados como nomes ou como verbos. No entanto, a autora também observou que alguns sinais são usados indistintamente como nomes ou verbos.

Barros (2008) apresenta uma proposta teórica para a escrita de sinais com base fonológica. A autora cria uma escrita de sinais chamada Elis (Escrita da Língua de Sinais). A proposta parte dos dedos selecionados nas configurações de mãos com uma escrita altamente econômica que foi, mais adiante, gerada como fonte para ser digitada ou escrita à mão livre. A autora utiliza termos específicos para captar as unidades mínimas da língua com base visual, às quais ela se refere como "visemas".

Paterno (2007) faz um estudo mais voltado para políticas linguísticas. O autor analisa o impacto da legislação que reconhece a Libras como língua nacional nas políticas de educação. O estudo evidencia que algumas ações previstas no planejamento linguístico do Decreto 5.626/2005 ainda estão em fase de implementação e não foram concretizadas. Em contrapartida, o autor destaca várias ações positivas que podem ser observadas no sentido de afirmar a Libras no país.

Vilhalva (2009) faz um estudo das línguas de sinais emergentes em comunidades indígenas brasileiras de algumas localidades do Mato Grosso do Sul. Vilhalva (2009) observa a existência de línguas de sinais emergentes usadas por núcleos que começam a ter acesso à Libras na escola. Assim, essas línguas próprias das comunidades tendem a desaparecer caso não haja uma preocupação em garantir seu estabelecimento na comunidade.

Anater (2009) apresenta uma análise da aquisição das marcas não manuais em uma criança surda adquirindo a Libras como primeira língua. Essa criança faz parte do Banco de Dados do Núcleo de Aquisição de Língua de Sinais, da Universidade Federal de Santa Catarina. Anater (2009) identifica marcas não manuais associadas a estruturas específicas usadas de forma inconsistente pela criança ao longo de seu processo de aquisição. A autora ratifica estudos que afirmam que o controle das marcas não manuais é estabelecido tardiamente pelas crianças adquirindo línguas de sinais.

Silva (2010) realiza um estudo no campo de aquisição da língua de sinais com uma criança surda, filha de pais surdos, que também faz parte do Banco de Dados do Núcleo de Aquisição de Línguas de Sinais, da Universidade Federal de Santa Catarina. Ela analisa o processo de aquisição das marcas aspectuais associadas aos sinais na produção de uma menina adquirindo a Libras como primeira língua. A autora identifica várias marcas aspectuais associadas aos verbos, com padrões de movimento específicos, bem como marcações não manuais que começam a aparecer de forma mais consistente ao longo do processo de aquisição.

Adriano (2010) apresenta um estudo voltado para as produções de sinais caseiros por surdos adultos em uma turma de educação de jovens e adultos. A autora identificou o uso de sinais padronizados, bem como o desenvolvimento de padrões gestuais em direção à convencionalidade quando os surdos passavam a integrar um grupo de surdos.

Gripp (2010) apresenta um estudo no campo da sociolinguística que posteriormente foi publicado por Diniz (2011). A autora faz uma análise dos primeiros registros da Libras em forma de desenhos e compara com os usos atuais dos mesmos sinais. A autora observa mudanças em nível fonológico e morfológico nos sinais comparados.

Wanderley (2012) realiza um estudo analisando a alfabetização de alunos surdos na escrita de sinais. A autora busca identificar os elementos que constituem a compreensão e a produção de sinais escritos na Libras, comparando o processo de aquisição dessa escrita em crianças e em adultos que também estão aprendendo a ler e a escrever na escrita de sinais. Além disso, Wanderley (2012) analisa os elementos coesivos utilizados nas produções escritas dos alunos. A autora faz uma análise dos dados observando a relação da consciência fonológica com as produções dos textos escritos em sinais.

Costa (2012) desenvolve uma pesquisa sobre a iconicidade presente nas línguas de sinais como motivação principal para a criação dos sinais. A investigação analisa a configuração de mão que compõe os sinais para analisar possibilidades de motivação icônica que pudessem ter influenciado a produção do sinal convencionado. O autor usa como base dados de um dicionário digital e conclui, a partir desses dados, que parece realmente haver uma motivação icônica na formação dos sinais investigados.

Silva (2013) analisa os recursos linguísticos usados para marcar o registro formal da língua brasileira de sinais. O autor analisa as formas de uso desses recursos e os principais aspectos que caracterizam um texto formal em Libras. Por texto em Libras, o autor analisa produções acadêmicas monológicas produzidas por surdos e registradas em vídeo.

O ensino de Libras para ouvintes passa a contar com uma produção acadêmica no campo da linguística aplicada ao ensino de línguas, com foco no ensino da Libras. Zancanaro Júnior (2013) apresenta uma análise das produções de alunos aprendizes da Libras como L2 com foco na fonologia. O autor identificou várias trocas de configurações de mãos, algumas trocas no padrão do movimento e raras trocas no parâmetro da locação. A pesquisa também apresenta uma comparação entre aprendizes iniciantes e avançados, evidenciando um padrão de desenvolvimento da aquisição. Assim, esse estudo identifica um processo de aquisição da fonologia, de certa forma, análogo à aquisição da Libras em crianças surdas (KARNOPP, 1999).

Schmitt (2013) apresenta uma análise de um conjunto de sinais produzidos por surdos de diferentes faixas etárias em Santa Catarina. O autor identifica sinais que apresentam variação linguística diacrônica, contrastando sinais usados por surdos com mais de 60 anos com aqueles utilizados por surdos mais jovens. Além da análise das mudanças dos sinais ao longo do tempo, o autor relata aspectos sócio-históricos marcados pelo senhor Francisco Lima Junior, o primeiro surdo catarinense a ensinar outros surdos em Libras.

Veras (2014) realiza um estudo sobre procedimentos metodológicos na compilação de dados de um *corpus* de língua de sinais a partir do YouTube. O autor aponta para uma possibilidade de uso da rede como fonte de dados para constituição de *corpus* de língua, desde que sejam observados critérios e objetivos da pesquisa.

Kogut (2015) apresenta um estudo sobre a leitura de um texto envolvendo descrições de imagens na escrita de sinais. O estudo envolveu a leitura do texto por alunos surdos que apresentavam a compreensão do texto em Libras. Os textos produzidos pelos alunos foram comparados com a versão original que motivou o texto escrito. Kogut (2015) identificou que o texto em escrita de sinais viabiliza a leitura de descrições imagéticas.

Carvalho (2015) desenvolve uma pesquisa com base em um estudo sobre os tipos de avaliação usados na disciplina de Libras como L2, um estudo no campo da linguística aplicada. As avaliações muitas vezes passam pela língua portuguesa. Assim, Carvalho (2015) propõe a realização de avaliações que partem da própria língua de sinais como língua do sistema de avaliação usado em alunos que estão aprendendo a Libras como L2.

Christmann (2015) apresenta um estudo sobre a aquisição da linguagem em crianças surdas com implante coclear em dois contextos. Em um deles, a criança é filha de pais surdos e está exposta à língua de sinais desde o nascimento; no outro, a criança tem acesso restrito à língua de sinais, pois é filha de pais ouvintes e frequenta atendimentos esporádicos que são realizados em língua de sinais em uma escola de surdos. O estudo realizado envolveu dados coletados longitudinalmente por um período de três anos com interações em Libras e em português. A autora observou diferenças no processo de aquisição da língua de sinais e da língua portuguesa nas duas crianças, apresentando evidências quanto à importância da língua de sinais desde o início da aquisição da linguagem de crianças surdas. O acesso a uma língua de forma completa parece viabilizar a aquisição da língua oral.

Sousa (2015) apresenta um estudo sobre o ensino de inglês para surdos como L3. A autora analisa a interação da L1 e da L2 no processo de produção escrita na L3 em uma turma de alunos surdos. A autora identifica vários elementos que evidenciam transferência linguística de uma língua para outra como estratégia de aprendizagem de línguas usadas por esses alunos. O estudo indica a importância da análise dessas interações entre as línguas para o ensino e a aprendizagem da L3, assim como para o desenvolvimento da L2, no caso, a língua portuguesa.

Silva (2016) desenvolve um estudo sobre a leitura de alunos surdos em dois contextos: uma escola bilíngue (Libras e português) e uma escola comum (em língua portuguesa com intérpretes de Libras e português). A autora aplica testes de leitura e registra a compreensão leitora da língua portuguesa nesses dois grupos, e verifica que os alunos fluentes em Libras e em ambientes bilíngues apresentam escores mais altos em compreensão leitora. Depois de analisar os dados, Silva (2016) constata que é fundamental garantir que os alunos tenham acesso à Libras desde muito cedo, pois o conhecimento em Libras parece dar suporte para o acesso à leitura na língua portuguesa.

Paralelamente, Quadros (1997, 1999, 2003, 2004a, 2004b, 2004c, 2006a, 2006b, 2006c, 2006d, 2008a, 2008b, 2010, 2012, 2015, 2016a) apresenta vários resultados de pesquisas sobre Libras e, também, compara-a com outras línguas de sinais, focando tanto a morfossintaxe como os estudos de aquisição de línguas de sinais.

Quadros (2004a) faz um estudo sobre formas de avaliar o desenvolvimento da linguagem em crianças surdas, uma vez que o desenvolvimento da linguagem nessas crianças normalmente apresenta especificidades relacionadas com o contexto de aquisição que se apresenta. Na maioria das vezes, as crianças surdas são filhas de pais ouvintes e possuem uma variação muito grande na quantidade e qualidade do *input* em Libras. Assim, torna-se fundamental a avaliação. Quadros e Cruz (2011) publicaram um instrumento de avaliação formal que foi desenvolvido pelas autoras para auxiliar profissionais a proceder com a avaliação da linguagem em crianças surdas.

Quadros (2006b) faz uma análise das pesquisas sobre os efeitos de modalidade nos estudos com línguas de sinais, apresentando como os estudos com Libras evidenciam isso, especialmente em relação aos dados da aquisição da língua de sinais. Apesar de esses efeitos de modalidade, observados nos estudos com língua de sinais, serem específicos das línguas visuoespaciais, de modo geral, os estudos concluem que as línguas de sinais apresentam as propriedades linguísticas observadas também nas línguas faladas.

Ainda, Quadros (2006c) apresenta uma análise das políticas linguísticas da Libras e seus desdobramentos nas produções de pesquisas e ações que consolidam a Libras no Brasil. Nessa mesma linha, Quadros e Campello (2010) examinam a constituição política, social e linguística da Libras no país. Na sequência, Quadros (em fase de elaboração) analisa várias questões envolvendo as políticas linguísticas e o planejamento linguístico quanto à Libras no Brasil. Quadros (em fase de elaboração) identifica os seguintes aspectos que precisam ser considerados no planejamento linguístico envolvendo línguas de sinais, especialmente no contexto brasileiro:

a. O papel da legislação nas políticas, no planejamento e na implementação de um planejamento linguístico, especialmente quanto às perspectivas clínico-terapêuticas e culturais, deve ser considerado. Essa tensão representa um dos aspectos mais complexos nas políticas linguísticas em muitos países. As leis que mencionam a língua de sinais, muitas vezes, a colocam como parte da educação especial e não como parte do patrimônio linguístico e cultural do país.

b. Os indivíduos surdos devem ser autores e atores do planejamento linguístico, ou seja, devem estar ativamente envolvidas no planejamento e na implementação das políticas linguísticas, uma vez que a língua de sinais pertence aos surdos. Historicamente, as pessoas surdas não participavam das discussões relativas às políticas e à implementação de um planejamento linguístico. A presença de surdos faz diferença nos planos conduzidos e aceitos pela comunidade. As pesquisas sobre o empoderamento de surdos e dos papéis dos agentes surdos na constituição das políticas são bem-vindas, uma vez que os resultados estarão alinhados às ações e aos desejos estabelecidos no seio das comunidades surdas.

c. A língua de sinais como língua de aquisição das crianças surdas é crucial para seu desenvolvimento linguístico, social e cognitivo. Isso precisa fazer parte da agenda das políticas linguísticas. Uma língua de sinais é essencial para uma criança surda, uma vez que é compatível com a percepção visual. Considerando a complexidade envolvida e as condições familiares dessas crianças, faz-se necessário constituir um plano que viabilize o acesso delas à língua de sinais e, consequentemente, a aquisição dessa língua. Esse planejamento envolve as instituições de saúde, que identificam a surdez e que podem ser agentes na viabilização da aquisição da língua de sinais, e o contato com a comunidade surda. O encontro surdo-surdo é muito importante para a criança compreender sua posição no mundo e seu pertencimento à comunidade surda.
d. Planejamento de *status* e educação:
   (1) Atitudes em relação à língua de sinais: como as políticas podem mudar isso (visibilidade da língua; afirmação da comunidade surda e de sua identidade; ética).
   (2) Programas de aquisição precoce da língua de sinais para bebês surdos.
   (3) Educação bilíngue, incluindo a garantia do estabelecimento dos encontros surdo-surdo, instrução na língua de sinais, língua de sinais como primeira língua; português como segunda língua, língua de sinais como segunda língua das crianças ouvintes; criação de ambientes bilíngues no espaço escolar.
   (4) Ensino da segunda língua considerada a língua primária na sociedade na qual a criança surda está inserida.
   (5) Difusão das línguas de sinais por meio da internet e das redes sociais, publicações de materiais em Libras, filmes e programas disponíveis na língua de sinais.
   (6) Sistematização de materiais didáticos em Libras como primeira língua e como segunda língua, no caso da língua portuguesa, considerando a língua de sinais vernácula e a língua portuguesa a segunda língua.

e. Planejamento do *corpus* de língua de sinais:

(1) *Corpora* de línguas de sinais
(2) Descrição das línguas de sinais
(3) Elaboração de gramáticas das línguas de sinais
(4) Dicionários de sinais das línguas de sinais (monolíngues e bilíngues)
(5) Documentação da variação nas línguas de sinais

A autora esclarece que o planejamento de *corpus* e de *status* é metodologicamente separado em duas áreas, mas que, na verdade, são lados de uma mesma moeda e não podem ser separados (KAPLAN; BALDAUF, 1995).

Já em uma perspectiva mais teórica, Nunes e Quadros (2008) apresentam uma análise sintática das realizações fonéticas de elementos duplos na Libras. As construções duplas são muito comuns na Libras e envolvem estruturas sintáticas complexas associadas a foco. Os autores apresentam evidências para tratar essas realizações como produções fonéticas que não são mais vistas pela sintaxe durante a computação da sentença (a sintaxe é cega ao elemento fonológico, pois entende que ele foi verificado), observando, portanto, a linearização. Em parceria com outros pesquisadores, Quadros compara a Libras com outras línguas de sinais.

No campo da sintaxe, Quadros (2004b) faz uma análise da distribuição dos verbos na Libras, que depois é retomada em Quadros e Quer (2010), que apresentam uma análise dos verbos na Libras e na língua de sinais catalã. Os autores identificam padrões de comportamento similares nas duas línguas, que caracterizam concordância sintática e semântica. Eles observam que as marcas de concordância estão disponíveis como morfemas nessas línguas associadas a locativos e aos argumentos sentenciais, podendo ser marcados ou não de acordo com a estrutura gerada. Assim, os autores concluem, por exemplo, que estruturas infinitivas também podem ser criadas na Libras e na língua de sinais catalã, de acordo com a estrutura gerada.

Quadros e Lillo-Martin (2008, 2010) comparam Libras e língua de sinais americana (ASL) em relação à estrutura da frase. As autoras apresentam vários aspectos estruturais que são comuns e alguns que são diferentes quanto às construções básicas, às interrogativas e às estruturas com tópico e foco.

Além desses estudos, Sutton-Spence e Quadros (2005) analisaram aspectos linguísticos de produções poéticas em Libras e na língua de sinais inglesa. As autoras observaram os mesmos padrões linguísticos nas produções poéticas, além dos fatores socioculturais detectados nesse tipo de produção. Os poetas surdos criam seus poemas com elementos que identificam a cultura surda. "O poeta usa recursos e sinais já existentes na língua com excepcional regularidade ou [a língua] pode ser projetada de forma irregular, uma vez que as formas originais e criativas do poeta trazem a linguagem para o primeiro plano" (SUTTON-SPENCE E QUADROS, 2005, p. 111).

Quadros (2010) também tem um conjunto de produções associadas à aquisição da Libras em diferentes contextos de aquisição. Lillo-Martin, Quadros e Chandlee (2009) e Lillo-Martin e Quadros (2011) apresentam vários estudos comparando a aquisição de Libras com a aquisição da ASL e identificam vários padrões comuns de aquisição. As autoras evidenciam, por meio dos dados de aquisição morfossintática, o quanto a aquisição de línguas de sinais evidencia que a aquisição da linguagem segue princípios universais, mesmo envolvendo línguas em modalidade visuoespacial. Mais recentemente, Chen Pichler, Quadros e Lillo-Martin (2010), Chen Pichler e colaboradores (2010), Lillo-Martin e colaboradores (2010) e Quadros, Lillo--Martin e Chen Pichler (2011) apresentaram estudos com crianças bilíngues bimodais adquirindo uma língua de sinais e uma língua falada simultaneamente. Os estudos indicam padrões muito interessantes específicos desse contexto, por exemplo, o fato de as crianças produzirem as duas línguas de modo simultâneo. Apesar das especificidades observadas nesse contexto de aquisição, as autoras encontram padrões comuns aos bilíngues unimodais. O interessante desses estudos com bilíngues bimodais é que um campo de pesquisas que se conecta com os estudiosos de gestos, que abordam os estudos da produção gestual concomitante com a produção linguística em língua falada, se abre. No caso dos bilíngues bimodais, a possibilidade de produzir uma língua visuoespacial simultaneamente com produções da língua oral-auditiva torna os dados muito importantes para a discussão da linguística em geral.

A partir desses estudos, cheguei aos estudos de bilíngues bimodais como sinalizantes de língua de herança, foco deste livro, que resulta também da pesquisa de pós-doutorado em parceria com Maria Polinsky (Harvard University), Diane Lillo-Martin (University of Connecticut), Karen Emmorey (University of California) e Kate Davidson (Harvard University). As pesquisas resultantes serão descritas no Capítulo 4 com línguas de sinais como língua de herança.

As pesquisas com a Libras têm se fortalecido com a política que a reconhece como língua nacional no Brasil. Além disso, o fato de dispormos de ferramentas tecnológicas que favoreçam a análise de produções em sinais também se tornou um aliado na produção de pesquisas com Libras. A tecnologia é uma aliada muito importante, pois permite que vídeos em Libras sejam analisados por meio de ferramentas disponíveis *on-line*, gratuitamente, como o sistema de anotação Eudico Annotator ELAN.[7] No Brasil, os pesquisadores já começam a integrar o uso desse sistema de notação em suas pesquisas (MCCLEARY; VIOTTI; LEITE, 2010; QUADROS; PIZZIO, 2007). Os avanços metodológicos também têm possibilitado um estudo mais detalhado e aprofundado da Libras. Já está sendo produzido um identificador de sinais com identidades predefinidas para cada sinal a fim de padronizar o uso de glosas para os sinais transcritos em diferentes *corpora* da Libras (QUADROS; LILLO-MARTIN; CHEN PICHLER, 2014; QUADROS; OLIVEIRA; MIRANDA, 2014). Também está sendo proposta a constituição de um *corpus* de Libras que já começa a contar com dados disponibilizados no Portal de Libras[8] (LEITE; QUADROS, 2014). A pesquisa deverá oferecer como produto: i) um *corpus* de Libras para ser utilizado em pesquisas e em outras finalidades aplicadas; ii) um conjunto de diretrizes para o registro e o arquivamento de dados e metadados relativos ao uso da Libras; e iii) um programa *on-line* para acesso aos dados e metadados do *corpus*. Essa área se amplia também com a presença de vários novos pesquisadores, atualmente produzindo suas dissertações e teses de doutorado sobre a Libras, como, por exemplo, Marilyn Mafra Klamt, Bruna Crescêncio Neves, Katia Lucy Pinheiro, Carolina Pego, Rodrigo Custódio da Silva e Fernanda de Araújo e Machado, entre os quais os quatro últimos são surdos. Além disso, contará com a participação de vários pesquisadores de várias universidades brasileiras, iniciando com a representação de diferentes regiões brasileiras: a Universidade Federal do Ceará, com Rodrigo Machado; a Universidade Federal

---

7   Disponível em https://tla.mpi.nl/tools/tla-tools/elan/.
8   Disponível em www.libras.ufsc.br.

da Paraíba, com Nayara Adriano; a Universidade Federal do Rio de Janeiro, com Heloise Gripp Diniz; a Universidade de Brasília, com Messias Ramos; e a Universidade Federal do Rio Grande do Sul, com Carolina Hessel. Todos esses pesquisadores são professores surdos. Essa proposta irá garantir a documentação da Libras com a presença de pesquisadores surdos junto aos demais pesquisadores da língua brasileira de sinais.

Além das perspectivas que se abrem para várias pesquisas sobre a Libras no campo da linguística, temos as produções nas interfaces com outros campos de investigação.

As produções que envolvem interfaces com pesquisas no campo dos estudos da tradução também apresentam novas frentes de investigação. Ramos (2000) foi um dos primeiros trabalhos específicos nesse campo de pesquisa, analisando a tradução para a Libras de *Alice no país das maravilhas*. Posteriormente, encontramos outros estudos como, por exemplo, de Passos (2010), sobre os intérpretes de língua de sinais, com foco nas atitudes diante dessa língua (SANTOS, 2006). Há várias pesquisas em andamento, entre as quais mencionamos as teses de Thais Fleury, Renata Krusser, Fernanda de Araújo Machado, Márcia Felício e Diego Barbosa, Saulo Xavier dos Santos, Nelson Pimenta, entre outras dissertações de mestrado já concluídas, tais como as de Rimar Segala, Saulo Xavier dos Santos, Thaís Fleury, Natália Rigo e Nelson Pimenta, do Programa de Pós-graduação em Estudos da Tradução, da Universidade Federal de Santa Catarina. Todos esses trabalhos envolvem investigações no campo dos estudos da tradução na análise de aspectos da tradução ou da interpretação de Libras, com vários pesquisadores surdos.

Além dessa interface, existem vários estudos no campo da linguística aplicada que analisam a educação bilíngue, a aquisição e o ensino de línguas, a leitura e a escrita. Entre eles, citamos Costa (2001), Favorito (2006), Gesser (2006), Nascimento (2008), Pereira (2005), Pereira e Rocco (2009), Quadros (1997) e Souza (2008, 2012).

Dentro da própria linguística, percebemos que as pesquisas começam a abordar novas áreas de investigação para além da fonologia, morfologia e sintaxe. Produções começam a prometer publicações nos campos da sociolinguística, políticas linguísticas, semântica, pragmática, análise do discurso e semiótica. O espaço é bastante profícuo. O futuro promete muitos trabalhos com muitos novos e velhos pesquisadores de Libras e com a presença de muitos surdos linguistas, algo que pode impactar de forma interessante os estudos das línguas de sinais. Portanto, os dois grandes trunfos das pesquisas com línguas de sinais são o uso da tecnologia, que nos brinda com novas formas de olhar para a Libras, e a presença de mais e mais pesquisadores surdos, que nos presenteiam com o olhar dos próprios surdos perante a Libras.

A história da Libras e os estudos da Libras atribuem o devido *status* de língua. A questão da transmissão dessa língua tem um papel fundamental em sua manutenção no Brasil. As formas de transmissão dessa língua também a sustentam como língua de herança. A seguir, vamos focar a transmissão da Libras, pois essa é uma questão bastante complexa, diante de todas as variáveis que se apresentam.

TRANSMISSÃO DA LÍNGUA BRASILEIRA DE SINAIS: UM CASO À PARTE

Filhos ouvintes de pais surdos

Filho, tu estás sempre comigo, e tudo o que é meu, é teu. (Lucas, 15:31)

Essa passagem de Lucas introduz a dissertação de Pereira (2013) sobre filhos ouvintes de pais surdos, que nos faz lembrar de que esses filhos são filhos, antes de quaisquer outras coisas que possam constituí-los como Codas.

Os filhos ouvintes de pais surdos passam a ser referidos como codas a partir da criação da organização internacional Children of Deaf Adults (CODA), por meio da realização de congressos locais, nacionais e internacionais iniciados nos Estados Unidos.[9] A organização CODA está estabelecida e realiza anualmente um congresso internacional, intercalando sua realização em um dos estados norte-americanos e de quatro em quatro anos em outro país. Essa organização tem o objetivo de difundir o "orgulho" surdo, que envolve compartilhar a língua de sinais como língua de herança e as raízes surdas nas quais estão implicadas questões socioculturais. Esses eventos iniciaram em 1983, tomaram forma e cresceram ao longo dos anos. As histórias dos participantes, que sempre são únicas, mas pertencentes às mesmas

---
9 CODA Organization: http://www.coda-international.org/.

raízes, são compartilhadas entre os codas a cada evento. Muito humor e muito amor constituem parte dos eventos que tornam o encontro muito especial. O encontro coda-coda, assim como o encontro surdo-surdo, é um acontecimento muito importante. Normalmente, os codas se encontraram muitas vezes na infância, mas depois perderam o contato entre si na adolescência e na fase adulta. Os encontros de codas locais, nacionais e internacionais são oportunidades para esse reencontro com codas da infância e com codas que desconhecidos até então, mas que estabelecem relações de identidade importantes. Preston (1994) conduziu um estudo etnográfico com codas de diversos estados norte-americanos. O autor concluiu que, apesar das histórias serem únicas e diversas, elas são também muito similares. Por exemplo, o encontro coda-coda é mencionado com alívio, como a possibilidade de falar sem ter que explicar o fato de ser filho de pais surdos. Nas histórias desses codas, parece bastante recorrente a frustação de ter que explicar o que significa ter pais surdos ao longo da vida para as pessoas que não fazem ideia do que seja ser surdo, isto é, a maioria delas. Com codas, isso se torna desnecessário. A maioria deles teve que lidar com a mesma situação que impacta a constituição de suas identidades: seus pais são surdos, e eles são ouvintes (PRESTON, 1994). Isso não é diferente das experiências dos codas brasileiros.

De modo interessante, Pereira (2013) usa uma metáfora para traduzir o que são os filhos de pais surdos que capta esse sentimento recorrente entre os codas:

> Nos livros do bruxinho Harry Potter, da escritora britânica J. K. Rowling, a trama vai muito além da magia e do entretenimento. Do primeiro livro ao último, o leitor irá perceber que para ser bruxo no mundo criado pela autora não basta ter os pais na mesma condição. Uma casa de "trouxas" ("muggle" no original, que significa "os de fora"), pessoas normais (não bruxas), podem gerar um filho com poderes mágicos. Com esta pequena ilustração, podemos comparar as vivências de um filho ouvinte de pais surdos. Os pais são diferentes dele, possuem uma maneira de se comportar e enxergam de uma maneira distinta da dos ouvintes. (PEREIRA, 2013, p. 56).

Os filhos ouvintes não são surdos como seus pais, mas adquirem a língua de sinais e aprendem sobre as experiências visuais e corporais da comunidade surda. Skliar e Quadros (2000) tentam traduzir essas experiências cruzadas que constituem os Codas:

> As identidades dessas crianças desenvolvem-se em meio a surdos adultos e, também, a ouvintes adultos. Aí reflete-se a contradição na formação da identidade desses "ouvintes", ao mesmo tempo que essas crianças desenvolvem experiências auditivas enquanto ouvintes, tornam-na diferentes dos surdos colocando-as à parte da comunidade de forma sutil, assim como relatam Padden e Humphiries (...). Em contrapartida, temos um tipo de "ouvinte" que se diferencia dos outros "ouvintes", pois apesar dos filhos de pais surdos serem ouvintes, eles têm a experiência visual adquirida juntamente a comunidade surda e seus familiares. (SKLIAR; QUADROS, 2000, p. 44).

A experiência de nascer, viver e crescer com uma família surda é incorporada, é "vista", é transmitida no dia a dia e, ao mesmo tempo, na relação com os ouvintes, com acontecimentos cinestésicos que estão imersos em representações culturais, sociais, políticas e linguísticas surdas e ouvintes, atravessadas por substratos fisiosóficos, éticos e estéticos marcados por tensões nas zonas de contato (QUADROS; MASUTTI, 2007). Essas zonas de contato entre surdos e ouvintes viabilizam a constituição do ser coda no terceiro espaço, o espaço do entendimento mútuo (PRATT, 2000). Nascer em uma família surda em meio a uma sociedade de ouvintes é o acontecimento que legitima a existência dos codas, como uma geração única. Os codas, muitas vezes, tomam consciência do terceiro espaço quando conversam sobre isso nos encontros de codas, o encontro coda-coda, o encontro com o outro igual. Pereira (2013) comenta que não conhecia outros filhos de pais surdos, pois os únicos surdos com quem convivia eram seus pais e uma amiga de sua mãe. Quando ele começou a trabalhar como intérprete de língua de sinais, encontrou outros filhos de pais surdos. Ele manifesta o quanto foi bom ter encontrado outros iguais a ele, "[...] que compartilhavam das mesmas vivências e dificuldades que enfrentei, não por terem pais surdos, mas por viverem em uma sociedade excludente" (PEREIRA, 2013, p. 64).

No Brasil, encontros de codas iniciaram em 2013, no Rio de Janeiro. Desde então, esses encontros ocorrem anualmente. Esse encontro é esperado por cada um dos Codas, pois é uma oportunidade de voltarem para o ninho e contarem com pessoas que compartilham a língua e a cultura dos surdos brasileiros e, em especial, compartilham a experiência de ser coda. A cultura e a língua existem em uso, no aqui e agora (SILVERSTEIN, 2004). As experiências vivenciadas e compartilhadas de cada encontro constituem momentos únicos de interação que se estabelecem a partir do que é partilhado, do que é comum, do que é igual. Esse igual, apesar de ser diferente para cada um, é o que garante a relação de identidade entre os codas. São as experiências similares, como Preston (1994) constatou, as experiências de ter pais surdos e de ser ouvinte.

Uma das coisas mais importantes na vida dos codas é o fato de herdarem a língua de sinais e fazerem parte de uma geração que herda também a cultura surda, mesmo sendo ouvinte. Essa geração de filhos é única, pois seus filhos não terão essa mesma experiência. Nesse sentido, Hoffmeister (1996) se referiu aos codas como uma única geração, pois, nas gerações seguintes, em geral os filhos dos ouvintes serão ouvintes e assim sucessivamente. A geração dos filhos ouvintes de pais surdos é a única que tem a experiência de herdar a língua e a cultura surda e, ao mesmo tempo, herdar a língua e a cultura ouvinte. Os filhos dos codas, na verdade, acabam se distanciando da comunidade surda e, em alguns casos, consideram os surdos completamente estranhos. A transmissão da língua, da cultura e dos valores acontece, normalmente, de uma geração para a outra. Os pais surdos conversam com seus filhos na língua de sinais com mais ou menos influência dos valores da comunidade ouvinte. A língua de sinais pode ser passada em si ou ser misturada com a língua falada, assim como os valores culturais podem se misturar, exatamente porque os pais são surdos e foram filhos de pais ouvintes. De qualquer forma, a herança surda é transmitida para os filhos ouvintes, mas não necessariamente para seus netos e, talvez, perdida por completo nas gerações seguintes.

Um dos pontos destacados por Hoffmeister (1996) é que os codas são novos imigrantes que precisam aprender sobre uma cultura estranha do lado de fora de sua família. No entanto, essa família não é uma família de imigrantes, pois é parte das famílias que estão nessa sociedade há várias gerações, mas, ao mesmo tempo, não pertence a elas. Daí, cabe aos filhos de pais surdos darem um jeito de aprenderem a lidar com essas culturas, com as duas línguas e com as atitudes e os valores dos surdos e dos ouvintes. Língua de herança normalmente se refere a imigrantes que usam sua língua em casa e aprendem a língua do novo país nas ruas e nas outras instituições sociais. No caso dos codas, eles não são imigrantes. Também não fazem parte de um grupo étnico específico, como uma comunidade indígena local. Os codas são filhos de cidadãos de um mesmo país que usam outra língua. Talvez isso também seja um fator que dificulte a compreensão do outro quanto à existência cultural e linguística da comunidade de surdos no próprio país.

Apesar de vários codas serem identificados como pertencentes à comunidade de surdos, fica muito evidente que as experiências vivenciadas por esses filhos de pais surdos apresentam muita diversidade. Alguns filhos de pais surdos conversam com seus pais sem usar a língua de sinais, gesticulam a boca de forma a garantir uma maior visibilidade, misturam os sinais com a fala ou usam a língua de sinais. Essas diferentes formas de se comunicar com os pais se instauram em cada família de acordo com a forma como os pais lidam com as línguas e estabelecem a relação com os filhos ouvintes. A experiência desses pais com as línguas também parece impactar a forma como seus filhos estabelecem a relação com os pais. Os codas que são considerados bilíngues bimodais equilibrados em geral tiveram pais surdos que são extremamente positivos em relação à língua de sinais e sentiam-se à vontade em conversar com seus filhos na língua de sinais. As formas como os outros que não são surdos estabelecem a relação com as línguas também parece ter impacto nas formas dos codas de se relacionarem com as línguas e usarem mais ou menos a língua de sinais.

Outro aspecto importante é a relação com a comunidade surda, que parece ter influência na forma pela qual os codas se relacionam e significam a língua de sinais. Alguns acabam tendo mais oportunidades de estarem presentes nas atividades da comunidade de surdos do que outros que acabam ficando mais com seus avós ouvintes. As vivências nas associações de surdos e nos espaços compartilhados com surdos, conforme são mais positivas, se integram às identidades desses filhos de surdos. Todavia, quando são experiências não tão boas, podem resultar no abandono da língua e da comunidade surda pelo coda. Entre essas duas possibilidades, há várias variantes que situam esses filhos com mais ou menos envolvimento com os surdos e com a comunidade da qual seus pais fazem parte.

Preston (1994) entrevistou vários codas nos Estados Unidos e percebeu que uma das questões cruciais que impacta a vida deles são os entendimentos a partir da perspectiva dos surdos e da perspectiva dos ouvintes do que significa ser surdo. Na perspectiva dos ouvintes, os valores culturais surdos e suas normas não são compreendidos. Os codas lidam com essas incompreensões ao longo da vida, e isso impacta de diferentes formas, entre elas, na relação com a língua de sinais. Esses valores culturais e a norma surda fazem parte dos filhos ouvintes, logo eles também são incompreendidos. Por exemplo, Preston (1994) observou que vários codas entrevistados mencionaram a questão do estabelecimento do olhar como algo que havia sido internalizado no mundo surdo, pois olhar um para o outro é fundamental entre surdos, uma vez que qualquer conversa é estabelecida a partir do olhar. Os codas comentaram, em diferentes momentos, que tiveram que aprender a não estabelecer o olhar de forma prolongada com as outras pessoas, pois isso levava a interpretações não apropriadas e desconfortáveis para seus interlocutores ouvintes. Bishop e Hicks (2008) destacam uma das falas de um dos codas entrevistado por Preston (1994, p. 136):[10]

> Barbara (sua esposa) sempre estava falando comigo enquanto estava na outra sala. E todo o tempo, eu entrava na sala e dizia: "Eu não estou entendendo uma palavra do que você está dizendo". E ela dizia: "Está bem, então eu vou falar mais alto". E eu dizia: "Não, você não entende, preciso te ver para poder entender o que você está dizendo".

Quanto às experiências compartilhadas, além do estigma associado à língua, é muito comum que essas crianças, desde muito pequenas, presenciem o preconceito em relação à surdez. O valor atribuído à surdez como falta exerce influência direta no uso da língua de sinais. Apesar disso, muitos codas que herdam a cultura surda conseguem lidar com esses valores negativos atribuídos aos surdos. A cultura dominante vê a surdez como algo ruim. As crianças codas vivem essa concepção a partir dos próprios familiares, como os avós, os tios e os primos, que atribuem à surdez um valor menor e manifestam suas frustações e seus desejos de que eles pudessem ouvir. Comentários como: "Que pena que eles não podem ouvir esta

---

10 *Barbara [his wife] was always talking to me from the other room. And every time, I would go into the room and say, I can't understand a thing you're saying. And she said, "Well, I'll just talk louder." And I said: "No, you don't understand, I need to see you in order to understand what you're saying."* (PRESTON, 1994, p. 136).

música", "Nossa, mas são surdos, como eles fazem para se comunicar?", "Como você aprendeu a falar?" e "Mas que pena" são recorrentes na vida dos filhos de pais surdos. Como diz Hoffmeister (1997) em sua Conferência no 12° Congresso Internacional de Codas, em Denver, apesar disso, esses filhos ouvintes, *filhos de uma única geração*, convivem com seus pais, aprendem sobre a cultura surda, mesmo quando não convivem tanto com ela, adquirem a língua de sinais e compartilham as mesmas raízes. Os codas são como quaisquer outros filhos, que, independentemente de suas raízes, vão precisar lutar e conquistar seus espaços, com diferentes condições financeiras, com diferentes aspectos interpessoais, sociais e emocionais, com diferentes etnias e gêneros. A diferença é que eles herdam a língua e a cultura surdas com a língua e a cultura ouvintes na qual crescem.

Hoffmeister (1997) destacou o quanto os filhos ouvintes de pais surdos trazem a herança cultural surda e o quanto isso acaba influenciando as atitudes desse grupo social como pessoas que são mais tolerantes, mais abertas e mais flexíveis diante dos outros (os outros aqui referidos como "ouvintes"). A diferença marcada pela língua é transposta pela cultura surda em um contexto multilíngue e, portanto, multicultural, que dá tons às interações discursivas e socioculturais dessas pessoas.

Os olhares marcados com estigma, estereotipados e preconceituosos fazem parte da constituição dos codas. Eles aprendem a lidar com isso e, a partir disso, relacionam-se com os surdos e com os ouvintes que fazem parte de seu mundo, tanto em língua de sinais como na língua falada. Suas interações com surdos e ouvintes são influenciadas por essas experiências e estampadas em seus discursos, aparecendo no dia a dia e em suas histórias.

Hoffmeister (1998) em sua Conferência no 15° Congresso Internacional de Codas, em Virgínia, traz a discussão sobre o que é ser "ouvinte" e o que é ser "surdo", e o quanto isso é confuso, algumas vezes, para os outros quando olham para um coda. O lado surdo dos codas é confuso para os ouvintes, e o lado ouvinte dos codas é confuso para os surdos. E, muitas vezes, esses dois lados são confusos para os próprios codas. Essa confusão se dá pelas experiências híbridas que constituem os codas multilíngues e multiculturais. Hoffmeister (1998) menciona questões com que os codas frequentemente se deparam junto aos ouvintes que convivem: "Por que você fez isso?", "Como que você está pensando dessa forma?", "Essa resposta não é adequada", "Por que você está tão brabo?" e assim por diante. São questionamentos e ideias que evidenciam conflitos culturais, pois formas de dizer e falar sobre as coisas em determinado grupo social são possivelmente diferentes de outro grupo social. Isso pode causar certa confusão nos codas, pois pode levar tempo para eles obterem essa consciência e compreensão de que isso é perfeitamente normal.

Entretanto, Hoffmeister (1998) também aponta para o fato de que, às vezes, parece haver um "efeito camaleão", ou seja, quando o coda está entre ouvintes, passa a ser mais como os ouvintes, e quando está com os surdos, passa a ser mais como os surdos. Mas, como é um só ao mesmo tempo, se trai, por exemplo, em suas expressões faciais típicas de surdos em um ambiente ouvinte. Por exemplo, quando um coda está com os surdos e tenta explicar algo sobre os ouvintes, a forma de explicar nem sempre é apresentada de um jeito surdo, e os surdos não conseguem compreender, pois as escolhas lexicais são erradas ou confusas.

Interessantemente, os surdos parecem mais pacientes do que os ouvintes, que, apesar de não entenderem, procuram formas de preencher lacunas (talvez por estarem acostumados a conviver com os ouvintes que não sabem muito sobre os surdos e não conhecem a língua de sinais). Todavia, os ouvintes não são nada pacientes, parece que isso acontece exatamente porque parte-se do princípio de que eles sejam a regra, os outros diferentes, não ouvintes, estão fora do padrão. Assim, isso leva a uma compreensão de que o problema está nos surdos e nos codas que não conseguem apresentar um padrão linguístico e sociocultural esperado. A conclusão de Hoffmeister (1998) é de que o problema não está em si, mas nesses ouvintes que continuam achando que eles são a referência de como ser e, portanto, não conseguem compreender o que é ser surdo, não conseguem compreender o que significa ser um coda.

Os codas frequentemente acabam desempenhando a função de mediadores entre seus pais surdos e o mundo ouvinte. Isso faz eles se perceberem nessa posição entre dois mundos, que apresentam línguas, valores e normas culturais diferentes. Os codas estão "entrelugares", no sentido de Bhabha (2003). Os vieses são ambivalentes, constituindo o que Bhabha (2003) refere como os "entrelugares" por meio de relações intersticiais. Segundo o autor, a negociação toma forma no lugar da negação. Instaura-se a negociação, um campo que vai além, abrindo espaços, "lugares e objetivos híbridos", do possível. As duas línguas estão em espaços de negociação que não se traduzem em um ou outro lugar, mas em "entrelugares", em "territórios de ambos". As relações, portanto, são de ordem muito mais complexa, e, por isso, a negociação torna-se invariavelmente necessária.

> Para esse fim, deveríamos lembrar que é o "inter" – o fio cortante da tradução e da negociação, o entrelugar – que carrega o fardo do significado da cultura. Ele permite que se comecem a vislumbrar as histórias nacionais, antinacionalistas, do "povo". E, ao explorar esse terceiro espaço, temos a possibilidade de evitar a política da polaridade e emergir como os outros de nós mesmos. (BHABHA, 2003, p. 69).

Os codas estão nesse espaço, e isso aparece em suas falas, suas biografias. Quando conseguem se ver nesse terceiro espaço, parece que se abre o espaço da negociação entre as diferenças, e o "inter" deixa de ser um problema. No entanto, enquanto isso não acontece, para muitos codas, a oposição se mantém e parece impor uma escolha. A escolha não é necessária, o entrelugares é possível e acolhe ambos. O terceiro não é nem um e nem outro, mas os dois. É possível observar isso com as línguas, o bilíngue não é a soma de dois monolíngues, como Grosjean (1989) nos chamou a atenção, mas é bilíngue, é o terceiro espaço, é o entrelugares. A herança da língua nos coloca na posição do entrelugares, no lugar dos dois ao mesmo tempo. Segundo Quadros e Masutti (2008), esse terceiro espaço caracteriza-se a partir das fronteiras e zonas de contato. Assim como apontado pelas autoras, Pratt (1999, 2000) define a zona de contato como aqueles espaços sociais em que as culturas se encontram e se constroem em linhas de diferenças, em contextos assimétricos de poder. A autora adverte que esse lugar pode oscilar entre um lugar de belicosidade e de perigo e de entendimento mútuo, o que é imprevisível e apenas descoberto nas relações. Pratt (1999, 2000) denomina esses lugares de *"safe houses"*, que possibilitam aos grupos sociais constituírem suas identidades e suas comunidades e protegerem-se dos sistemas opressivos. A partir dessa perspectiva, pensar sobre as experiências dos codas em zonas fronteiriças de contato permite pensar sobre as diferenças e a possibilidade de estabelecimento de um terceiro espaço, especialmente quando se constituem os espaços de mútuo entendimento, ou seja, as compreensões dessas diferenças.

As línguas estão intrinsicamente ligadas às identidades dos codas. Bishop e Hicks (2005) observaram que os codas instintivamente vinculam a língua de sinais com sua identidade surda e a língua falada com sua identidade ouvinte. Talvez, isso seja o primeiro passo para compreender porque os codas sobrepõem as línguas, usando-as ao mesmo tempo. A sobreposição das línguas pode ser entendida aqui metaforicamente para traduzir essa possibilidade do terceiro espaço a partir das fronteiras e zonas de contato. A sobreposição das línguas não é simplesmente produzir as duas línguas ao mesmo tempo, mas sim a síntese das duas com elementos de uma e de outra, assim como a possibilidade da sobreposição completa, quando elas coincidem. Isso é o que acontece com as culturas e as identidades dos codas. Elas se sobrepõem com elementos culturais de uma e de outra e, também, das duas. Nessa composição, a partir das zonas de contatos, o terceiro espaço é enriquecido pelas duas vivências a partir do entendimento mútuo.

Filhos surdos de pais surdos: surdos de referência

Os surdos de pais surdos herdam a língua de sinais em casa, assim como outros falantes de língua de herança. Os surdos filhos de pais surdos são surdos de referência das comunidades dos surdos, pois eles são os surdos que são sinalizantes nativos da língua de sinais. Eles adquirem a língua de sinais com seus pais, um privilégio na comunidade surda. Somente 5% dos surdos são filhos de pais surdos. Eles crescem dentro da comunidade surda, que começa pela própria família. Os estudos de aquisição da linguagem em crianças surdas, filhas de pais surdos, evidenciam que essas crianças passam pelos estágios de aquisição da linguagem, assim como outras crianças que crescem em suas famílias (QUADROS, 1997). Esses surdos têm contato com outros surdos e com a língua de sinais desde o nascimento. Desde bebês, já aprendem a estabelecer o olhar com seus interlocutores, pois o olhar é fundamental para conversar na língua de sinais. Esses surdos balbuciam em língua de sinais, ou seja, começam a brincar com as unidades fonológicas da língua de sinais, produzindo movimentos associados com configurações de mão da língua de sinais a que estão expostos. A partir do balbucio, começam a produzir os primeiros sinais. Na sequência, combinam esses sinais com outros sinais para formar sentenças de duas palavras, três palavras e múltiplas palavras conforme crescem. Usam a língua com diferentes propósitos em contextos distintos, com diferentes pessoas, surdas e não surdas. Estabelecem sua linguagem na língua de sinais, assim como quaisquer outras crianças adquirindo quaisquer outras línguas. Essa aquisição acontece no seio familiar e na comunidade surda. A língua e a cultura são internalizadas ao longo do crescimento. Nesse sentido, esses surdos são os surdos de referência.

O contexto de aquisição e desenvolvimento linguístico sociocultural é privilegiado. O que é comum a qualquer criança é um privilégio para os surdos com pais surdos. Os surdos quando se apresentam e dizem que são filhos de pais surdos são referidos como aqueles que tiveram "sorte". Essas crianças aprendem sobre a língua e muito mais sobre os surdos e sua cultura por crescerem nesses espaços surdos. Eles herdam, de forma legítima e padrão, a língua de sinais de seus pais e sua comunidade. Essa herança vem carregada com as formas surdas de ser, de pensar e de viver. Perlin (1998) usa a metáfora do "tesouro" que é encontrado e quando aberto se apresenta como algo de muito valor, com vários adornos que compõem desde a língua até todos os artefatos culturais. Os adornos a que Perlin (1998) se refere já estão diante dessas crianças que crescem vestidas e enfeitadas com as roupas dos surdos. Comem, dormem, brincam e brigam na língua de sinais.

Muitas vezes, essas crianças convivem muito mais com outros surdos do que com ouvintes, mesmo estando em uma sociedade na qual a língua falada seja outra, como é o caso do Brasil. Quando essas comunidades surdas têm escolas bilíngues na língua de sinais com o português como segunda língua, o convívio é muito mais intenso com outros surdos, apesar de também conviverem com pessoas ouvintes na comunidade maior. Mesmo assim, a relação da língua de herança como língua minoritária pode ser invertida. Nesse caso, a língua de herança continua sendo a língua primária, e o português mantém-se como língua secundária, como segunda língua. No entanto, vale ressaltar que esses surdos podem tornar-se bilíngues balanceados, produzindo o português escrito com muita fluência. Os estudos evidenciam que os surdos filhos de pais surdos têm bons desempenhos em leitura e escrita da língua usada no país onde residem (SILVA, 2016). A língua de herança está cunhada como primeira língua, e esses sinalizantes da língua de sinais a mantêm como língua primária em termos linguísticos, assim como em termos socioculturais.

No entanto, os filhos de pais surdos podem estar em famílias de surdos com diferentes níveis linguísticos. Seus pais podem ter sido filhos de pais ouvintes e podem ter sido proibidos de usarem a língua de sinais. Seus pais podem ter diferentes atitudes em relação à língua de sinais e à língua portuguesa. Essas condições impostas em cada unidade familiar também influenciam o processo de aquisição da linguagem dessas crianças. Na comunidade surda, conhecemos surdos que são filhos de pais surdos e que captaram o valor negativo atribuído por seus pais surdos à língua de sinais. Nesse sentido, observamos esses efeitos negativos em outros falantes de língua de herança. Alguns pais surdos fizeram questão de colocar seus filhos em escolas de ouvintes ou escolas oralistas para que eles tivessem a oportunidade de "ter o melhor", ou seja, de ter acesso ao português. Esses efeitos já são muito menos observados atualmente, devido à revitalização da língua brasileira de sinais e das políticas linguísticas que afirmam essa língua como língua nacional. As novas gerações de surdos têm orgulho de sua língua de sinais, mas ainda vemos os efeitos de tempos passados em que a língua de sinais era menos valorizada em relação à língua falada no país.

Atualmente, as novas famílias de surdos com filhos de pais surdos têm orgulho de sua língua e fazem questão de passar valores socioculturais por meio de sua língua. A Lei 10.432 de 2002, que reconhece a língua de sinais como língua nacional das comunidades surdas brasileiras, teve vários desdobramentos que fortaleceram o valor da língua brasileira de sinais, a Libras. Assim, os pais surdos procuram passar a língua de sinais como herança linguística e cultural a seus filhos. No caso de filhos surdos de pais surdos, isso acontece com muita intensidade e profundidade. A língua de herança fica cravada nesses filhos surdos de pais surdos.

Filhos surdos de pais ouvintes

A maioria das crianças surdas nasce em famílias de pais ouvintes. Nesse contexto, diferente dos codas, essas crianças não herdam de seus pais os valores e as normas culturais dos surdos. Também, a língua de sinais não é herdada de seus pais. Até isso acontecer, existe uma grande variabilidade entre esses surdos quanto ao período em que serão expostos à língua de sinais, à qualidade e à quantidade de *input* (exposição à língua), pois tais famílias vão procurar passar a herança que parte da referência na língua falada no país. Quando a surdez é identificada (pode ser logo no nascimento ou mais tarde), alguns pais podem ainda decidir não expor seus filhos à língua de sinais. Assim, alguns podem ter acesso à língua de sinais muito cedo ou na adolescência, enquanto outros apenas na fase adulta. Além disso, com quem eles vão ter contato com a língua de sinais e por quanto tempo também são fatores que irão determinar o processo de aquisição dessa língua. Há vários estudos que apresentam as vantagens da aquisição precoce e os prejuízos linguísticos da aquisição tardia por crianças surdas, por exemplo Mayberry (2010), Mayberry e Wichter (2005) e Quadros e Cruz, (2011). De qualquer forma, o legado da língua, dos valores e da cultura surda vai ser transmitido a esses surdos a partir da comunidade surda, conforme já mencionado.

O encontro surdo-surdo para os surdos que nascem em famílias de pais ouvintes é muito especial. Na metáfora de Perlin (1998), conforme já mencionada, o "tesouro" vai sendo identificado e incorporado por esses surdos ao longo do resto de suas vidas. É um "tesouro" porque tem muito valor. Vários relatos de surdos contando o que acontece quando descobrem esse tesouro são recorrentes quanto a questões específicas. Por exemplo, o encontro dos outros "iguais" (no plural). Os filhos surdos de pais ouvintes crescem sem uma identificação completa com o outro. Eles contam que pensavam que eram os únicos surdos no mundo.

> Minha tia me disse para ir na escola de surdos, pois eu tinha recém me formado e, talvez, conseguisse uma vaga para trabalhar neste lugar. Quando cheguei na escola e vi todos aqueles surdos, fiquei impressionada, eu nunca tinha imaginado que existissem outros surdos no mundo, sempre eu era a única surda na família e em toda a minha vida escolar. Eu fui tomada por uma emoção tão grande, pois vi que eles eram como eu. Eles conversavam e riam mexendo com as mãos. Eu vi que não estava mais sozinha. Foi uma grande descoberta em minha vida. Comecei a aprender a língua de sinais e logo já estava conversando com outros surdos. Fui descobrindo que eu era normal, eu era alguém que tinha outro igual, que eu fazia parte de uma comunidade. (MS, 2008).

Nesse relato, a metáfora de Perlin (1998) aparece de forma muito clara. MS descobre o "tesouro" e mergulha nele se apropriando da língua e da cultura, da relação com o outro igual, se identificando com os outros. No plural sim, porque essa descoberta não acontece quando você encontra um surdo que também está isolado, como acontece nas escolas inclusivas, mas quando você encontra a comunidade surda, ou seja, vários surdos. A herança linguística cultural dos surdos é herdada na comunidade surda e, nesse caso, não acontece no seio familiar, diferente de outros falantes de línguas de herança.

Outro exemplo é a própria língua. Vários relatos de surdos, filhos de pais ouvintes, compartilham o fato de descobrirem que existe uma língua que é visual e que é internalizada de uma forma tão de dentro para fora, tão fácil, como eles dizem, tão rápido.

> Eu só descobri a língua de sinais com 16 anos de idade. Encontrei outros surdos e vi que eles usavam as mãos para conversar. No início, tinha um pouco de vergonha, mas foi muito rápido. A língua de sinais era muito fácil. Eu passava horas e horas com eles para aprender tudo sobre essa língua. Eu estava fascinado e queria me apropriar logo dela. Estava sinalizando mais e mais. Ela simplesmente me arrebatou. Muito diferente do português que tive que aprender som por som, letra por letra, palavra por palavra e, muitas vezes, até hoje não fazem muito sentido. Eu estava aprendendo sentidos e estava me sentindo cada vez mais parte do grupo de surdos. Eu era igual a eles, e a língua de sinais fazia sentido pra mim e eu fazia sentido das coisas por meio dela. (RC, 2012).

Esses surdos, assim como vários outros, parecem não ter encontrado um lugar no qual pudessem se encaixar. Eles parecem ter ficado sem um espaço de compartilhamento de experiências linguísticas e culturais, mesmo havendo crescido em famílias em que foram acolhidos de alguma forma. A sensação é de ser uma peça que não se encaixa no quebra-cabeça e, de repente, você encontra seu quebra-cabeça. Você é uma peça perdida por muitos e muitos anos até ser encontrado pelo quebra-cabeça que consegue te acomodar.

A relação de pertencimento é uma das questões mais importantes nessa descoberta. Ver-se no lugar em que é igual estabelece o caminho da constituição da identidade surda. Como Dalcin (2006) captou em sua tese, os surdos fazem parte de uma grande família de surdos. E essa grande família ultrapassa fronteiras, assim como observado por Ladd (2003). Preston (1994) também aborda a relação dos surdos com a comunidade surda. Nas entrevistas que Preston (1994) realizou com vários codas norte-americanos, ele identificou um valor inestimável dos agrupamentos dos surdos, pois, quando se encontram, conversam por horas e horas. Os codas relataram que se lembram de seus pais sentados em roda conversando com seus amigos surdos. Parece haver uma "fidelidade" aos amigos surdos, termo usado por Preston (1994). Essa fidelidade aos amigos surdos e à comunidade fortalece a identidade surda dessas pessoas. Como bem observou Preston (1994), independentemente de as famílias dos surdos se manterem centrais ou ficarem na periferia, a comunidade surda passa a ser uma referência importante para a maioria dos surdos. Os codas que possuíam pais surdos e que não tinham essa referência comentaram que identificavam seus pais como "isolados" e "solitários". Essa constatação faz sentido, porque os surdos contam com outros surdos para conversar e estabelecer laços de amizade. Essas longas conversas entre surdos dificilmente acontecem entre surdos e ouvintes que não sabem muito bem a língua de sinais.

As associações de surdos e outras organizações comunitárias de surdos têm um papel fundamental na constituição da identidade surda e na perpetuação da língua de sinais. Nesses espaços, existe um interesse comum em se comunicar. Como captou Preston (1994), essas associações tornaram-se locais de estabelecimento de redes sociais, como espaço de normalização de suporte, comunicação como atividade central e compromisso com o grupo.

No filme *O silêncio da música*, aparece uma cena de uma filha ouvinte de pais surdos que está longe de seus pais, morando em outra cidade. Ela está caminhando na rua e olha para dentro de uma loja e vê pessoas surdas conversando em sinais. Os olhos dela se voltam para eles, e seu desejo é de ir até lá e conversar, porque parece que o ser surdo usando uma língua de sinais atrai o outro. Como os codas cresceram vivendo isso, sentem-se empurrados nessa mesma direção, embora resistam a ela. Lembro-me de ter passado por isso várias vezes ao longo de minha vida. Entretanto, meus pais surdos quando veem outro surdo, mesmo sendo em outro país, prontamente se apresentam e começam a conversar, mesmo usando línguas de sinais diferentes. O fato de ser surdo que está inserido em uma comunidade surda o autoriza a estar com outro surdo em qualquer lugar e em qualquer língua de sinais. Essa relação de pertencimento é profunda e única dos surdos. Nesses espaços, há a norma surda. Assim, os surdos se sentem à vontade para serem surdos. Alguns filhos de pais surdos também relatam essa sensação que leva a uma experiência de estar mais seguro, porque é comum, é igual. Assim, os surdos que são filhos de pais ouvintes, normalmente se encontram como surdos nesses espaços.

Os surdos quando se apresentam uns aos outros tendem a descrever seu *background* em termos de vivência com outros surdos. Os surdos normalmente informam que são filhos de pais ouvintes. A expressão facial associada a essa informação normalmente é negativa: "Meus pais são ouvintes, sou o único surdo na família" (com expressão facial de tristeza, de lástima). Se o outro surdo ou até mesmo coda informar que seus pais são surdos, normalmente eles completam a frase: "Nossa, que sorte a sua, eu não tive esta sorte". Várias vezes, vi diferentes surdos, inclusive alguns que têm uma posição reconhecida na comunidade surda, dizerem isso. Esse sentimento de lástima de não ter tido pais surdos que pudessem assegurar a língua de sinais para eles desde pequenos pode ter implicações de ordem emocional bastante sérias.

Como muitos desses surdos começaram a aprender a língua de sinais tardiamente, porque encontraram outros surdos muito mais tarde, alguns deles carregam os efeitos dessa aquisição tardia. Vários estudos evidenciam que alguns surdos que não tiveram acesso a uma língua de sinais ao nascer e só vieram a ter contato com essa língua tardiamente apresentam atrasos linguísticos e cognitivos (QUADROS; CRUZ, 2011; SACKS, 1989). Há muita variação desses efeitos entre os surdos que ainda não foi explicada. Provavelmente, as diferentes experiências que esses surdos têm desde o nascimento, bem como fatores individuais, é que vão determinar as consequências da aquisição tardia da língua de sinais na vida dessas pessoas.

Toda essa variabilidade entre surdos aparece também entre codas. Se os surdos são filhos de pais surdos e cresceram entre surdos, quando têm filhos ouvintes, eles transmitem essa história cultural, seus valores, sua língua nesse meio. Em contrapartida, se os surdos são filhos de pais ouvintes, gerações únicas de filhos surdos com diferentes experiências com a língua de sinais e a comunidade surda, casam-se e têm filhos ouvintes, essas experiências e vivências com a língua de sinais em diferentes momentos da vida, bem como relações com a língua falada a partir da surdez, também vão impactar a vida dos filhos ouvintes. Assim, codas também apresentam uma grande variabilidade em relação à sua língua de herança e a relação com os surdos e a comunidade surda. Os surdos com aquisição tardia da língua de sinais têm diferentes níveis de fluência nessa língua. Os pais desses surdos também têm suas histórias com mais ou menos frustações em relação a ter um filho surdo. Alguns simplesmente ignoram o mundo dos surdos e acreditam que podem investir na possibilidade de tornar seus filhos ouvintes. Outros aprendem a língua de sinais e se inserem no mundo dos surdos, e aprendem sobre ele para poder compartilhar essa experiência com seu filho surdo. Isso também fica gravado na história desses surdos. A herança linguística cultural é transmitida com todas essas *nuances* aos filhos surdos e/ou ouvintes na relação com a sociedade ouvinte.

O caso dos filhos surdos e dos pais ouvintes nos mostra que os falantes e sinalizantes de uma língua de herança não precisam necessariamente estar no âmbito genético em conexão com determinada comunidade linguística, isso é observado com surdos que não são filhos de pais surdos. Isso também foi notado por Boon (2014) com falantes de galês na Inglaterra, em que os pais podem ser falantes de inglês em casa, mas as crianças estarem em contato com o galês em Gales. No caso específico dos surdos filhos de pais ouvintes, eles crescem na família que fala português e começam a ter contato com outros surdos em diferentes etapas da vida. Alguns vão encontrar outros surdos na escola, e outros vão encontrar outros surdos por acaso já quando adultos. De qualquer forma, nesse caso, a língua de herança é herdada a partir de uma comunidade linguística que não necessariamente inclui a família, como acontece com os surdos e os codas, filhos de pais surdos.

A partir dessas formas de transmissão e das relações com as línguas, bem como a variabilidade de possibilidades existentes quanto à consolidação da aquisição da Libras como primeira língua, confirma-se que a Libras configura de fato uma língua de herança, apresentando a especificidade de não necessariamente ser adquirida como primeira língua no núcleo familiar, mas na relação com outros surdos.

4
Pesquisas com línguas de sinais como língua de herança

AS PESQUISAS COM LÍNGUAS DE HERANÇA

As pesquisas com línguas de herança começam a ser estabelecidas, especialmente, por causa do ensino de línguas nas escolas. Os falantes de línguas de herança chegam à escola e se deparam com o ensino de sua primeira língua como língua estrangeira. Esse é o caso dos bilíngues de fronteira no Brasil, em que a escola está organizada na língua portuguesa e contempla o ensino da língua espanhola como língua estrangeira. Na verdade, o espanhol não é uma língua estrangeira para esses falantes de língua de herança, pois eles adquiriram essa língua em suas famílias ou em suas comunidades linguísticas, uma vez que as fronteiras configuram espaços multilíngues. O estatuto de língua estrangeira e as metodologias usadas no ensino de línguas estrangeiras não contemplam esses contextos sociolinguísticos. A partir disso, as pesquisas começaram a discutir sobre as línguas de herança e sobre os falantes de línguas de herança do ponto de vista sociolinguístico e a partir da perspectiva linguística, com o objetivo de estimular políticas linguísticas, assim como subsidiar teoricamente as propostas de ensino dessas línguas.

A desenvoltura nessas duas (ou mais) línguas pode ser diferente, daí surge a pergunta sobre o que representa o conhecimento de uma língua nativa. O que nós sabemos quando sabemos uma língua? Essa é uma pergunta central no campo dos estudos da linguagem. A resposta a essa pergunta inclui conhecimentos sobre os sons ou os sinais que fazem parte de uma língua, o conhecimento que temos para combinar esses sons e formar unidades mais complexas, tais como os morfemas, as sentenças e a composição do discurso. Esses conhecimentos compreendem um sistema linguístico. Para acessarmos esse conhecimento, precisamos estar expostos a uma ou mais línguas sendo usadas em ambientes linguísticos constituídos socialmente. Isso significa que as crianças, quando nascem e crescem nesses ambientes, recebem *input* linguístico e iniciam sua interação com outras pessoas que compartilham uma ou mais línguas. Esse início do processo de aquisição da linguagem se constitui naturalmente, exceto quando há outros aspectos que possam interferir em tal processo. Por exemplo, no caso de crianças surdas que nascem em famílias de pais ouvintes, normalmente, os pais não utilizam a língua de sinais e, portanto, essas crianças acabam não tendo *input* linguístico de forma natural e espontânea. Todavia, no caso das crianças ouvintes, filhas de pais surdos, há a exposição à língua de sinais, que constitui a primeira língua dessas crianças mediante *input* linguístico que proporciona a aquisição da linguagem. Assim também acontece com outras crianças que adquirem a língua de seus pais, entre uma ou mais comunidades linguísticas.

Segundo Boon e Polinsky (2014, p. 4), o estudo sobre falantes de herança é motivado por vários fatores: (1) descrever precisamente o que significa ser falante de herança e identificar a abrangência da variação entre as línguas de herança e de seus falantes; (2) identificar os padrões linguísticos aplicados pelos falantes de línguas de herança no sentido de compreender as possibilidades acessadas por essas pessoas para criar e usar línguas; (3) testar as possibilidades de prever os graus de manutenção e perda da língua de um falante específico ou da comunidade de falantes; (4) determinar desafios pedagógicos específicos que se aplicam aos falantes de língua de herança no ensino de línguas. Os autores observaram, assim como constatamos no Brasil, que os falantes de línguas de herança têm uma história similar, apesar de não apresentarem os mesmos níveis de conhecimento de sua primeira língua, de sua língua nativa (nativa aqui se refere à L1). Essa variação entre os falantes (sinalizantes) de língua de herança parece se apresentar em um contínuo (de mais próximo aos usos da língua até mais distantes da língua original). Boon e Polinsky (2014) aplicam o conceito do modelo contínuo para indicar que os falantes de línguas de herança podem estar em algum nível de proficiência de sua língua nesse contínuo enquanto aqueles considerados como falantes nativos e aqueles que apenas reconhecem algumas palavras da língua. As diferentes posições desse contínuo podem ser ocupadas pelos falantes de língua de herança de acordo com suas experiências pessoais com a língua. Conforme Polinsky (2015a, b), o que os reúne no mesmo grupo, apesar dessa ampla variação, é o fato de compartilharem a mesma experiência de crescer em uma família com uma língua diferente da língua usada na sociedade em geral. Isso tem a ver com a história linguística da pessoa. Polinsky (2015b) menciona ainda o quanto é comum ouvirmos histórias de falantes de espanhol nos Estados Unidos que dizem compreender seus pais ou avós, mas respondem em inglês. Apesar de terem habilidade no nível da compreensão, esses falantes variam imensamente quanto à capacidade de se expressarem na língua de herança. A redução no vocabulário é um dos aspectos mais fáceis de serem identificados entre falantes de língua de herança que frequentemente não conseguem lembrar um termo específico em sua primeira língua e podem manifestar dificuldades com elementos gramaticais mais complexos. As habilidades de leitura e escrita dependem da quantidade de instrução formal na língua de herança, o que é bastante incomum na história desses falantes (POLINSKY, 2015a).

De modo geral, os padrões identificados entre diferentes falantes de línguas de herança evidenciam aspectos nos quais uns demonstram mais habilidades e outros menos habilidades, tais como pronúncia em que se destacam, mas problemas sintáticos em que demonstram características divergentes. No entanto, parece que eles apresentam uma reanálise gramatical, mais ou menos no mesmo sentido abordado nas pesquisas que consideram "interlíngua" como uma inovação gramatical que reflete o conhecimento das línguas desses falantes,[11] ou seja, é possível identificar princípios universais nessas gramáticas divergentes que se manifestam por meio de gramáticas possíveis. Boon (2014) também observa a possível analogia entre a gramática dos falantes de língua de herança e os aprendizes de segunda língua. Segundo a autora, a gramática dos falantes de língua de herança apresenta alguns elementos da norma usada pelos falantes nativos e segue regras gramaticais, manifestando sistematicidade.

---

11 Interlíngua é um termo usado nos estudos de segunda língua para identificar os estágios prévios que o falante desenvolve até chegar à fluência completa da segunda língua. As pesquisas identificaram que essa interlíngua apresenta aspectos gramaticais que indicam o conhecimento da linguagem dos falantes (ELLIS, 1990; SELINKER, 1994). É uma espécie de gramática divergente (BENMAMOUN; MONTRUL; POLINSKY, 2013b) da gramática dos falantes nativos da língua-alvo do aprendiz de segunda língua.

Em tais casos, esses falantes de línguas de herança parecem que tiveram uma aquisição incompleta de sua primeira língua ou passaram por um processo de constrição de sua primeira língua. Isso pode estar relacionado com o período crítico para a aquisição da linguagem, que acaba sendo estabelecida pela língua mais dominante. Boon (2014) define aquisição incompleta como o estado específico da gramática em que determinadas estruturas não foram completamente adquiridas. Essa definição diferencia aquisição incompleta de constrição de língua que, segundo a autora, refere-se à perda de uma estrutura linguística em função da interferência de outra língua, uma língua dominante ou, simplesmente, pela falta de uso da primeira língua. Nesse caso, as estruturas que já haviam sido adquiridas em algum estágio da aquisição foram perdidas ao longo do tempo.

O estudo da aquisição incompleta da linguagem contribui para a compreensão da natureza da aquisição da linguagem na infância que envolve o desenvolvimento da linguagem pela criança, no sentido de conquista de marcos linguísticos até o completo estabelecimento da língua. A aquisição incompleta pode estar relacionada com a discussão sobre a hipótese do período crítico de aquisição da linguagem (LENNEBERG, 1967):

> Entre 3 anos de idade e por volta do início da adolescência, a possibilidade de adquirir uma primeira língua se dá de forma adequada; a pessoa parece estar mais sensível aos estímulos neste período de tempo e preserva certa flexibilidade inata para a organização das funções cerebrais para integrar os processos complexos necessários para a elaboração da fala e da linguagem. Depois da puberdade, a habilidade para essa organização e ajustes fisiológicos incorre no declínio do comportamento verbal. (LENNEBERG, 1967, p. 158).[12]

Essa hipótese é proposta com o objetivo de captar o fato de crianças conseguirem adquirir línguas de forma mais completa até certa idade, em oposição a adultos que aprendem uma segunda língua tardiamente. O termo "período crítico" reflete exatamente isso, ou seja, haveria um período mais

---

12 No original: "*Between the ages of three and the early teens the possibility for primary language acquisition continues to be good; the individual appears to be most sensitive to stimuli at this time and to preserve some innate flexibility for the organization of brain functions to carry out the complex integration of subprocesses necessary for the smooth elaboration of speech and language. After puberty, the ability for self-organization and adjustment to the physiological demands of verbal behavior quickly declines*" (LENNEBERG, 1967, p. 158).

apropriado para o desenvolvimento de uma ou mais línguas. Tal proposta foi sustentada especialmente pelos estudos de aquisição da linguagem que evidenciavam um processo de aquisição paralelo em várias línguas. Além disso, as evidências para a existência desse período vêm de crianças que, por alguma razão, foram privadas de acesso à linguagem durante esse período. Essas crianças apresentaram dificuldades (e impossibilidade) de aquisição da linguagem, especialmente da sintaxe (em nível de estrutura).[13] Também há evidências de crianças surdas filhas de pais ouvintes (SINGLETON; NEWPORT, 1994) que foram expostas à língua de sinais americana (ASL) depois dos 12 anos. Essas crianças, comparadas àquelas expostas desde a mais tenra idade, apresentaram dificuldades em relação a alguns tipos de construção. Dados de aquisição de segunda língua também indicam que as crianças expostas à língua estrangeira atingem melhor competência do que pessoas que adquirem línguas depois do período crítico. Adquirir uma língua (nativa ou estrangeira) depende de um processo de aquisição que é natural à criança. Há controvérsias sobre a existência do período crítico para a aquisição da linguagem. Por exemplo, a correlação entre a flexibilidade neuronal própria da criança e o desenvolvimento da linguagem tem sido bem difícil de ser provada, até porque adultos adquirem uma nova língua, apesar de poderem levar mais tempo do que uma criança, como abordado por Dehaene e colaboradores (1997).

Também me lembro de relatos de ex-alunos surdos que ficaram surdos antes dos 5 anos de idade e informaram não lembrar do português adquirido até perderem a audição. Parece que o português ouvido por essas pessoas até perderem a audição também ficou adormecido. Há, ainda, relatos de surdos que adquiriram a língua de sinais tardiamente e se tornaram fluentes em Libras, mas usavam uma espécie de sinais caseiros com seus familiares e comunidade. Parece que essa "língua emergente" usada em casa também serviu de base para a aquisição da língua de sinais.

---

13 O caso "Genie" é o de uma menina que foi privada de acesso a qualquer forma de comunicação até por volta dos 13 anos de idade. Essa menina parece ter ficado com uma lesão no desenvolvimento da linguagem que não foi recuperada, mesmo com o trabalho intenso de especialistas. Outro caso foi o do menino selvagem "Victor", que cresceu entre lobos e foi resgatado por volta dos 13 anos de idade. Ele também não conseguiu avançar muito no processo de aquisição da linguagem (SINGLETON; RYAN, 2004).

Da mesma forma, o período crítico é colocado em questão diante da realidade com falantes de línguas de herança. Nesse caso, coloca-se uma questão importante a ser explicada sob a perspectiva dessa hipótese, pois tais falantes estão expostos a uma primeira língua ainda dentro do chamado "período crítico", mas, mesmo assim, alguns deles não são proficientes nessas primeiras línguas. Aqui fica clara a diferença entre linguagem externa (*E-language*) e linguagem interna (*I-language*), discutida por Chomsky (1986). Parece que a língua, como realização da linguagem interna, sofre com os problemas da *performance*, em função de fatores sociolinguísticos. A aquisição da primeira língua nesses contextos normalmente acontece no seio familiar, a partir do nascimento. Tem algo que acontece no processamento da linguagem dessas crianças que apresenta impacto no estabelecimento da gramática dessa língua ao longo do desenvolvimento da linguagem em contextos bilíngues. Isso claramente está relacionado com a linguagem externa.

Um dos problemas levantados, conforme apontado por Boon (2014), é a questão do tempo de exposição à língua. Isso é um fator fácil de ser identificado com falantes de línguas de herança, pois o tempo que eles têm de contato com a primeira língua é, comumente, muito menor do que o tempo de exposição à língua usada nos círculos sociais e na escola. Boon (2014) observou também que a questão do tempo de exposição é normalmente relevante em relação aos aprendizes de segunda língua, da mesma forma. Além disso, Boon (2014) observou que assim como acontece com alunos de segunda língua, a motivação tem impacto na manutenção da língua de herança, no sentido de implicar questões de ordem emocional, para além de fatores inatos. Isso é relevante e apresenta consequências na realização performativa da língua de herança. A criança parece estar muito suscetível a fatores de ordem emocional, tais como atitudes diante das línguas que vão afetar seu desenvolvimento linguístico em uma ou outra língua. Esses fatores, portanto, vão além da questão determinística do período crítico para a aquisição da linguagem.

Os falantes e sinalizantes de línguas de herança apresentam aspectos específicos de sua aquisição que os diferenciam de outros aprendizes de segunda língua. Eles adquirem uma língua precocemente e podem se deparar com diferentes contextos que podem impactar na manutenção de sua primeira língua, tais como os que já foram mencionados, ou seja, o tempo de exposição e questões de ordem emocional, por exemplo.

Quanto ao período crítico, os falantes de línguas de herança deveriam ter vantagens em relação aos falantes de segunda língua e se aproximarem mais dos falantes nativos da primeira língua, mas isso não é constatado necessariamente (BENMAMOUN; MONTRUL; POLINKSY, 2013a; BOON, 2014; POLINSKY, 2015a, b). Segundo Boon (2014), a mudança de uma língua para outra em falantes de línguas de herança acontece depois do período crítico ou, até mesmo, durante o período crítico, mas a língua na qual a criança se torna fluente é a outra língua, e não aquela adquirida em casa precocemente. No entanto, é importante considerar que o fato de a primeira língua não ser estabelecida não significa que o período crítico não tenha papel, pois ter essa primeira língua no período crítico pode ter dado suporte para o estabelecimento da outra língua. Isso é um ponto levantado entre os surdos que têm aquisição tardia da língua de sinais e que exibem sucesso nessa empreitada. Há vários surdos que são falantes nativos da língua de sinais, mas que a adquiriram depois do suposto período crítico, diferente do que foi reportado nos casos anteriores por Singleton e Newport (1994), por exemplo. Nesses casos de sucesso no estabelecimento da língua de sinais como língua primária, parece que outras formas de acesso à linguagem se deram nos primeiros anos de vida, por meio da língua oral aprendida clinicamente (pois os surdos não ouvem a língua falada pelos pais) ou até mesmo pelo o que é referido como sinais caseiros (língua inventada por um grupo local que configura, de certa forma, uma língua emergente). Então, o fato de ter, no período inicial de aquisição da linguagem, algo que ative a linguagem humana parece dar sustentação para a aquisição de outra língua ou até a substituição por outra língua, nos casos extremos de constrição da primeira língua, em favor de uma língua amplamente usada na sociedade. Como Fishman (2006) refere em seu livro, *Do Not Leave Your Language Alone*, a língua de herança precisa fazer parte de um grupo social linguístico ativo para se manter viva na pessoa, caso contrário, ela passa a ser uma língua "esquecida" na alma do falante/sinalizante da língua de herança.

Entretanto, assim como já mencionado, falantes e sinalizantes de uma língua de herança, que configuram uma aquisição incompleta ou a constrição da primeira língua, quando diante da oportunidade de estudarem essa primeira língua formalmente, apresentam vantagens sobre os colegas aprendizes dessa mesma língua como segunda língua (VALDÉS, 2014).

Segundo Boon (2014), os falantes de línguas de herança podem ter uma aquisição incompleta combinada com constrição de primeira língua. Parece que as crianças que mudam de língua em contextos de línguas de herança diante de línguas majoritárias socialmente não têm de fato a aquisição da linguagem concluída antes da adolescência. Esse conhecimento fica internalizado, mas parece não estar acessível para ser produzido.

Boon (2014) discute algumas pesquisas que contribuem para a caracterização da situação dos falantes de línguas de herança. Entre elas, Boon (2014) menciona Pallier e colaboradores (2003) e Ventureyra, Pallier e Yoo (2004), que apresentaram evidências de que crianças nativas com até 9 anos podem perder completamente a primeira língua quando são levadas para um novo ambiente linguístico. Tais estudos são muito consistentes no sentido de confirmar que a aquisição nesse período ainda não está completa. Em conjunto com a aquisição completa, a constrição também parece caracterizar os falantes de línguas de herança, pois há aspectos gramaticais já adquiridos e que tendem a deixar de serem produzidos. Polinsky (2008) verificou que a língua de crianças e adultos falantes de língua de herança era diferente uma da outra, o que evidencia que a língua não foi congelada, mas recebeu influência da outra língua. A gramática resultante parece que foi reanalisada a partir da exposição linguística da criança, incluindo o conhecimento da língua dominante e o conhecimento da linguagem. A reanálise é uma espécie de constrição, uma vez que a língua de herança difere da língua-alvo, mas teve uma fase em que era como se fosse uma língua nativa que foi abandonada por outra língua.

Boon (2014) também traz as discussões de Paradis (2007) sobre a existência de um limiar de ativação que não se refere apenas à frequência do uso, mas também à função da inibição. A mente bilíngue precisa ignorar a gramática e o vocabulário da língua que não é usada quando está elaborando enunciados semanticamente equivalentes na língua-alvo. O limiar de ativação tem relação com o esforço requerido para acessar determinada informação linguística. O nível do esforço depende do quanto a mente é exposta a acessar a informação ou não. O esforço maior é impetrado quando a pessoa não tem acesso à língua. Em contrapartida, se tiver acesso, o esforço é muito menor. Aceitando essa hipótese, no caso de falantes de língua de herança, quanto menos eles usarem a língua, gradualmente mais difícil será acessá-la.

Outro aspecto discutido por Boon (2014) está relacionado com a posição de Montrul (2008), que não faz distinção entre constrição e aquisição incompleta, pois, para ela, a aquisição incompleta pode ser o produto de constrição da L1 em função da mudança de língua. Nesse caso, para Montrul (2008), a aquisição incompleta simplesmente descreve o estado final da gramática. Essa autora também redefine o período crítico como um tempo excepcional não somente para a sensibilidade do cérebro para a aquisição, mas também como o período no qual as estruturas linguísticas adquiridas estão vulneráveis à constrição. Assim, a proficiência da criança não significa um estado de competência estável, pois, se houver redução no uso e na exposição à língua, poderá ocorrer constrição durante o período crítico.

De qualquer forma, parece que a informação linguística não foi estabelecida antes da mudança de língua. Logo, estamos diante de aquisição incompleta, no sentido de que o falante/sinalizante não consegue realizar a língua (expressá-la, apesar de, muitas vezes, compreendê-la). Segundo Boon (2014), portanto, a proposição do período crítico de aquisição da linguagem poderia ser reformulada como uma questão relacionada com a quantidade crítica de exposição necessária para o estabelecimento da gramática da criança nesse período de vulnerabilidade. Diante disso, pode ser afirmado que a aquisição está continuamente sendo adquirida ou que, pelo menos, precisa ser reforçada, assim como já foi observado em alunos de segunda língua, o que parece se aplicar da mesma forma aos falantes de primeira língua.

Nesses casos em que a língua parece estar incompleta, assumo que ela está "adormecida", pois esse conhecimento adquirido nos primeiros anos de vida faz parte da gramática desses falantes e sinalizantes, embora pareça ficar em *stand-by*. Se, em algum momento da vida, esses falantes e sinalizantes têm a oportunidade de "acordar" tal conhecimento, isso aparentemente acontece de uma forma que não se enquadra nos estudos de aquisição de segunda língua, pois apresenta características específicas.

Polinsky (2011) argumenta em favor da necessidade de uma explicação pela constrição sobre a aquisição incompleta e sobre a dificuldade inerente de fazer a separação dos dois tipos de conhecimento:[14]

> Para elaborar uma resposta a esta pergunta, levaremos, provavelmente, muitos anos, porque as respostas para isso exigem um mapeamento de toda a linguagem natural: quais aspectos são robustos e quais são frágeis, quais são aprendidos com mais ou menos dificuldade e assim por diante. (POLINSKY, 2011, p. 306).

Ser bilíngue, portanto, pode refletir vários níveis de proficiência em uma ou outra língua. O termo "bilíngue" pode identificar diferentes falantes e sinalizantes de línguas de herança em diferentes estágios de aquisição de sua primeira língua até àqueles considerados balanceados, ou seja, fluentes nas duas línguas de forma equilibrada, que contam com conhecimento e intuição linguística nas duas línguas, falantes "nativos" nas duas línguas. Esses bilíngues podem ter adquirido as duas línguas de forma simultânea ou sequencial (com uma segunda língua adquirida em outro contexto linguístico ou até em ambientes mais formais). De qualquer forma, na realidade, conforme apontado por Grosjean (2008), ser bilíngue pode significar muitas coisas, e a ideia de um bilíngue completamente balanceado é, de certa forma, idealizada, pois a pessoa usa as línguas em diferentes contextos de sua vida. Nesse sentido, a proposta de um modelo de contínuo, como proposto por Boon (2014), é interessante, quando discutimos a situação bilíngue de falantes e sinalizantes de línguas de herança.

Bishop e Hicks (2008) trazem uma nota sobre diferentes fatores que podem contribuir para os diferentes níveis de proficiência de filhos ouvintes de pais surdos. Entre eles, elas mencionam as escolhas que os pais fazem ao conversar com seus filhos que podem incluir o uso da fala, a posição na ordem de nascimento dos filhos (ser o filho mais velho, do meio ou mais novo), a presença de irmãos (surdos ou ouvintes), a ênfase no oralismo na educação de surdos, e as diferenças no *status* de cada língua, envolvendo

---

14 Tradução da própria autora do original em inglês: "*The longer answer to this question will probably take many years to develop because answering it amounts to mapping out the entirety of natural language: which aspects are robust and which are more fragile, which can be learned with greater or lesser difficulty, and so on*" (POLINSKY, 2011, p. 306).

diferentes atitudes em relação às línguas. Acrescento ainda o círculo social de surdos e ouvintes, que pode impactar significativamente no desenvolvimento das línguas, ou seja, a existência de uma comunidade linguística, tal como um grupo de surdos com outros filhos ouvintes e/ou surdos, além dos pais, amplia as relações com a língua de sinais e tem efeitos na consolidação da língua de sinais como língua de transmissão.

De qualquer forma, constrição e aquisição incompleta podem ser combinadas e envolver processos que se sobrepõem e que contam com algum tipo de conhecimento linguístico que fica adormecido. Uma questão que se coloca é quanto de exposição é necessária para garantir a aquisição da linguagem e o estabelecimento de uma língua.

Alguns surdos acabam tendo uma exposição bastante restrita à língua de sinais, pois nascem em famílias de ouvintes que nunca tiveram contato com a língua de sinais e que acabam, por várias razões, restringindo o acesso à língua de sinais a seus filhos surdos. Há algumas pesquisas que analisam esses casos observando consequências na aquisição da linguagem. Quadros e Cruz (2011) verificaram que adultos surdos com acesso tardio à língua de sinais apresentam dificuldades na realização de tarefas que envolvam relações espaciais sintáticas, indicando atrasos no desenvolvimento linguístico quando comparados com crianças surdas com exposição irrestrita à língua de sinais. As autoras verificaram que, mesmo com vários anos de exposição à língua de sinais, alguns surdos adultos com aquisição tardia apresentam alguns atrasos gramaticais que parecem ser difíceis de serem superados. Os aspectos observados pelas autoras envolvem sentenças com estruturas sintáticas mais complexas, incluindo sentenças encaixadas, coordenadas e relativas. As autoras observaram também que o estabelecimento de referentes no espaço de sinalização e o uso desses pontos espaciais não se apresentam de forma consistente. Singleton e Newport (1994) relataram que crianças expostas à língua de sinais depois dos 12 anos de idade tiveram dificuldades em relação a alguns tipos de construções gramaticais (sentenças relativas, condicionais, etc.).

Goldin-Meadow (2003) investigou crianças surdas com pais ouvintes e constatou que, nessas famílias em que não há exposição à língua de sinais, as crianças desenvolvem um sistema gestual que configura seu sistema de comunicação individual para utilizar com sua família. A autora observou que esse sistema apresenta regularidades estruturais das primeiras produções gestuais identificadas em crianças em geral, ou seja, as crianças usam gestos para representar as coisas e as ações de forma consistente, empregam estruturas de forma recursiva com sentenças coordenadas e subordinadas, e os gestos começam a manifestar alguns elementos morfológicos. Apesar disso, esses sistemas não apresentam a complexidade das línguas de sinais, indicando o quanto é importante o acesso a uma língua já estruturada, exercendo efeitos no desenvolvimento linguístico. De fato, os estudos indicam o quanto é importante as crianças surdas terem acesso a uma língua de sinais no período inicial de aquisição, pois, quando isso não acontece, há implicações sérias no desenvolvimento da linguagem.

O bilinguismo envolve um estado cognitivo no qual a organização das línguas na mente bilíngue dispõe de possibilidades de transferência e interferência de uma língua para a outra na mente bilíngue. Isso tem impacto em bilíngues "desbalanceados", assim como observado em falantes de línguas de herança. Vários estudos evidenciam que o sistema linguístico de um falante bilíngue é diferente de um monolíngue, incluindo os falantes de língua de herança (BOON, 2014; COOK, 1992; SELIGER, 1989, entre outros autores).

Essas diferenças refletem um processamento cognitivo diferenciado apresentando vantagens de ordem cognitiva (BIALYSTOK; MARTIN; VISWANATHAN, 2005).

No caso específico de falantes e sinalizantes codas, Emmorey e colaboradores (2008) verificaram que parece não haver vantagem no controle executivo no contexto pesquisado, pois, diferente dos bilíngues unimodais, os bilíngues bimodais (com duas línguas em diferentes modalidades, i.e., uma língua de sinais e uma língua falada) parecem ser como monolíngues, em termos de controle executivo. As autoras avaliaram bilíngues bimodais codas e verificaram que esses falantes e sinalizantes não precisam suprimir uma das línguas quando se expressam, pois as línguas usam diferentes articuladores permitindo a produção simultânea. Isso é diferente de bilíngues unimodais que precisam suprimir uma das línguas quando produzem a outra, exatamente porque não é possível falar as duas línguas ao mesmo tempo. Eles precisam escolher a língua e produzir nela, e não na outra língua, o que estão falando. No caso de bilíngues bimodais, eles podem produzir as duas línguas simultaneamente, ou seja, falar e sinalizar ao mesmo tempo. No entanto, quando esses bilíngues bimodais usam as línguas com propostas que exijam a produção apenas em uma das línguas, provavelmente o controle executivo precisa ser associado ao controle motor para garantir que apenas uma das línguas seja produzida. Isso provavelmente vai exigir muito mais esforço desses falantes e sinalizantes. Por exemplo, na comunidade surda, o uso das duas línguas simultaneamente não é aceito no âmbito sociolinguístico como opção. Na verdade, esse uso é visto de modo negativo pelos surdos como falta de controle para produzir apenas a língua de sinais. Nesse sentido, o bilíngue bimodal vai acabar sendo muito mais parecido com outros bilíngues, pois passa a ser exigido dele um controle sociolinguístico que ele não precisa ter, do ponto de vista cognitivo.

Reynolds (2016) e Reynolds e Palmer (2014) aplicam o conceito de língua de herança aos filhos ouvintes de pais surdos considerando os seguintes aspectos: (a) as habilidades receptivas são em geral superiores às habilidades de produção; (b) a fonologia normalmente é equivalente à de falantes nativos; (c) o conhecimento lexical pode ser mais restrito; (d) o sistema morfológico pode ser incompleto (p. ex., no uso do espaço para a realização da concordância verbal ou a incorporação em classificadores); e (e) a aquisição da sintaxe pode ser mais básica (p. ex., uso generalizado da ordem SVO e interrogativas iniciais na ASL).

Tais aspectos aparecem na fluência da língua de sinais nesses sinalizantes de língua de herança por diferentes razões, por exemplo, as escolhas linguísticas dos pais, a quantidade de contato com outras pessoas surdas, a quantidade de exposição às línguas e questões relacionadas com políticas linguísticas que afetam as relações com as línguas e são transmitidas pelos próprios pais surdos, familiares e outras pessoas do entorno linguístico da criança.

Pavlenko (2004) apresenta cinco processos de interação entre as duas línguas: empréstimo, reestruturação, convergência, alternância e constrição. O empréstimo e a reestruturação de uma língua sobre a outra podem ser agregados à competência comunicativa do falante, especialmente diante de outros bilíngues. Alternância de línguas, empréstimos lexicais e extensões semânticas são exemplos de sobreposição de línguas que ampliam a competência comunicativa do falante bilíngue. Transferência de uma língua dominante para uma língua mais fraca, o uso intencional de alternância de línguas e a adição de elementos lexicais morfológicos das duas línguas são exemplos da divergência desse sistema bilíngue em relação a um sistema monolíngue (BOON, 2014) que podem estar sendo acessados também pelo falante de língua de herança no sentido de potencializar a competência sociolinguística.

Os fenômenos de transferência e interferência foram identificados em bilíngues, pois as estruturas linguísticas de uma das línguas dos bilíngues estão ativadas na outra língua. Esses fenômenos são observados em bilíngues balanceados, pois sempre observamos bilíngues intencionalmente usar uma das línguas em favor da outra, por exemplo, quando há o emprego de alternância de línguas. A alternância de línguas vem sendo estudada no contexto de bilíngues, uma vez que evidencia de forma explícita elementos das duas línguas pelo mesmo falante na mesma proposição, ou seja, os bilíngues expressam partes de uma proposição em uma língua e alternam outras partes com a outra língua. Esses bilíngues usam a alternância de línguas de forma consciente ou inconsciente em contextos sociolinguísticos que favorecem esses usos, pois, por alguma razão sociolinguística, parece que a proposição com as duas línguas capta algo que é perdido ao se produzir a proposição em apenas uma das línguas. Zentella (1997 apud BISHOP; HICKS, 2008) observou em falantes de espanhol, nos Estados Unidos, que o uso da alternância de línguas envolve conhecimento de normas partilhado entre os falantes. No caso de filhos ouvintes de pais surdos, o fenômeno chamado de "*coda talk*" é um exemplo disso.

Bishop e Hicks (2008) discutem sobre o "*coda talk*", que é uma forma usada por vários codas com a expressão de palavras do inglês seguindo a ordenação e as formas de dizer as coisas na ASL. As autoras analisaram textos escritos por codas em troca de *e-mails* em um grupo privado deles. Interessante que, mesmo sendo escrito, os textos trazem elementos das "vozes" de pessoas surdas. Sim, "vozes" que são ouvidas pelas crianças ouvintes, filhas de pais surdos, ao longo de suas vidas. Essas vozes podem representar palavras da língua falada, mas ditas de uma forma diferente, com entonações específicas e padrões fonéticos peculiares às pessoas surdas. Normalmente, o uso das vozes dos surdos e até mesmo dos padrões sonoros como os que os surdos produzem no *coda talk* tem relação com afetividade, pois lembra seus pais, suas raízes surdas, remonta o ninho surdo, o espaço de conforto. Nos *e-mails* analisados, as autoras observaram que, de forma consistente, há o apagamento de sujeitos, o apagamento da cópula e o apagamento dos determinantes, seguidos por algumas ocorrências de apagamento de auxiliares, modais e preposições e, por último, apagamento do objeto. Bishop e Hicks (2008) também notaram várias ocorrências de verbos com flexão irregular.

Exemplos de sujeitos apagados (BISHOP; HICKS, 2005, p. 205):

"Detail no need"
(Você) Detalhe não precisa

"Sit close must sign"
(Você) Senta perto precisa sinalizar

Exemplos de sentenças com o apagamento da cópula (BISHOP; HICKS, 2005, p. 205):

"You will not alone"
Você não (estará) sozinho

"Hair little strange"
Cabelo (está) pouco estranho

As autoras analisam em detalhes os diferentes tipos de construções que aparecem de forma recorrente no *coda talk* e concluem que essas construções apresentam clara influência da ASL na forma escrita em inglês. Elas também analisaram expressões orais recorrentes em conversas entre codas e constataram a existência de formas já padronizadas de *"codaismo"*, ou seja, formas que já foram incorporadas por diferentes codas que manifestam uma estrutura própria da ASL no inglês. Por exemplo, quando eles dizem: "You give me big" (*você me dá grande*) (BISHOP; HICKS, 2005, p. 211), "big" tem sido usado de forma recorrente para indicar "muito". Essa sentença teria como alvo em inglês a frase: "You give me a lot of trouble" (*você me dá muito problema*). Essas formas incorporam aspectos semânticos nas formas dos sinais que são usadas de modo literal em inglês. As autoras concluem que os codas podem usar diferentes combinações entre as línguas, só inglês, só ASL, ASL e inglês produzidos simultaneamente, inglês com voz de surdo e ASL com voz de surdo.

Apesar de todas essas possibilidades, o estudo realizado pelas autoras indica que o uso criativo das línguas pelos codas apresenta sistematicidade, segue regras, é empregado observando estruturas que seguem determinado padrão. Preston (1994) também observou que parece haver um padrão consistente na forma pela qual os codas conversam entre si.

Esses usos são intencionais também quando bilíngues estão com outros bilíngues de mesmo par linguístico. Há uma alternância entre as línguas com o propósito de potencializar significados que são captados de forma mais profunda em uma ou outra língua. Isso não se aplica apenas ao uso de termos, mas de expressões inteiras e também de formas gramaticais. Da mesma forma, observamos isso com codas que parecem tirar vantagem do fato de serem falantes bilíngues bimodais. No caso da bimodalidade, esses bilíngues utilizam uma ou outra língua também para manter uma conversa em contextos que podem se apresentar controversos, por exemplo, os codas estão fazendo uma refeição juntos e, quando estão comendo, usam a língua de sinais e, quando não estão comendo, usam a língua falada. Outro contexto pode impor distância física, que dificulta a conversa na língua falada, mas é possível de ser mantida na língua de sinais, desde que o campo visual não tenha interferência. São formas de alternar as línguas usadas por bilíngues bimodais.

Uma questão importante levantada por Polinsky (2011) em relação a falantes de herança é: os falantes de herança aprendem algumas estruturas ou essas estruturas são adquiridas e, então, sofrem uma degradação em função da falta de uso ou transferência da língua dominante? Uma resposta curta para essa pergunta dada pela autora, que encontrou tanto constrição como aquisição incompleta, pode estar situada na gramática final desses falantes. O próximo passo é encontrar quais aspectos da gramática estariam sofrendo o impacto desses contextos. Isso é importante, pois pode trazer informações adicionais sobre o que compreende o conhecimento da linguagem. Polinsky (2011) foca a diferenciação entre constrição e aquisição incompleta. Então, comparar dados de crianças e adultos pode ser muito relevante. Sua proposta é analisar os seguintes cenários:

a. Aquisição incompleta: se uma criança e um adulto desviam da linha base da mesma forma, pode indicar que características específicas não foram adquiridas.

b. Constrição: se uma criança apresenta um desenvolvimento análogo a seus pares, mas, na fase adulta, não, as características foram adquiridas, mas subsequentemente foram perdidas ou reanalisadas (POLINSKY, 2011, p. 306).

Os resultados do estudo de Polinsky (2011) com crianças de herança adquirindo o russo identificaram que elas conseguem produzir orações relativas tal como seus pares monolíngues. Entretanto, os adultos falantes de herança divergem em sua *performance* quando comparados a seu grupo monolíngue de controle. Isso parece indicar constrição, por causa da ausência de *input* consistente, não por causa da aquisição incompleta. O *input* restrito se dá pelo fato de esses falantes de língua de herança terem acesso à língua de herança, no caso o russo, somente em seu núcleo familiar. Essas crianças frequentam escolas norte-americanas que têm o inglês como língua oficial. Além das horas diárias na escola, outros espaços também estão organizados em inglês. Assim, o contato com o russo fica restringido à interação com os pais, que é unilateral, pois normalmente as crianças continuam conversando em inglês, apesar de ouvirem seus pais conversando e se dirigindo a elas em russo. Diante desse tipo de contexto, as línguas de herança tornam-se línguas secundárias e, muitas vezes, línguas que ficam adormecidas nesses falantes.

Polinsky (2008) realizou uma pesquisa com foco na categorização nominal, uma vez que isso desencadeia estruturas morfológicas, fonológicas, sintáticas e semânticas (i.e., nos diferentes níveis de representação linguística). Esse fenômeno oferece informação sobre o acesso lexical, assim como sobre o processamento da sentença. Um dos resultados interessantes encontrados por Polinsky (2008) é que a problemática das classes de palavras relativas à marcação de gênero no russo norte-americano, adquirido por falantes de herança, é igualmente problemática na aquisição do russo como L1. No entanto, alguns erros que ocorrem com a L1 nunca ocorrem com falantes de herança, mostrando que os falantes de herança acabam sobrepondo erros encontrados na aquisição de L2, fato que demonstra que não são erros exatamente da mesma natureza. Polinsky (2008) sugere que essas possibilidades de reanálise do sistema estão baseadas na limitação do *input*. Dependendo da fluência no russo, eles formam dois grupos diferentes: dois marcadores de gênero e três marcadores de gênero. Isso é interessante, uma vez que está relacionado com o tipo de estrutura e com o nível de perda da língua.

Outro diagnóstico útil discutido por Benmamoun, Montrul e Polinsky (2013a) é a proficiência lexical abordada por Polinsky (2005, 2006). Polinsky (2006) verificou que a proficiência lexical pode dar bons indícios a respeito do conhecimento estrutural e da competência da linguagem. Os escores de proficiência lexical podem ser usados como base para a identificação do sistema linguístico incompleto dos falantes. Ela encontrou uma forte correlação entre a compreensão do falante via tradução dos itens lexicais, medida a partir de uma lista básica de palavras, e os fenômenos gramaticais (tais como concordância, marcação de caso, marcação aspectual e temporal, *pro-drop*, correferência e uso de subordinadas). Considerando essas áreas, Montrul (2011) afirmou que falantes de herança têm a tendência de simplificar ou supergeneralizar padrões morfológicos complexos (e restringir a ordem das palavras). Isso pode estar correlacionado com a vulnerabilidade sintática encontrada nos falantes de herança, tais como identificado por Albirini, Benmamoun e Chakrani (2013). Albirini, Benmamoun e Chakrani (2013) reportaram que a morfologia de concordância sujeito-verbo é mais marcada do que a morfologia de nome-adjetivo na produção oral de falantes de herança. Além disso, eles verificaram que a marcação do singular masculino é mais intensa do que de outras categorias. Esses resultados indicam que falantes de herança apresentam assimetrias em suas áreas linguísticas que podem ser explicadas por um conjunto complexo de áreas linguísticas e fatores de frequência.

Outro estudo de Albirini, Benmamoun e Saadah (2011) analisou narrativas orais de falantes egípcios e palestinos de herança nos Estados Unidos. Eles analisaram as características sintáticas e morfológicas (ordem das palavras, uso de sujeitos nulos, seleção de preposições, concordância e emprego de possessivos) para identificar a competência geral desses falantes em suas línguas de herança. O estudo focou especificamente a hipótese de transferência, analisando possíveis lacunas morfológicas e o uso de alternância de línguas pelos falantes de herança. Eles encontraram elementos não nativos nas narrativas dos falantes de herança, especialmente com respeito à marcação de número e de gênero. Esses falantes pareciam incapazes de aplicar a concordância de forma apropriada nos contextos de uso de pronomes nulos e pronunciados. Isso indica que eles conhecem a concordância, mas não sabem como aplicá-la quando o gênero e o número estão envolvidos. Esses autores também identificaram problemas com número e concordância nas narrativas dos falantes de herança. Tais falantes também omitem preposições e possessivos, além de produzirem narrativas contendo problemas de usos de ordem pragmática. Todas as lacunas indicam transferência, conhecimento incompleto da língua e constrição linguística. Analisando a distribuição do uso de alternância de línguas, Albirini, Benmamoun e Saadah (2011) identificaram que os substantivos envolvem a categoria mais alternada nas narrativas dos falantes de herança, seguidos pelos adjetivos. Ocasionalmente, verbos, preposições e advérbios também sofrem alternância. Os autores concluíram que o uso de alternância de línguas não interfere na estrutura básica da sentença utilizada pelos falantes de herança, portanto, não há sentenças agramaticais. Isso é muito interessante para nosso modelo de síntese de línguas, uma vez que nossa hipótese é de que as línguas sintetizam apenas os traços que necessitam de verificação durante a computação da estrutura sintática.

Boon (2014) analisou o caso de falantes de herança da língua galês na Inglaterra que cresceram em Londres e que têm proficiências divergentes do padrão de galês, devido a aquisição incompleta e constrição. As gramáticas desses falantes refletem um bilinguismo altamente desbalanceado. A autora analisou vários indicadores de fluência que a levaram a identificar que a gramática divergente resulta de uma simplificação gramatical do galês e o acesso à gramática universal[15] influenciado pelo inglês.

PESQUISAS COM FILHOS OUVINTES DE PAIS SURDOS: SINALIZANTES DE LÍNGUA DE HERANÇA

As crianças ouvintes, filhas de pais surdos, adquirem a língua de sinais em casa com seus pais surdos e a língua falada com outras pessoas (membros ouvintes da própria família, colegas da escola, vizinhos e outras pessoas ouvintes). Esse é o tipo de contexto de língua de herança, no qual os filhos

---

15 Chomsky (1986) chamou de gramática universal (GU) o estado mais puro da faculdade da linguagem, representa o conhecimento da linguagem. A GU consiste de um sistema de regras e princípios que, por hipótese, apresenta-se como um mecanismo inato da mente/cérebro do ser humano.

ouvintes de pais surdos têm amplo acesso à língua falada em sua comunidade assim como têm acesso à língua de sinais de seus pais. Em alguns casos, isso leva a uma língua de sinais aparentemente não nativa quando essas crianças chegam à fase adulta.

Quadros (2016a) realizou entrevistas com adultos codas brasileiros com diferentes histórias de vida e diferentes níveis de proficiência em sua língua de herança. Entre as questões abordadas com os entrevistados, foi observado que nem sempre foi fácil a identificação de sua primeira língua. Alguns responderam prontamente que a primeira língua foi a língua de sinais, e outros vacilaram entre o português e a língua de sinais. Talvez isso reflita a relação com a língua como língua de conforto e pertencimento, assim como identificado por Boon (2014) com os falantes de língua de herança do galês. Em alguns casos, pode refletir o grau de confiança quanto à proficiência na língua. Uma das entrevistadas, antes de iniciar a entrevista, deixou claro que não sabia se poderia contribuir com a pesquisa, pois não conhecia a língua de sinais suficientemente para evidenciar seu conhecimento da língua. Essa entrevistada repetiu várias vezes que não era fluente na língua de sinais. No entanto, durante a entrevista, ela produziu vários sinais da Libras ao longo da conversa de forma sobreposta ao português. Isso demonstra essa falta de confiança no próprio conhecimento da língua. Quando questionada sobre isso, a entrevistada disse que faltam sinais para ela expressar o que consegue em português. Realmente, essa entrevistada apresenta um vocabulário na Libras mais restrito do que o vocabulário em português, mas, ao mesmo tempo, demonstrou conhecer muito mais sobre a Libras do que ela acredita conhecer.

Lillo-Martin e colaboradores (2014) observaram que há uma variabilidade considerável entre crianças ouvintes, filhos de pais surdos, em relação ao balanceamento entre as línguas que estão adquirindo. Seus pais variam muito no acesso à língua falada: alguns podem falar a língua falada, outros podem lê-la e há aqueles que podem acompanhar partes do que é falado por meio de leitura labial. Também, como a língua de sinais usa articuladores independentes da língua falada, esses bilíngues podem produzir ambas as línguas simultaneamente, usando o que é chamado de "sobreposição de línguas" (EMMOREY et al., 2008); um tipo de mistura de línguas que difere da alternância de línguas (*code-switching*), pois as duas línguas são produzidas ao mesmo tempo. Essas crianças são chamadas de bilíngues bimodais, porque as duas línguas apresentam-se com modalidades diferentes (língua de sinais e língua falada). Considerando essa especificidade, elas podem usar o conhecimento gramatical e os itens lexicais das duas línguas separadamente ou de forma combinada, observando as restrições que se aplicam à linguagem (LILLO-MARTIN et al., 2014). Os autores observaram também que fatores sociolinguísticos podem influenciar as opções usadas pelas crianças. Elas podem usar o modo bimodal ou podem evitá-lo dependendo de com quem estejam conversando. Além disso, há uma forte influência da língua falada em suas escolhas, uma vez que essa língua passa a ser primária; apesar de distinguirem entre os contextos falados e em sinais. Quando essas crianças crescem, é possível detectar efeitos específicos no desenvolvimento da linguagem.

Chen Pichler, Lee e Lillo-Martin (2014) também chamaram a atenção para a questão da variabilidade no desenvolvimento linguístico das crianças bilíngues bimodais. Os autores concluíram que a manutenção da língua de sinais é garantida pelas famílias surdas que tomam tempo para encorajar seus filhos a sinalizar com pessoas surdas em diferentes contextos, além do núcleo familiar, uma vez que o resto da sociedade não valoriza a língua de sinais. As escolas e o ambiente comunitário em inglês levam essas crianças a empregar o inglês com muito mais frequência do que o uso de sua língua de herança. Isso favorece a constrição sintática da língua de sinais (perdas de aspectos sintáticos da língua nativa). Como mencionado por Lillo-Martin e colaboradores (2014), é possível que a atitude dos sinalizantes e falantes que interagem com essas crianças desempenhe um papel decisivo na escolha das línguas, como sugerido também por Döpke (1992) e Lanza (1997), para bilíngues unimodais, por van den Bogaerde e Baker (2009), para bilíngues bimodais de língua de sinais holandesa e língua holandesa, e Kanto, Huttunen e Laakso (2013), para bilíngues bimodais da língua de sinais finlandesa e língua finlandesa. Isso é similar a outros contextos de línguas de herança no Brasil e nos Estados Unidos (KONDO-BROWN, 2006; PEYTON; RANARD; MCGINNIS, 2001). A língua de sinais parece se tornar a língua mais fraca, uma vez que os bilíngues bimodais passam a privilegiar a língua falada, mesmo com interlocutores surdos.

Outro caso de produção bilíngue bimodal é apresentado por Petroj e colaboradores (2014) com foco no cochicho bilíngue bimodal. Os autores usaram o termo "cochicho" para referir ao uso de itens do inglês produzidos com pouca ou nenhuma vibração sonora das cordas vocais. Esse tipo de produção é bastante frequente na fala de bilíngues bimodais quando se dirigem aos pais enquanto sinalizam. Os autores concluíram que esses usos são produtivos entre bilíngues bimodais, já que reduzem a pressão da supressão da língua falada. Eles sugerem que a gramática do cochicho é acomodada na estrutura da ASL, mais do que na estrutura do inglês. Os autores reportam que essas crianças são bilíngues balanceados. Considerando o contexto de sinalizantes de herança que passam a ter o inglês como língua primária, podemos esperar que o cochicho adote características diferenciadas na estrutura da fala desses falantes, em vez de simplesmente seguir a estrutura da língua de sinais. Seria interessante verificar quais as estruturas que os bilíngues bimodais estão produzindo quando usam o cochicho associado à língua de sinais. Quadros (2016a) identificou que o cochicho acontece em ambas as direções, ou seja, os codas podem estar cochichando na língua falada quando estão sinalizando e podem cochichar em sinais quando estão falando.

AD

Libras:

JUNTO FS (vovo_vovo) SEMPRE FS (vovo) SURDOS MÃE PAI IX (quatro) CRESCER JUNTO

Português cochichado:

Junto vovó vovô sempre   mamãe papai quatro   junto

FB

Português:

Aí eu falo em Libras, mas é bem difícil de encontrar.

Libras cochichada:

LÍNGUA-SINAIS   DIFÍCIL ENCONTRAR

No primeiro exemplo, o português é sussurrado, ou seja, as palavras são faladas bem baixinho junto com os sinais que estão sendo produzidos claramente. No segundo exemplo, é o contrário. O português está sendo falado de forma clara e em um volume normal para uma conversa, enquanto os sinais são feitos de forma mais relaxada, não necessariamente produzidos de forma completa e um pouco mais abaixo do espaço normal de sinalização. O cochicho ou sussurro é uma forma de combinar os sinais com a fala que é muito comum entre os filhos de pais surdos. Como apontado por Emmorey e colaboradores (2008), parece que os codas não conseguem suprimir a outra língua, daí ela "escapa", sendo produzida mesmo que de forma não completa. Isso acontece, segundo as autoras, porque as línguas estão sempre ativadas.

Emmorey e colaboradores (2008) e Pyers e Emmorey (2008) analisaram dados de adultos ouvintes, filhos de pais surdos. Eles verificaram que esses adultos usam a sobreposição de línguas (sinais e fala ou fala combinada com expressões faciais específicas da produção em sinais) mesmo em contextos monolíngues de fala. Eles afirmam que a inibição ou supressão de uma das línguas têm alto custo de processamento. Os bilíngues unimodais precisam aprender a suprimir uma das línguas mesmo quando alternam as línguas, uma vez que as línguas usam os mesmos articuladores; mas isso não se aplica aos sinalizantes e falantes bilíngues bimodais.

Van den Bogaerde e Baker (2005) identificaram diferentes tipos de sobreposição nas produções de codas adultos e em crianças bilíngues bimodais (codas de 1;06 a 6;0 anos adquirindo a língua de sinais holandesa e o holandês): (1) sobreposição com base no holandês (língua falada com produções ocasionais de sinais); (2) sobreposição com base na língua de sinais holandesa (língua de sinais com produções ocasionais de fala); (3) sobreposição completa (produção das duas línguas simultaneamente); e (4) mistura das duas línguas (em que aspectos de uma e de outra língua são produzidos para compor a sentença).

Segundo Quadros (2016a) e Quadros e colaboradores (em fase de elaboração - a), codas podem ser bilíngues bimodais balanceados e evidenciar fluência em ambas as línguas, mas podem também evidenciar dominância da língua falada, a língua que se torna a língua primária desses bilíngues, assim como acontece com vários falantes de línguas de herança. Segundo Quadros (2016a), os codas balanceados podem fazer diferentes combinações das duas línguas: (1) usam apenas a língua de sinais; (2) usam apenas a língua falada; (3) usam a língua de sinais como língua primária e a língua falada sobreposta como língua secundária; (4) usam a língua falada como língua primária e a língua de sinais sobreposta como língua secundária; (5) alternam entre as línguas primárias, que podem ser a língua de sinais ou a língua falada; e (6) mantêm as duas línguas como primárias ao mesmo tempo. A língua secundária pode ser apenas cochichada ou ser falada de forma mais clara com diferentes implicações linguísticas.

Em todos os casos de bilíngues bimodais, a variação é significativa. Essa variação é encontrada também em outros falantes de herança, assim como observado por Benmamoun, Montrul e Polinsky (2013a, b), acrescentando complexidade aos estudos das línguas de herança.

Ao aplicarmos as definições de língua de herança e falante de herança de Benmamoun, Montrul e Polinsky (2013a) a bilíngues bimodais (definição expandida para incluir os falantes de herança bilíngues bimodais), bilíngues bimodais são bilíngues precoces que crescem vendo (e sinalizando) sua língua de herança (L1) e ouvindo (e falando) a língua majoritária L2 tanto simultânea como sequencialmente na infância (i.e., antes dos 5 anos de idade), mas para quem a L2 torna-se a língua primária em algum ponto da vida (por volta ou depois da idade escolar). Como resultado da mudança da língua, na fase adulta, um falante de herança pode passar a ter a língua dominante da maioria linguística (língua falada), enquanto a língua de herança (língua de sinais) torna-se a língua mais fraca. O ponto crucial apontado por esses autores é de que a língua de herança, que era a primeira língua, torna-se a língua mais fraca em favor da língua dominante na sociedade.

A primeira questão que se apresenta sobre as pessoas bilíngues bimodais é se seu estatuto bimodal pode interferir em sua gramática, mesmo quando sua língua de sinais se torna a língua mais fraca e a língua falada torna-se a língua primária. Lillo-Martin e colaboradores (2012) e Quadros, Lillo-Martin e Chen Pichler (2013b) propõem o modelo de síntese que adota uma perspectiva de que o bilinguismo poderia ser explicado utilizando-se a mesma arquitetura do comportamento linguístico requerido por monolíngues (MACSWAN, 2000, 2005). Bilíngues têm materiais adicionais para trabalharem, mas aderem às mesmas possibilidades gramaticais, bem como às mesmas restrições impostas a qualquer língua. Esse modelo segue uma visão gerativista seguindo a morfologia distribuída (CHOMSKY, 1995; HALLE; MARANTZ, 1993), em que os bilíngues bimodais têm uma computação de sentença com possibilidade de realizar o material de ambas as línguas por meio da inserção fonológica tardia, sempre observando o processo de verificação de traços sem gerar conflitos em ambas as línguas. Isso poderia permitir divergência nas formas das línguas por meio da transferência de uma língua para a outra, tornando a alternância ou a sobreposição de línguas possível, uma vez que a síntese das línguas seria aplicada, oferecendo um quadro de possibilidades combinatórias permitido pela arquitetura da linguagem.

Se esse modelo se aplica a qualquer bilíngue bimodal, deveríamos encontrar sobreposições e alternâncias de línguas quando as línguas já foram adquiridas, mesmo quando uma delas torna-se mais fraca. Além disso, deveríamos encontrar evidências para a síntese das línguas seguindo sempre uma única computação e acomodando as línguas para satisfação da computação. Se isso for verdade, esperamos que adultos bilíngues bimodais apresentem características gramaticais de ambas as línguas, mesmo se estejam produzindo apenas uma delas. A direção da síntese pode ser determinada pela língua fraca e a língua primária. Acreditamos que provavelmente os bilíngues bimodais favoreçam a língua primária, com elementos da língua fraca nos contextos de sobreposição, por exemplo.

No modelo apresentado na Figura 4.1, como mencionado por Lillo-Martin, Quadros e Chen Pichler (2016), não se espera encontrar estruturas em conflito, pois elas sempre acabam sendo combinadas no sentido de processar uma computação. Eventualmente, foram detectados exemplos que parecem incongruentes do ponto de vista sintático. No entanto, as incongruências encontradas limitam-se à mesma fase do processo derivacional; portanto, consideradas aceitáveis, no sentido proposto por Gökgöz, Quadros e Lillo-Martin (em fase de elaboração). Gökgöz, Quadros e Lillo-Martin (em fase de elaboração) verificaram consistências na distribuição das apontações sobrepostas aos argumentos internos e externos, ou seja, as apontações referentes à posição de sujeitos não são sobrepostas com predicados, mas as apontações referentes a posições de objetos são sobrepostas com o predicado. Essa diferença foi explicada pelos autores por meio do modelo de síntese de línguas associado com a proposta de derivação por fases de Berent (2013) e Chomsky (2001). Segundo os autores, a sobreposição de línguas derivada pela sintaxe é restringida pelos elementos que são produzidos na mesma fase da derivação. Assim, se os dois elementos de línguas diferentes são produzidos nos complementos de diferentes fases, eles são restringidos a não serem sobrepostos. Os dados analisados por Lillo-Martin, Quadros e Chen Pichler (2016) evidenciam o processamento de uma derivação e uma proposição com a realização de duas línguas sobrepostas dentro da mesma fase.

Donati e Branchini (2009, 2013) analisaram dados de crianças que adquiriram a língua de sinais italiana (LIS) e o italiano. Essas duas línguas apresentam ordenações básicas diferentes: a LIS é uma língua SOV, e o italiano é uma língua SVO. As autoras observaram que há produções de sentenças com diferentes ordenações simultaneamente. É interessante notar que os tipos de exemplos que as autoras ilustram também foram encontrados em nossos dados, mas sempre dentro da mesma fase da computação. Assim, nossa proposta é de que o modelo de síntese associado à derivação por fases prediz os fatos encontrados, mesmo no par de línguas com ordenações diferenciadas, como, por exemplo, a LIS e o italiano.

Ainda com codas em fase de aquisição, Palmer (2015) realizou um estudo com a ASL como língua de herança. O autor verificou que os codas adquirem a ordem sujeito-verbo (SV) e objeto-verbo (OV) muito cedo e com

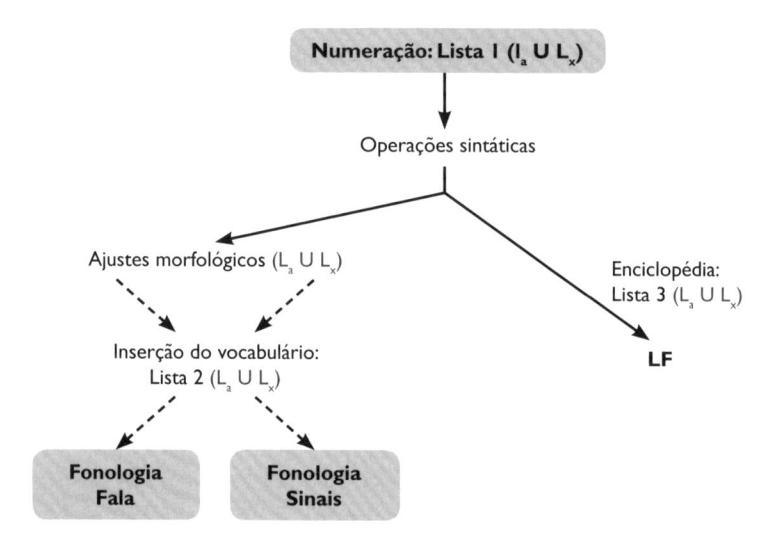

Figura 4.1 Modelo de síntese de línguas.
Fonte: Lillo-Martin, Quadros e Chen Pichler (2016).

muita facilidade. Comparadas com crianças surdas de pais surdos, as crianças codas apresentam uma linguagem divergente em relação à aquisição das ordens sujeito-verbo (SV) e OV na ASL. As diferenças encontradas parecem ser efeitos da síntese das línguas. Essa pesquisa, portanto, pode estar trazendo evidências de que codas realmente são sinalizantes de língua de herança, pois apresentam características que ilustram a divergência das línguas, assim como encontrado em outras pesquisas com língua de herança.

Nesse caso, conforme proposto por Lillo-Martin, Quadros e Chen Pichler (2016), o modelo de síntese se aplica no processamento das duas línguas, selecionando elementos pela numeração das listas associadas a cada língua, mas as operações sintáticas se aplicam em um conjunto de elementos. Depois da computação da sentença no nível sintático, operações morfológicas são empregadas, incluindo a linearização com estruturas múltiplas. A inserção do vocabulário acontece por último, quando alguns elementos podem ser inseridos das duas línguas, permitidos pelas duas articulações disponíveis, sinais e fala.

Isso nos leva a uma segunda pergunta: será que os bilíngues bimodais apresentam evidências de seu conhecimento gramatical nas duas línguas de uma forma balanceada, mesmo se uma das línguas for usada com muito mais restrições, como observado em contextos de língua de herança? (KONDO-BROWN, 2006; PEYTON; RANARD; MCGINNIS, 2001); Se eles tiverem uma constrição sintática, dependendo do uso da língua de sinais, nós esperaríamos ver menos evidência da gramática da estrutura da língua de sinais em sua produção (a síntese seria aplicada favorecendo a gramática da língua falada). Observamos que é possível sim apresentar o conhecimento gramatical nas duas línguas, inclusive quando há sobreposição das línguas. No caso de sinalizantes de língua de sinais em que a língua portuguesa é dominante (língua primária), realmente constata-se que a síntese favorece a língua primária, ou seja, a língua portuguesa, enquanto a Libras passa a apresentar vários indícios de constrição estrutural, e que, quando bilíngues bimodais apresentam línguas balanceadas, a síntese vai favorecer a língua que for escolhida como primária (podendo ser tanto a língua de sinais como a língua falada). Além disso, há casos em que as duas línguas podem ser preservadas na síntese (QUADROS; LILLO-MARTIN; EMMOREY, 2016).

Os dados do estudo de Quadros e colaboradores (em fase de elaboração - a) envolveram os seguintes participantes (Tab. 4.1):

TABELA 4.1 Participantes da pesquisa de sinalizantes de herança

Codas	Entrevistas	Narrativas	Nível da língua de sinais** 1-7 (grau)	Nível da fala 1-7	Intérprete?
MT – Brasil	Línguas sobrepostas	-	7	7	Sim
LG – Brasil	Línguas sobrepostas	-	3	7	Não
AD – Brasil	Línguas sobrepostas	-	7	7	Sim
FB – Brasil	Línguas sobrepostas	-	5	7	Não
NT– Brasil	-	Libras Português	3	6	Não
JB – Brasil	-	Libras Português	4	7	Não
CL – Brasil	-	Libras Português	7	7	Sim
MR – Brasil	-	Libras Português	6	7	Não
B2 – Estados Unidos	Línguas sobrepostas	Línguas sobrepostas	6	7	Não
M4 – Estados Unidos	Línguas sobrepostas	Línguas sobrepostas	7	7	Sim
M5 – Estados Unidos	Línguas sobrepostas	Línguas sobrepostas	7	7	Sim

**Autoavaliação dos participantes norte-americanos da ASL e avaliação por usuários nativos do inglês dos participantes norte-americanos e avaliação por usuários nativos de Libras e do português dos participantes brasileiros.

Com base em tais dados, além das análises apresentadas neste livro, Quadros e colaboradores (em fase de elaboração - a), Quadros, Lillo-Martin e Emmorey (2016) e Quadros e colaboradores (em fase de elaboração - b) procederam com diferentes análises a fim de compreender mais detalhes sobre as línguas de sinalizantes de herança, ou seja, como os codas se organizam.

No estudo de Quadros e colaboradores (em fase de elaboração - a), as autoras analisaram dados de codas brasileiros com produção somente em Libras e apenas em língua portuguesa na primeira parte do estudo e, posteriormente, analisaram dados de codas brasileiros e codas norte-americanos com produção sobreposta. As autoras analisaram as produções desses sinalizantes de herança bilíngues bimodais, de dois pares de línguas: língua brasileira de sinais (Libras) e língua portuguesa e ASL e língua inglesa. Nesses contextos de línguas de herança, os falantes têm amplo acesso às línguas faladas nos respectivos países, Brasil e Estados Unidos. As análises contribuíram para um entendimento mais acurado referente às variações entre esses falantes e sinalizantes quanto à fluência na primeira língua (língua de sinais) e na segunda língua (língua falada no país), identificando-se também possibilidades de transferência de uma língua para a outra por meio de síntese de línguas (LILLO-MARTIN et al., 2012). Foram confirmadas as análises de Quadros (2016a), que estão relacionadas com os dados de língua de herança dos codas considerados bilíngues balanceados em suas produções sobrepostas (produções das duas línguas ao mesmo tempo). Nos dois pares de línguas, foi observado que uma das línguas é eleita como língua primária, enquanto a outra torna-se secundária no processo de derivação sobreposta. Essa alternância entre línguas, como primária e secundária, é determinada por questões sociolinguísticas. A preferência por uma das línguas está relacionada com a síntese de línguas seguir mais a estrutura gramatical de uma das línguas, enquanto a secundária submete-se à estrutura da língua primária. No entanto, pelo modelo de síntese, é possível ter uma derivação sintática mista, ou seja, uma derivação com estruturas existentes das duas línguas, e isso também foi observado, como já mencionado anteriormente.

Essas estruturas sobrepostas fornecem alguns elementos sobre a estrutura sintática derivada quando há sobreposição de línguas e, também, alguns aspectos sobre a computação das línguas envolvida no sistema linguístico, do ponto de vista mais teórico. Foi observado que, em geral, uma das línguas apresenta uma gramática divergente que pode apresentar características de uma primeira língua considerada fraca em falantes de línguas de herança (BENMAMOUN; MONTRUL; POLINSKY, 2013a) ou pode indicar similaridades com fatos linguísticos encontrados em alternância de línguas (p. ex., *code-switching*, citado por BOON, 2014). Os sinalizantes de língua de herança omitem partes específicas da estrutura quando sobrepõem as línguas. As questões que foram analisadas estão relacionadas com a possibilidade de haver interferência na gramática quando uma das línguas é secundária e como isso evidencia a computação da sentença. Estamos verificando que as análises com as línguas de herança de sinalizantes bilíngues bimodais com pares de línguas em diferentes modalidades (uma língua de sinais e uma língua falada) apresentam novos elementos para a compreensão do fenômeno das línguas de herança, assim como aspectos de ordem mais teórica quanto à linguagem humana.

Quadros e colaboradores (em fase de elaboração - a) analisaram a correlação entre as autoavaliações ou avaliações sobre o nível de produção nas línguas de sinais e nas línguas faladas com a distribuição de palavras e sinais por minuto, assim como o comprimento médio do enunciado (MLU; do inglês *Mean Length of Utterance*) e, no caso do Brasil, a partir dos participantes das entrevistas, por meio dos resultados nos testes de vocabulário em Libras. Essa correlação é um dado analisado nas pesquisas com falantes de língua de herança (BENMAMOUN; MONTRUL; POLINSKY, 2013a, b; POLINKSY, 2008) também correlacionado com questões de ordem morfológica e sintática.

No caso dos dados produzidos somente em Libras e apenas em língua portuguesa, as narrativas foram coletadas no escopo do Projeto Bibibi (para mais detalhes, ver LILLO-MARTIN; QUADROS; CHEN PICHLER, 2016, e bibibi.uconn.edu). Os participantes assistiram a dois vídeos com histórias sem palavras e depois recontaram as histórias em Libras e em língua portuguesa para uma pessoa surda e outra pessoa ouvinte, respectivamente. Depois, os dados foram transcritos utilizando-se o Eudico

Annotator (ELAN), um sistema de anotação de línguas (https://tla.mpi.nl/tools/tla-tools/elan/), com glosas a partir de um manual de convenções e uso das identidades dos sinais disponíveis no ID de Libras em www.idsinais.libras.ufsc.br.

Os dados analisados quanto às produções de palavras por minuto e MLU são os seguintes (Tab. 4.2):

TABELA 4.2 Quantitativos de produções de palavras por minuto e MLU

Narrativas Codas	Nível Libras (1-7)	Nível LP (1-7)	Palavra/ minuto Libras	MLU Libras	Palavra/ minuto Português	MLU Português
CL Brasil	7	7	73,84	5,50	74,29	7,46
MR Brasil	6	7	86,25	3,63	155,6	6,40
JB Brasil	4	7	63,42	3,70	126	6,47
NT Brasil	3	6	48,15	2,54	41,66	5

Fonte: Quadros e colaboradores (em fase de elaboração - a).

De modo geral, as sentenças em Libras foram mais simples e mais curtas do que as sentenças em português. Isso pode estar relacionado com o tipo de texto, que envolve uma narrativa com base em uma história que exige o uso de descritivos visuais (classificadores), ou seja, sinais icônicos que são reproduções de eventos "reais" e que dependem do contexto para serem compreendidos. No entanto, conseguimos perceber uma variação grande na quantidade de palavras produzidas por minuto tanto na Libras, como na língua portuguesa. Nessa parte, observamos claramente uma correlação com a avaliação em Libras e a quantidade de palavras por minuto em Libras. Também verificamos uma correlação desses números com as informações gramaticais, ou seja, a distribuição dos tipos de sentença usados por cada participante (p. ex., orações simples, orações subordinadas, orações relativas e condicionais) e os usos morfológicos que apresentam divergência.

NT e JB parecem ter menos fluência em Libras do que MR e CL. Ao analisar os dados desses participantes em Libras, verificamos que NT e JB apresentam mais erros morfológicos do que MR e CL (Tab. 4.3).

TABELA 4.3 Morfologia verbal agramatical na Libras	
Narrativas / Codas	Morfologia verbal agramatical Libras
NT	59 %
JB	12%
MR	3 %
CL	0

Os erros morfológicos encontrados estão relacionados com a escolha da configuração de mão em verbos descritivos visuais. Esses verbos contam com configurações de mão categoriais e parece que NT e JB não conhecem as configurações de mãos associadas às categorias aplicadas nos sinais. A troca de configurações de mãos é comum na aquisição de línguas de sinais, em que as crianças escolhem configurações de mãos mais simples em vez das respectivas configurações de mão associadas a cada sinal (KARNOPP, 2008). Segue um exemplo de NT em que a configuração de mão (CM) do verbo descritivo visual (DV) está equivocada:

NT

Libras: *DV(pato?-passou-na-frente-do-caminhão)
(a CM para "pato" é de animal de duas patas, ou seja, dois dedos, indicador e médio, encolhidos, associada ao movimento de andar, na posição que representa a frente do caminhão; NT usou a CM C, como se estivesse pegando um objeto, devidamente associada ao movimento de passar na frente do caminhão).

Os gráficos a seguir apresentam os tipos de sentenças usadas por cada um dos participantes em cada língua, a Libras e a língua portuguesa (Fig. 4.2).

NT e JB parecem usar menos orações complexas na Libras, quando comparados a MR e CL. Isso também parece estar correlacionado com o número de palavras usado por minuto na Libras, pois tanto NT como JB produzem menos palavras por minuto quando comparados com os outros dois codas. No entanto, NT também tem menos sentenças complexas em português. MR, por sua vez, tem uma distribuição bem mais rica nos tipos de sentenças na Libras do que no português. MR é professora de crianças pequenas e parece que ela ajustou a contação da história em português ao nível das crianças, o que não fez quando produziu a história em Libras. CL é a coda que apresentou uma distribuição mais rica dos tipos de sentenças usadas nas duas línguas, mas a quantidade de palavras produzida foi menor do que de MR, mas maior do que de JB e NT.

Além desses fatores, NT fez escolhas lexicais equivocadas. Ele usou gestos para representar sinais quando não conhecia a respectiva palavra em Libras. JB apresentou também erros no uso do espaço. JB empilhou os referentes à sua frente, assim como observado em crianças adquirindo a língua de sinais (BELLUGI et al., 1999).

Esses tipos de erros não foram detectados nos dois sinalizantes que apresentam mais palavras por minuto e que foram avaliados como fluentes em Libras. É interessante que Quadros e colaboradores (em fase de elaboração - a) também verificaram que há ocorrências de marcação aspectual nas produções de CL e MR, mas não há ocorrências dessa marcação morfológica nas narrativas de JB e NT, assim como observado por Benmamoun, Montrul e Polinsky (2013a) para outros falantes de língua de herança.

Esses fatos observados nas produções desses sinalizantes de herança indicam que quando a língua de sinais fica mais fraca, que parece ser o caso de NT e JB, os tipos de erros estão mais associados com a fonologia e a morfologia. Nesse sentido, o comportamento dos sinalizantes de língua de herança que apresentaram a Libras como uma língua mais fraca em tais dados indica problemas nas mesmas áreas identificadas em outros falantes de língua de herança. No caso do empilhamento dos sinais, também foram observadas dificuldades no uso do espaço na língua de sinais que envolve algo associado à modalidade das línguas de sinais. Em contrapartida, CL e MR são sinalizantes de língua de sinais e falantes do português balanceados, ou seja, são fluentes nas duas línguas de forma mais equilibrada. No caso desses dois participantes da pesquisa, tanto nas produções em Libras como nas produções em língua portuguesa, não foram detectados erros gramaticais.

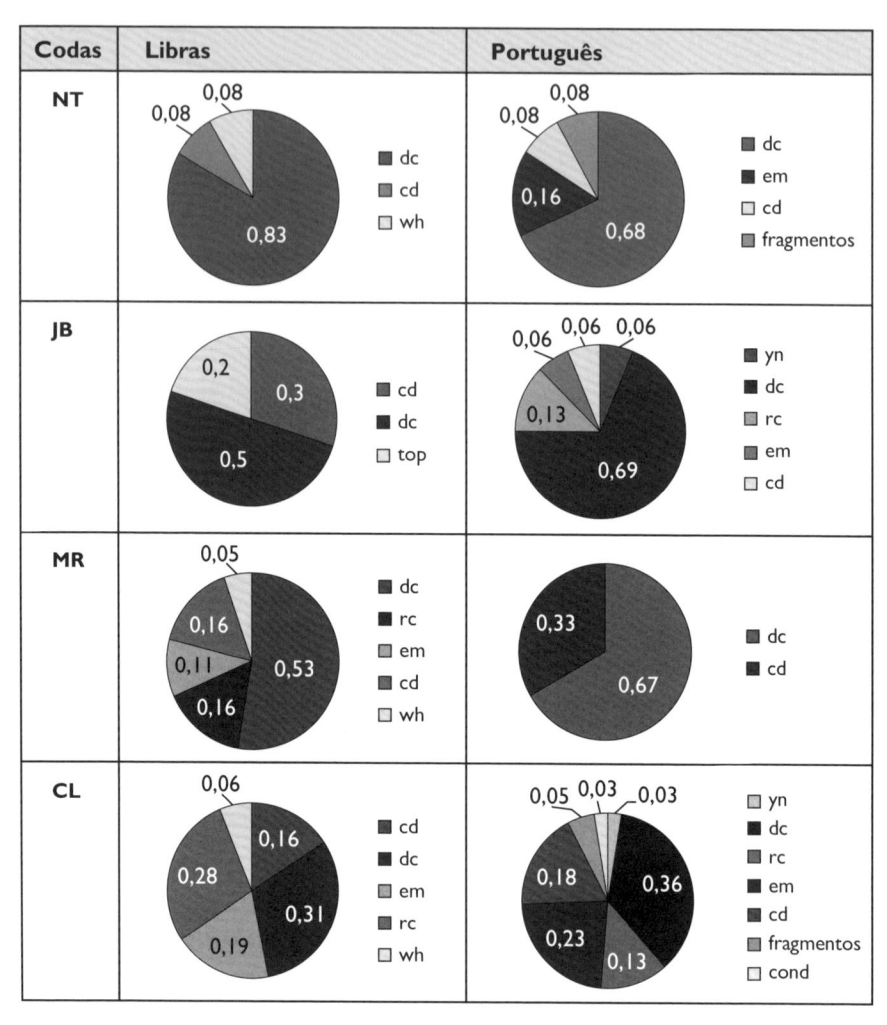

Codas	Libras	Português
NT	0,08; 0,08; 0,83 — dc, cd, wh	0,08; 0,08; 0,16; 0,68 — dc, em, cd, fragmentos
JB	0,2; 0,3; 0,5 — cd, dc, top	0,06; 0,06; 0,06; 0,13; 0,69 — yn, dc, rc, em, cd
MR	0,05; 0,16; 0,11; 0,16; 0,53 — dc, rc, em, cd, wh	0,33; 0,67 — dc, cd
CL	0,06; 0,16; 0,28; 0,31; 0,19 — cd, dc, em, rc, wh	0,05; 0,03; 0,03; 0,18; 0,36; 0,23; 0,13 — yn, dc, rc, em, cd, fragmentos, cond

Figura 4.2 Tipos de sentenças usadas nas narrativas.

yn: perguntas polares (sim/não); dc: declarativas (sentenças simples incluindo a presença de negação); rc: orações relativas; em: oração subordinadas (sem ser relativas); cd: orações coordenadas; cond: condicionais; wh: interrogativas.

Nos dados de produções sobrepostas, Quadros e colaboradores (em fase de elaboração - a) observaram que também há correlação entre as produções de palavras por minuto nas línguas de sinais e a fluência nessas línguas. Os bilíngues bimodais balanceados apresentaram dados em que há correlação positiva entre os sinais e os resultados nos testes de vocabulário (Tab. 4.4).

TABELA 4.4 Palavras por minuto, MLU e avaliação do vocabulário

Entrevistas Codas	Palavras/minuto (Bimodal)	MLU (Bimodal)	Palavras/minuto (Libras)	MLU (Libras)	Avaliação vocabulário
MT Brasil	115,97	10,65	86,95	6,25	0,91
FB Brasil	68,6	10,72	-	-	0,73
LG Brasil	110,4	12,16	-	-	0,52
AD Brasil	109,66	9,14	83,36	7,76	0,98

Não houve produções somente em Libras de FB e LG, pois esses dois participantes sobrepuseram as duas línguas ou produziram partes das sentenças apenas na língua portuguesa. Ao comparar, vemos que os dados parecem estar correlacionados com as avaliações em Libras, que indicaram nota 3 para LG, nota 5 para FB e nota 7 para AD e MT (em uma escala de 1 a 7, em que 1 é a nota mais baixa e 7 é a nota mais alta para fluência na língua). LG apresentou uma avaliação do vocabulário com 52% de acertos, FB com 73% de acertos e MT e AD com quase 100% de acertos. A quantidade de palavras por minuto também pode dar indicações sobre essa relação. No entanto, como não há palavras por minuto em Libras para LG e FB, não temos como confirmar essa correlação. As palavras por minuto em contextos bimodais incluem tanto a produção na língua portuguesa como na Libras.

A análise qualitativa das produções desses codas indica sim uma correlação com os dados relativos à avaliação do vocabulário e das avaliações da Libras. Assim, confirmamos que LG é uma sinalizante de herança em que a língua de sinais é fraca e a língua portuguesa passou a ser a língua dominante. No caso de FB, a língua portuguesa também é sua língua dominante (língua mais forte), mas sua língua de sinais ainda está preservada, apresentando efeitos de ser a língua menos dominante no nível do vocabulário. No caso de MT e AD, as duas línguas são dominantes, ou seja, esses indivíduos são sinalizantes e falantes balanceados.

LG apresentou características diferenciadas dos demais codas analisados no contexto dessa pesquisa. Sua língua primária sempre foi a língua portuguesa. No entanto, LG usou a sobreposição em quase todo o tempo de sua entrevista. A Libras sempre ocupou a posição de língua secundária, mas LG claramente não tinha um vocabulário suficiente para manter a equivalência entre as produções de palavras em português e em Libras. Assim, LG acionou outra estratégia para manter a sobreposição, ou seja, passou a produzir muitos gestos. Seus gestos e sinais apresentaram significados mais abrangentes, por exemplo, para palavras como "eu", "nós", "meu", "minha" sempre foi usada a apontação IX(si), para palavras/expressões em português como "há muito tempo", "passado" e "antes" foi usado o sinal PASSADO, para palavras como "pensar", "lembrar" e "conhecer" foi usado o sinal PENSAR. Como LG não conhece outros sinais que tenham mais equivalência de sentido com as palavras usadas na língua portuguesa, ela acessa o sinal que conhece, mesmo não sendo tão preciso, para sobrepor o sinal à palavra. A relação de sentido existente parece incluir quadros semânticos relacionados, como relações de hiperonímia, hiponímia e sinonímia. A produção gestual parece ter uma função de preenchedor, pois, como LG não tem um sinal para sobrepor a palavra por desconhecimento, ela preenche a sobreposição com o gesto.

Isso não é observado nos demais participantes. FB possui algumas lacunas em relação ao vocabulário que não chegam a afetar sua produção sobreposta. MT e AD são completamente fluentes em ambas as línguas. No caso de FB, MT e AD, as sobreposições sempre contam com uma ou outra língua sendo primária. FB manteve mais a língua portuguesa como primária e a Libras como secundária. MT e AD mantiveram a Libras como língua primária e a língua portuguesa como secundária. Nas sobreposições em que uma das línguas é primária, encontramos algumas recorrências nas omissões (mas não detectamos erros). Parece que os sinalizantes de herança tendem a omitir elementos da língua secundária produzida ao mesmo tempo em que a língua escolhida como primária.

Em geral, os elementos omitidos na língua portuguesa envolvem itens funcionais (artigos, preposições, conjunções) e morfologia verbal. No entanto, os sinalizantes que são intérpretes de língua de sinais tendem a preservar a morfologia verbal do português, mesmo quando a Libras é a língua primária. Na Libras, a tendência é produzir os sinais mais relaxados e incompletos (o caso do cochicho em sinais). Também foi observada a intrusão de elementos de uma língua na outra. Por exemplo, em Libras foi observada a produção de alguns sinais convencionalizados para elementos funcionais que não são normalmente empregados por usuários de Libras, como "E" e "MAS". Também foi utilizada a soletração para palavras do português.

Além disso, houve algumas incidências de reordenação das palavras para ajustar à ordem produzida na língua primária.

Apresentamos, a seguir, exemplos de produção em que as duas línguas sobrepostas são gramaticais:

FB
Libras:
TER-NÃO IRMÃO SÓ CACHORRO
Português:
Eu não tenho irmão, só cachorro.

MT
Libras:
PAI MÃE CHEGAR ENSINAR LINGUA-SINAIS DENTRO ESCOLA PORQUE TER-NÃO DISCIPLINA NENHUM
Português:
O pai e a mãe chegaram e começaram a ensinar língua de sinais dentro da escola, porque não tinha ninguém.

Nesses exemplos, as duas línguas estão sendo produzidas simultaneamente de forma gramatical, considerando os usos dessas línguas em contextos de conversa. No entanto, muitas vezes, a língua primária é gramatical, e a língua secundária se ajusta à língua primária.

Apresentamos, a seguir, exemplo em que a Libras é a língua primária, e o português é a língua secundária:

MT
Libras:
IRMÃ-MULHER MUDAR CASA CIDADE IDADE 6
*Português:
Minha irmã se mudou de cidade acho tinha 6.

No exemplo, a Libras é a língua que está determinando a gramática da sentença, e o português se encaixa nessa estrutura não sendo completamente gramatical, pois a gramaticalidade da sentença está garantida na Libras.

Apresentamos, a seguir, exemplo em que o português é a língua primária, e a Libras é a língua secundária:

FB

*Libras:

JÁ PERGUNTAR ESTAR ASSEMBLEIA PERGUNTAR IX(si) SE IX(si) SURDO PORQUE FALAR LÍNGUA-SINAIS

Português:

Já, eu estava em uma assembleia, daí perguntaram para mim se eu era surdo, porque eu só falava em Libras.

Nesse exemplo, o português está dirigindo a derivação da sentença como língua primária, enquanto a Libras está sendo produzida seguindo a sentença do português, portanto, como língua secundária. E FB omitiu a morfologia flexional do verbo PERGUNTAR em Libras.

Esses casos em que uma das línguas dirige a derivação são os mais comuns nos dados dos codas brasileiros e norte-americanos (QUADROS et al., em fase de elaboração - a). Mas, como ilustrado por meio do exemplo, é possível sim ter sentenças produzidas simultaneamente que sejam gramaticais. No modelo de síntese de línguas, é possível ter as duas línguas agramaticais, pois é feita uma composição das duas línguas com parte gramatical de uma e parte gramatical da outra, que, quando combinadas, gera uma estrutura agramatical em ambas. Do ponto de vista gramatical, isso é possível pois o falante/sinalizante dispõe dos componentes estruturais das duas línguas, que podem ser escolhidas na composição de cada proposição. Veja que esse tipo de produção é indesejável para os falantes/sinalizantes, embora seja possível e aconteça. Percebemos que isso ocorreu em alguns momentos da conversa em que o falante/sinalizante hesitava entre uma ou outra língua como língua primária. Nesse caso, havia uma alternância entre as línguas, como língua primária, que na composição gerava uma estrutura agramatical nas duas línguas. Como isso é indesejável do ponto de vista sociolinguístico, é muito raro de acontecer. O mais comum é escolher uma das línguas como primária e gerar estruturas gramaticais nessa língua, enquanto a língua secundária simplesmente se submete a ela.

Apresentamos, a seguir, exemplos em que as duas línguas são agramaticais devido à alternância entre as línguas como línguas primárias:

FB
*Libras:
MÃE MAIS LÍNGUA-SINAIS, PAI FALAR MAIS ENTENDER ORALIZAR LER-LÁBIOS, ENTÃO IX(nós) LÍNGUA-SINAIS LER-LÁBIOS NORMAL
*Português:
Com minha mãe mais em Libras com meu pai eu falo mais, porque ele sabe ler, aí a gente conversa em Libras e normal.

A prosódia nas duas línguas ficou distorcida. Em Libras, a sentença é agramatical, porque toda a sinalização é sussurrada e produzida sem o uso do espaço. No caso do português, faltaram alguns elementos da sentença (um verbo, um complemento nominal e partes da sentença que aparecem na Libras).

O modelo de síntese de línguas consegue captar todas essas possibilidades, pois, com uma proposição e uma sentença, as palavras e os sinais são inseridos no componente articulatório-perceptual de forma combinada de acordo com as informações semânticas e sintáticas que foram processadas. Tais informações podem aparecer de forma redundante quando são pronunciadas nas duas línguas ou de forma combinada entre uma língua e outra ou, ainda, em que uma língua fica subjugada à outra, o que, na verdade, é o mais comum.

Quadros e colaboradores (em fase de elaboração - b) analisaram a sobreposição de descritivos visuais e a fala em sinalizantes de língua de herança. Os descritivos visuais, também chamados de predicados classificadores ou de construções classificadoras, são extremamente produtivos nas línguas de sinais do mundo (ZWITSERLOOD, 2012). Esses sinais envolvem uma combinação de uma configuração de mão específica, movimentos e localizações que podem incluir o sujeito, o objeto, a ação, a localização, a maneira e o aspecto em um único sinal. Como esse sinal inclui tantos componentes, ele não faz parte do léxico estável de uma língua de sinais, mas é analisado como polimorfêmico (GOLDIN-MEADOW; BRENTARI, 2015). Esse tipo de sinal depende do contexto para reproduzir um "evento real", assim também é reconhecido seu estatuto icônico, uma vez que representa um evento de forma direta. Os descritivos visuais em ação também precisam ser interpretados, considerando a posição e o espaço do sinalizante e de seus referentes, o que justifica a necessidade de ser interpretado no contexto do acontecimento linguístico. Então, parece haver uma combinação de informação simbólica, icônica e indexical (no sentido de Pierce). Há algumas análises para captar as informações de ordem mais simbólica, como sinais complexos que envolvem construções categoriais, incluindo informações morfológicas e sintáticas (EMMOREY; HERZIG, 2003; EMMOREY; MCCULLOUGH; BRENTARI, 2003). Davidson (2015) capta a complexidade desses sinais em termos do significado, analisando os descritivos visuais como incorporando um tipo de "demonstração". Nossa pesquisa objetivou combinar análises icônicas, sintáticas, semânticas e pragmáticas para compreender melhor esse fenômeno linguístico recorrente nas línguas de sinais. Para isso, analisamos as produções sobrepostas de sinalizantes de herança, filhos ouvintes de pais surdos (codas), uma vez que acreditamos que a combinação de descritivos visuais na língua de sinais com palavras da língua falada pode nos dar evidências quanto às estruturas desses sinais complexos.

    Os codas tendem a sobrepor os sinais e a fala quando conversam entre si. A possibilidade de combinar as duas línguas simultaneamente fornece evidências quanto aos aspectos da estrutura sintática e semântica dessas línguas. Isso é ainda mais interessante quando analisamos as combinações de pares de línguas diferentes com elementos que são codificados de forma completamente distinta entre as línguas. Esse é o caso dos descritivos visuais, os quais são formas em sinais que não possuem equivalentes de tradução diretos, mas que dependem de várias palavras nas línguas faladas para apresentar o mesmo significado por meio de um único sinal. Quando codas sobrepõem um descritivo visual com palavras da língua falada, podemos verificar as informações sintáticas e semânticas que estão sendo preservadas na sobreposição das línguas. Esses elementos podem indicar quais as informações sintáticas estão associadas ao descritivo visual, assim como peças que constituem a semântica e a pragmática de tal sinal. A expressão explícita dos referentes na fala também fornece informações sobre os elementos indexicais que estão implícitos no uso do espaço e do corpo no descritivo visual.

Quadros e colaboradores (em fase de elaboração - b) já havia identificado que falantes bilíngues bimodais podem apresentar evidências sobre os sinais, a fala e os gestos por meio de uma única proposição, assim como reportado por Lillo-Martin, Quadros e Chen-Pichler (2016) e Goldin-Meadow e Brentari (2015). A presente pesquisa se junta a esses autores e contribui para os estudos linguísticos e semióticos, uma vez que combina as análises, considerando os três elementos que constituem o signo linguístico do ponto de vista pierciano: uma única produção em sinais contendo informações simbólicas, indexicais e icônicas. A combinação da análise linguística e semiótica traz a discussão relacionada com o fenômeno linguístico que pode mesclar esses elementos como observamos em falantes e sinalizantes bilíngues bimodais, assim como demais falantes de línguas faladas, por exemplo, na produção de gestos associados às palavras faladas.

Quadros e colaboradores (em fase de elaboração - b) analisaram dados de bilíngues bimodais sinalizantes de língua de herança no Brasil e nos Estados Unidos. Os dados analisados envolvem narrativas que foram transcritas utilizando o ELAN palavra por palavra nos dois pares de línguas (Libras e língua portuguesa e ASL e língua inglesa). Os participantes desse estudo são bilíngues considerados balanceados, ou seja, apresentam fluência nas duas línguas. Dois deles atuam também como intérpretes de língua de sinais. A Tabela 4.5 apresenta uma síntese dos dados analisados.

TABELA 4.5 Síntese de participantes do Brasil e dos Estados Unidos

Codas	Nível da língua sinais* 1-7	Nível da fala 1-7	Intérprete?
FB – Brasil	5	7	Não
M4 – Estados Unidos	7	7	Sim
B2 – Estados Unidos	6	7	Não
M5 – Estados Unidos	7	7	Não

*Nível da língua estabelecido por autoavaliação ou avaliação de usuários nativos.

As autoras analisaram a produção de descritivos visuais combinados com produções nas línguas faladas e constataram as seguintes possibilidades:

- Descritivos visuais podem ser produzidos sem a produção na língua falada.
- Descritivos visuais podem ser produzidos com ruídos ou efeitos sonoros (tipo onomatopeias).
- Descritivos visuais podem co-ocorrer com preposições e/ou verbos e/ou objetos e/ou adjuntos.

As Figuras 4.3 e 4.4 ilustram uma síntese dos resultados das análises das sobreposições.

O fato de um sinal realizado por meio de um descritivo visual poder estar associado com verbos, preposições, objetos e, em alguns casos, sujeitos é muito interessante, pois indica alguns elementos para análise do que está estruturalmente associado a um descritivo visual que é realizado por um único sinal. Assim como já foi indicado anteriormente, os classificadores (que também são descritivos visuais) são sinais muito complexos do ponto de vista sintático (BENEDICTO; BRENTARI, 2004). Nosso estudo confirma essa complexidade,

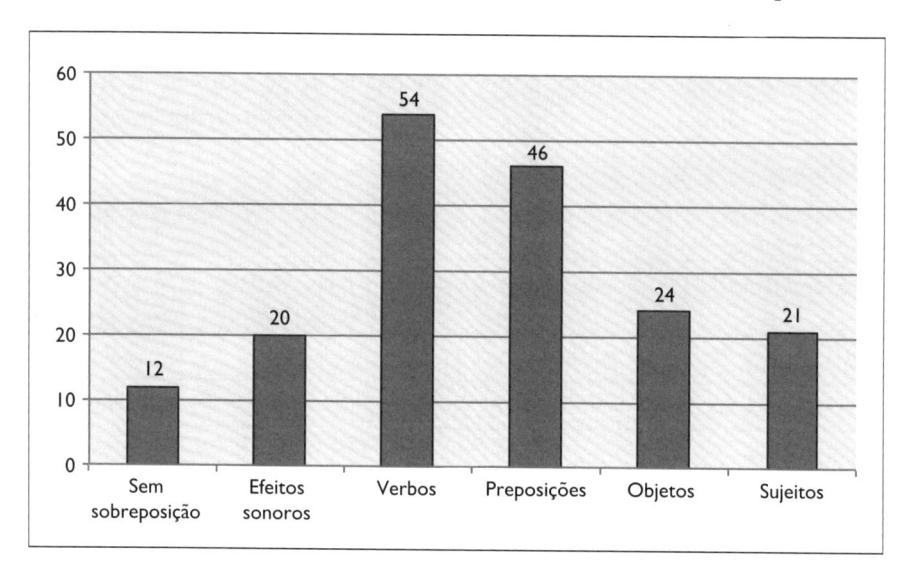

Categoria	Valor
Sem sobreposição	12
Efeitos sonoros	20
Verbos	54
Preposições	46
Objetos	24
Sujeitos	21

Figura 4.3 Distribuição de verbos descritivos visuais com os tipos de sobreposição nos dados norte-americanos.

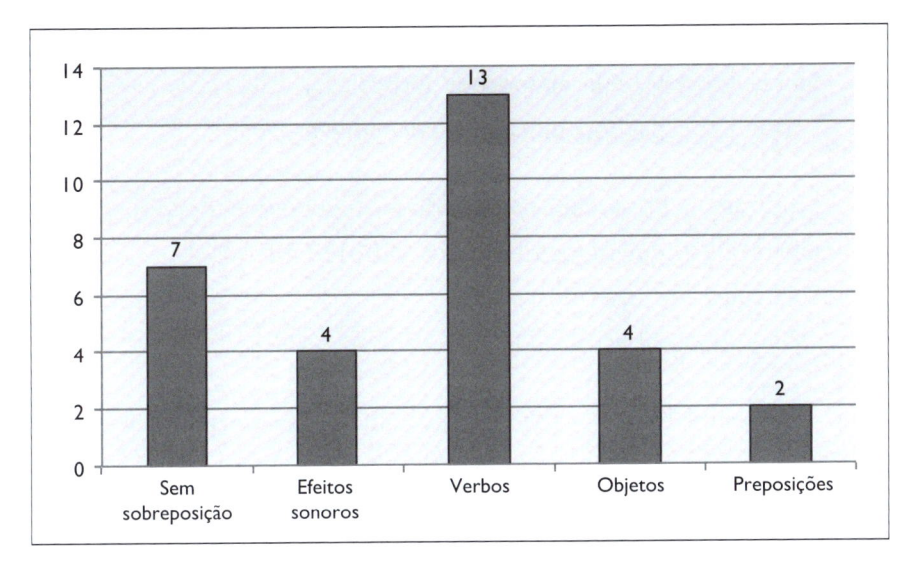

Figura 4.4 Distribuição de verbos descritivos visuais com os tipos de sobreposição nos dados brasileiros.

pois, por meio da realização da língua portuguesa (no par de línguas do Brasil), e da língua inglesa (no par de línguas dos Estados Unidos), temos evidências dos elementos sintáticos que podem compor um descritivo visual.

A seguir, apresentamos alguns exemplos desse tipo de sobreposição da ASL/inglês e da Libras/português:

M4 (Estados Unidos) – Preservação de todos os elementos do inglês

ASL: DV (caminhar-sobrefio)

Inglês: He's walking on that.

He is walking on the wires.

Ele está caminhando sobre os fios.

M5 (Estados Unidos) – Preservação parcial do inglês: verbo, artigo e objetoASL:

DV (atravessar-a-rua)

Inglês: Across the street.

(He) across the street.

(Ele) atravessa a rua.

FB (Brasil) – Preservação parcial do português: verbo e objeto
Libras: PAI DV (colocar-mochila-nas-costas)
Português: O pai bota mochila. *O pai bota a mochila.*

FB (Brasil) – Preservação parcial do português: sujeito e verbo
Libras: DV (homem-joga-borracha-vidro) BORRACHA
Português: Ele joga a borracha.
O homem joga a borracha no vidro.

FB (Brasil) – Preservação parcial do conteúdo em português: somente o objeto
Libras: DV (colocar-vidro-dentro-mochila)
Português: Vidro
(Ele) coloca o vidro na mochila.

M5 (Estados Unidos) – Preservação parcial do inglês: somente o verbo
ASL: DV (escalar-o-cano)
Inglês: Climb.
(He) climbed (up the pipe).
(Ele) escala (o cano).

M5 (Estados Unidos) – Preservação parcial do inglês: somente a preposição
ASL: DV (gato-ir-para-baixo-borda-plana)
Inglês: Sob.
(Ele foi) para baixo (da borda plana).

FB (Brasil) – Produção do DV com marcação aspectual no verbo em português
Libras: DV (homem-joga-borracha)++
Português: Vai jogando.
(O homem) vai jogando (a borracha no rosto do policial).

FB (Brasil) – Produção simultânea do DV com efeito sonoro
Libras: DV (bater-vidro-quebrar)
Efeito sonoro: Psfffff_____
(A pedra) bateu no vidro e quebrou o vidro.

Esses exemplos são possíveis por meio da síntese das línguas, em que as duas línguas estão processando uma mesma derivação sintática. Há também a sobreposição com efeitos sonoros, que parecem indicar que é possível haver elementos que não sejam de ordem sintática, mas de ordem icônica. O item lexical descritivo visual inclui a informação icônica, que permite a realização simultânea de onomatopeias, além de todos os demais elementos de ordem simbólica que são realizados por nomes (sujeitos e objetos), verbos, preposições e adjuntos adverbiais, além de incorporarem elementos de ordem morfológica, como marcação aspectual.

Quadros, Lillo-Martin e Emmorey (2016) analisam as sobreposições de dois codas brasileiros e dois codas norte-americanos, fluentes nas duas línguas, ou seja, bilíngues bimodais balanceados. A Tabela 4.6 apresenta a síntese dos participantes dessa parte das análises.

TABELA 4.6 Síntese dos participantes bilíngues bimodais

Codas	Palavras/ minuto (bimodal)	MLU (bimodal)	Nível sinais e fala**	Vocabulário (somente BR)	Língua primária
MT (BR)	115,97	10,65	7	0,91	Libras
AD (BR)	109,66	9,14	7	0,98	Libras
M5 (Estados Unidos)	110,25	6,09	7	-	Alternância entre ASL e inglês
M4 (Estados Unidos)	147,75	15,15	7	-	ASL e inglês

**O nível de proficiência na língua foi considerado por meio de autoavaliação e/ou pela avaliação de outros falantes nativos das línguas.

Os dados de M5, MT e AD foram coletados em contexto de entrevista por meio de uma conversa sobre a vida delas. M4 está narrando uma história do Piu-piu e Frajola. Percebe-se uma variabilidade entre esses sinalizantes de língua de herança por meio das diferenças entre a quantidade de palavras por minuto e o MLU. De qualquer forma, todos são considerados fluentes nas duas línguas. No lado brasileiro, há também dados sobre o vocabulário, e nos dois casos, a avaliação é de quase 100% de acertos. Esses dados apresentam produções sobrepostas com as duas línguas sendo produzidas simultaneamente. Na maioria dos casos, a língua primária foi a língua de sinais, mas houve alternância para o inglês como língua primária no lado norte-americano nas produções bimodais.

As análises apresentadas pelas autoras evidenciam ajustes de uma língua para a outra ou das duas línguas no sentido de preservar a derivação sintática por meio de uma única computação para a produção de cada proposição. As autoras partem das combinações entre as línguas propostas por Quadros (2016a), já citadas anteriormente quanto às línguas serem primária e secundária ou, ainda, ambas serem primárias. As análises indicam que há efeitos prosódicos, transferência de ordem sintática, transferência de ordem morfológica, efeitos semânticos e intrusões de uma língua na outra.

As autoras verificaram que os tipos de intrusões envolvem usos de termos específicos de uma língua na outra. Os exemplos identificados incluem o uso de soletração para expressão de palavras do português e do inglês. Normalmente, os termos usados também são observados em fluentes bilíngues surdos, que, em alguns casos, passam a ser incorporados às línguas de sinais como um fenômeno resultante do contato de línguas (MULROONEY, 2002). Além desses, foram também identificados usos que representam termos específicos da outra língua que se apresentam como intrusos e que, talvez, possam se tornar ou não termos da própria língua. Os elementos mais comuns incluem as palavras funcionais, como preposições, artigos, conjunções e, também, pronomes e verbos auxiliares. Nem todos os bilíngues bimodais apresentam esses tipos de intrusões da outra língua, mas registramos aqui o que foi observado com alguns dos participantes da pesquisa.

No nível prosódico, a língua falada é alongada para acomodar os sinais que estão sendo produzidos. Algumas vezes, também observamos que os sinais são alongados ou sustentados, enquanto a fala está sendo produzida, para ajustar os tempos das duas línguas e manter a congruência. Em tais casos, o ritmo da fala e dos sinais é ajustado um ao outro. Nesse esforço constante de combinação dos sinais e da fala, percebe-se que a língua secundária passa a se submeter à língua primária, apresentando derivações agramaticais, quando analisada em separado da língua primária. Isso é normal, pois a síntese vai garantir que a derivação seja mantida gramaticalmente em termos estruturais, e isso pode ser atestado na língua primária. Em alguns casos, esses ajustes prosódicos são feitos para manter a gramaticalidade das duas línguas, embora haja uma distorção prosódica.

Quanto às omissões na língua secundária, Quadros e colaboradores (em fase de elaboração - a) verificaram que os dados apresentam padrões comuns e diferentes entre o par português e Libras e o par inglês e ASL. Os elementos funcionais são omitidos em ambos os pares de línguas. De modo geral, no par norte-americano, há mais omissões de substantivos, enquanto, no português, há mais omissões de verbos. As autoras incorporaram a proposta de Hoiting (2006) e Slobin (2006) quanto à assimetria entre línguas de tipologia verbal e línguas de tipologia nominal identificadas na aquisição da linguagem. Considerando esses autores, a ASL, assim como outras línguas (e também parece ser o caso da Libras e do português), é de marcação nominal, ou seja, a informação sobre os nominais está dada por elementos verbais internos. Todavia, o inglês é marcado como dependente, uma vez que a ordem das palavras ou a marcação de caso nominal indica seus papéis com respeito aos argumentos da estrutura. Nos pares de línguas analisados no artigo, constatamos, portanto, uma assimetria entre a ASL, a Libras e o português de um lado e o inglês de outro. Isso pode explicar as diferenças encontradas entre os dois pares de línguas quanto à distribuição das omissões nos contextos de sobreposição. A ASL é de tipologia diferente do inglês, assim o inglês simplesmente segue a tipologia da ASL e apaga os nominais, enquanto a Libras e o português apresentam a mesma tipologia, propiciando o apagamento de verbos. Seguem alguns exemplos que ilustram esse padrão de omissões.

Sobre a transferência semântica observada entre as línguas quando estão sobrepostas, observamos, assim como Emmorey e colaboradores (2008), que termos de uma língua podem fazer parte de termos mais abrangentes na outra língua. As autoras citaram o uso de BIRD na ASL sobreposto a *Tweety* em inglês. BIRD parece ser uma categoria que inclui o nome do pássaro em questão. Estamos nos referindo a esse tipo de sobreposição como sobreposição de ordem semântica. Observamos esse tipo de sobreposição e também de outras relações semânticas, como termos que fazem parte do mesmo *frame* semântico, além de termos que estão relacionados semanticamente, mas com diferentes hierarquias. Por exemplo, os dados apresentam sobreposição do termo SINAIS em Libras com o termo "fala" em português; o termo SOLETRAR em Libras e o termo "escrever" em português. Vemos que há uma relação semântica que permite a sobreposição.

Esse tipo de efeito semântico também foi identificado por Quadros e colaboradores (em fase de elaboração - a) com dados de sinalizantes de língua de sinais desbalanceados, que é o caso de LG (Brasil). Como LG não apresenta um vocabulário muito rico na Libras, ela tende a usar um sinal para várias palavras do português. Por exemplo, ela usa o sinal NÃO para "ninguém", "nada", "não" e "nenhum", e usa o sinal IX(si) para indicar "eu", "nós", "nossos", "minha" e "meu". Esse tipo de exemplo de uso de um sinal aplicado a várias palavras do português indica que parece haver uma restrição de ordem semântica que permite a sobreposição, usando esse sinal que faz parte do campo semântico das diferentes palavras inseridas no português.

De modo geral, Quadros, Lillo-Martin e Emmorey (2016) verificaram que os sinalizantes de língua de herança e falantes de uma língua falada que são bilíngues balanceados tendem a procurar preservar as duas línguas quando as sobrepõem. Quando isso se torna muito difícil, a tendência é optar por uma das línguas para dirigir a derivação sintática, submetendo a língua que passa a ser secundária à língua primária. A computação pode juntar as duas estruturas por meio de síntese, mas parece haver uma restrição no sentido de sempre manter pelo menos uma das estruturas gramaticais. Assim, quando as duas línguas não podem ser gramaticais, a tendência é de a língua escolhida como primária, por razões sociolinguísticas, ser gramatical. A síntese se realiza, e as duas línguas são produzidas simultaneamente, observando essas restrições de ordem sintática e semântica.

Os estudos com filhos ouvintes de pais surdos, como sinalizantes de língua de herança, trazem elementos sobre como as duas línguas podem interagir. Os resultados encontrados, apesar de preliminares, já podem subsidiar políticas públicas de ensino de línguas e propostas de educação bilíngue, tanto para surdos como para os próprios ouvintes, filhos de pais surdos. Além disso, os estudos indicaram uma grande variabilidade em relação à fluência na Libras. Isso indica a importância de as famílias de pais surdos serem informadas e devidamente orientadas quanto ao desenvolvimento bilíngue de seus filhos. Os pais precisam saber que expor seus filhos à língua de sinais os tornará bilíngues, pois eles estarão expostos à língua portuguesa em vários espaços da sociedade. Eles também precisam saber que essa exposição à Libras precisa acontecer de forma variada e em meio à comunidade que usa essa língua, ou seja, a comunidade surda. Além disso, os pais devem compreender sobre o que significa ser um sinalizante de língua de herança.

5

Língua de herança: políticas linguísticas e a língua brasileira de sinais

As políticas linguísticas se ocupam em pensar a respeito de formas de garantir que as línguas preencham espaços de diferentes ordens dentro de um país. A partir das políticas linguísticas, são estabelecidas ações para a implementação das línguas. No caso do Brasil, existe uma política linguística em relação à língua brasileira de sinais, a Libras, instaurada por meio da Lei 10.436 de 2002, chamada de Lei de Libras, que reconhece essa língua como língua nacional usada pelas comunidades surdas brasileiras. A partir da Lei de Libras, foi assinado um decreto para implementar essa lei, o Decreto 5.626 de 2005, que apresenta uma série de ações relativas à Libras, no sentido de garantir seu reconhecimento, sua valorização, sua disseminação e sua manutenção.

Agora, aprendemos que a Libras constitui uma língua de herança. Isso nos leva a pensar em propostas de manutenção da Libras, pois, em vários casos apresentados neste livro, os sinalizantes adotam a Libras como uma língua secundária. Há os surdos, filhos de pais ouvintes, que terão acesso à sua língua de herança de forma inusitada, pois normalmente a primeira língua será adquirida por outros sinalizantes da Libras que não são seus pais. Assim, as ações precisam prever formas de acesso à Libras, bem como de manutenção da língua, a esses sinalizantes de herança. Os pais ouvintes precisam aprender sobre isso e ter oportunidades de adquirirem a Libras. Para que os pais possam recorrer a diferentes espaços em que a Libras seja usada, faz-se necessário empoderar as comunidades surdas brasileiras e dar a elas subsídios para tornarem-se espaços que possam incluir também atividades com crianças surdas. Atualmente, as comunidades surdas estão muito mais voltadas para o público adulto.

Além disso, entre as ações previstas no Decreto 5.626 quanto à manutenção da Libras, agregamos o ensino da Libras como língua de herança, ou seja, o ensino da Libras como primeira língua para todos os que a adquirem em seu seio familiar e na comunidade surda. Assim, propomos a inclusão da Libras como disciplina no currículo escolar tanto para as crianças surdas como para as crianças ouvintes, filhas de pais surdos, como língua de herança, primeira língua. Essa inclusão vai além do ensino da Libras como segunda língua para as demais crianças ouvintes, pois diferente da metodologia de ensino de línguas fundamentado em propostas de ensino de segunda língua, a Libras, como língua de herança, passa a ser ensinada nesses contextos específicos, com propostas de ensino de primeira língua, assim como o português é ensinado como primeira língua nas escolas brasileiras.

Nos Estados Unidos, há uma discussão intensa sobre o ensino de segunda língua para alunos que sejam falantes de uma língua de herança, especialmente no caso dos falantes de espanhol. O espanhol é uma língua ensinada nas escolas como opção de segunda língua na grade curricular. Os alunos que vêm de famílias que falam espanhol apresentam especificidades quanto ao espanhol e não podem simplesmente ser alocados nessas turmas como alunos de língua estrangeira iniciantes. Entretanto, determinar o nível de espanhol deles e definir um programa de ensino do espanhol considerando essa especificidade não têm sido tarefas simples.

Boon e Polinsky (2014) apresentam algumas características recorrentes entre falantes de línguas de herança. Por exemplo, muitas vezes, eles parecem falantes nativos da língua, pois não têm sotaques característicos de falantes de segunda língua. No entanto, apesar de soarem como nativos, apresentam algumas simplificações da estrutura da língua que denunciam o desequilíbrio entre a fluência na língua de herança (língua que, nesses casos, passa a ser a língua secundária, L2) e a fluência na língua usada nos demais espaços sociais (a língua que se torna mais forte, a língua primária, L1). Tais especificidades podem criar problemas na inclusão desses alunos nas aulas de espanhol como língua estrangeira.

Os falantes de espanhol como língua de herança apresentam vantagens em relação aos demais alunos, pois compartilham questões culturais que fazem parte da relação com a família, além de dominarem mais ou menos um dialeto do espanhol que acaba favorecendo o desempenho na classe. Todavia, essas vantagens podem intimidar os colegas iniciantes que estão aprendendo espanhol como língua estrangeira. Além disso, as vantagens que eles apresentam podem tornar as aulas desestimulantes, pois estão estruturadas para o ensino de língua estrangeira. Os falantes de língua de herança não se enquadram na perspectiva de falantes de língua estrangeira. Eles também têm uma vivência com a língua que não é a mesma vivência acadêmica, portanto, precisam aprender sobre o espanhol que já conhecem, mas na perspectiva acadêmica. Por exemplo, eles precisam aprender a ler e escrever essa língua, no entanto, esse processo de ensino não se aplica como língua estrangeira, pois a língua de herança é sua L1, mesmo quando se torna a L2.

Independentemente dessas questões, coloca-se ainda a necessidade de avaliar esses alunos para colocá-los em seus respectivos níveis de proficiência na língua, pois há muita variação entre eles, considerando suas experiências individuais. Essa avaliação poderia envolver um levantamento da produção de palavras por minuto para verificar o nível de proficiência, pois essa avaliação tem sido correlacionada com o desempenho gramatical desses falantes conforme indicado por Polinsky e Kagan (2007) e Polinsky (2008). De qualquer forma, os autores apontam também que é fundamental identificar a natureza do conhecimento dos falantes de língua de herança, ou seja, a gramática em si desses falantes.

Conforme Benmamoun, Montrul e Polinsky (2013b), essa gramática é divergente, apesar de apresentar padrões que refletem um sistema linguístico consistente. De qualquer forma, os falantes de língua de herança normalmente nunca foram expostos à educação formal em sua língua. O mais comum é que eles usem a língua mais ou menos em contextos informais, geralmente em casa, com parentes e com os amigos da família (POLINSKY, 2015a). Muitas vezes, nunca tiveram oportunidade de usar a língua na forma escrita e, muito provável, não leem textos e materiais em espanhol.

As línguas ensinadas na escola não são análogas às línguas que são faladas por esses falantes, embora tenham algumas relações de identidade. Os próprios professores chamam a atenção dos alunos quanto a essas diferenças. Os falantes de língua de herança que decidem aprender formalmente sua língua e frequentam aulas dessa língua configuram um grupo de alunos que pode ser caracterizado como alunos de língua de herança.

Polinsky (2015a) apresenta um estudo conduzido com falantes de herança que se inscreveram em aulas para aprenderem sua L1. Esse contexto é bem diferente dos contextos já reportados sobre terceira língua (L3) que, em geral, partem de uma L1 estabelecida. No caso de falantes de herança que buscam cursos de sua língua de herança, a L1 é divergente da L1 usada pelos falantes nativos dessa língua. Os falantes de herança, como já vimos, tiveram várias razões para que a sua primeira língua ficasse "adormecida" (quando esse é o caso). Nesses casos específicos, eles adquiriram a L1, mas não como os falantes monolíngues dessa mesma L1. Além disso, normalmente esses falantes não tiveram a oportunidade de serem escolarizados em sua L1. Ao frequentarem aulas para aprenderem sua L1 formalmente, a formação precisa levar em conta a proximidade entre sua L1 e a L1 que está sendo ensinada. Esses falantes também tiveram acesso à L2 de forma natural e espontânea, e a adquiriram como língua nativa, por estarem imersos em vários contextos de seu uso. Assim, a L2 é, de certa forma, uma segunda L1 que foi estabelecida de modo simultâneo ou sequencial, dependendo de cada caso. Além disso, eles tiveram a escolarização em uma segunda língua, diferente de sua língua de herança. De modo interessante, a autora observou que os mecanismos de transferência identificados no ensino de línguas são exclusivamente da L2 para a L1, ou seja, do inglês, no caso norte-americano, para a língua de herança. Há a impressão de que a L1 não se conecta com a língua de herança, portanto, parece não facilitar sua aprendizagem. Isso pode ser porque os alunos não estabelecem a relação com a língua de herança adquirida naturalmente com a L1 que está sendo ensinada de modo formal. A transferência da L2 para a L1 que está sendo ensinada ocorre, pois a L2 é a língua dominante desse falante. Polinsky (2015a) apresentou vários exemplos de transferência da L2 para L1 ensinada formalmente, por exemplo, em relação à ordem das palavras.

Boon e Polinsky (2014) apresentam alguns desafios pedagógicos que se colocam diante da proposta de ensinar a língua de herança para falantes de herança. Entre esses desafios, destacamos os seguintes:

a. Identificar as necessidades do aluno falante ou sinalizante de língua de herança por meio de instrumentos de avaliação de suas habilidades linguísticas. As autoras destacam que muitas vezes é difícil ter clareza sobre a competência linguística na língua de herança. Nem sempre a impressão na fluência reflete a competência. Esses falantes e sinalizantes de língua de herança podem ter a língua adormecida, mas ela está neles. Assim, a criação de instrumentos de avaliação apropriados a esses contextos torna-se fundamental para garantir os objetivos de manter as habilidades que esses falantes e sinalizantes de língua de herança já têm e expandir novas habilidades, desenvolvendo a leitura e a escrita em sua língua de origem.

b. O dialeto usado por esses falantes e sinalizantes de língua de herança nem sempre coincide com a língua-padrão da língua de herança ensinada na escola. Geralmente, a língua-padrão ensinada é baseada em registros escritos (no caso das línguas faladas). Os falantes de língua de herança, muitas vezes, não aprenderam a ler e escrever sua primeira língua, pois seu uso se restringe às interações orais em casa. No caso dos sinalizantes de língua de herança, a língua de sinais usada em casa geralmente não reflete a Libras utilizada nos grandes centros urbanos, pois há muita variação entre os surdos de determinada comunidade, em especial na brasileira. Assim, torna-se um desafio compactuar os dialetos dos falantes e sinalizantes de línguas de herança e o ensino formal dessas línguas de herança. Os professores precisam também ter uma postura não preconceituosa diante dessas variantes da língua, pois as atitudes impactam diretamente no engajamento dos alunos em sala de aula. Isso precisa ser considerado ao se propor ensinar línguas de herança formalmente no espaço escolar, no sentido de garantir a aprendizagem das variedades de prestígio e padrão de sua língua, sem desconsiderar as variantes da língua que se apresentam. Estudos indicam que, quando os falantes de língua de herança são encorajados a usar sua língua e, a partir dela, formular hipóteses no processo de aprendizagem, o ensino é muito mais eficiente.

c. "Os falantes e sinalizantes de línguas de herança são diferentes dos demais alunos de línguas, assim como são diferentes de outros bilíngues, mas essas diferenças não são necessariamente um obstáculo para alcançar os objetivos de aprendizagem na sala de aula" (BOON; POLINSKY, 2015, p. 11, tradução nossa). As autoras chamam a atenção para esse aspecto que se reflete nos desafios pedagógicos de apropriar o ensino a tal contexto. Apesar dessas diferenças, Boon e Polinsky (2014) observaram que, muitas vezes, os alunos de línguas de herança se comportam como alunos de segunda língua. Eles preferem sentenças mais simples e não confiam em suas intuições sobre a gramaticalidade das sentenças, pois têm dificuldades em rejeitar sentenças consideradas agramaticais. No entanto, os professores de línguas de herança precisam apresentar objetivos que avancem mais em relação às habilidades e às complexidades linguísticas específicas dessas línguas que já podem estar disponíveis em algum nível para esses falantes por terem sido expostos à língua ao longo de suas vidas.

d. No caso de codas, filhos ouvintes de pais surdos, além das questões levantadas no contexto norte-americano com falantes de espanhol, é necessário considerar a diferença nas modalidades das línguas implicadas no espaço educacional. A língua de herança é uma língua visuoespacial, enquanto a língua usada na sala de aula é oral-auditiva com instrução formal em sua versão gráfica-visual (na escrita). O ensino da Libras como língua de herança deve contemplar formas visuais de aprender a língua, usando recursos visuais por meio de registros em vídeo e, também, considerando todos os desafios elencados por Boon e Polinsky (2014).

A partir dessas considerações já apontadas no ensino de línguas de herança e o fato de termos uma língua de herança na língua de sinais, vamos considerar a educação bilíngue "bimodal". O "bimodal" aqui se refere às duas modalidades de línguas com as quais os codas estão crescendo. Hoffmeister (2016) menciona que, de fato, esse termo também pode ser aplicado aos surdos, pois a escrita da língua falada representa a segunda modalidade na educação bilíngue. As duas modalidades de línguas a que codas e surdos estão expostos podem vir a fazer parte da educação formal de codas também, considerando o ensino da L1 (língua de herança) na escola.

O ensino da língua de sinais nessa perspectiva envolve muito mais as metodologias de ensino de língua materna. Na escola de surdos de Framingham, em Massachusetts, The Learning Center for the Deaf, há um programa de "letramento na língua de sinais americana (ASL)" desde a educação infantil, paralelo ao letramento no inglês. Essa proposta de letramento na língua de sinais como L1 se aplica ao ensino da Libras para codas, embora também se recorra a algumas estratégias de ensino de segunda língua, especialmente em função da possibilidade de haver vários alunos com a Libras "adormecida".

A proposta é de inclusão do ensino de Libras nas escolas também contemplando os codas como sinalizantes de herança da Libras. Nos Estados Unidos, isso tem sido viabilizado com algumas línguas de herança no ensino médio e no ensino superior. As políticas públicas de ensino de línguas começam a contemplar essa opção para esses alunos. Vários autores verificaram que esses alunos acabam sendo prejudicados quando ingressam em turmas de ensino de sua língua de herança como língua estrangeira (FISHMAN, 2001; PEYTON; RANARD; MCGINNIS, 2001; VALDÉS, 2001, 2014). Eles acabam desmotivados, porque sua realidade linguística não condiz com o *status* de língua estrangeira. Assim, a proposta de incluir disciplinas de ensino de línguas de herança para esses alunos mostra-se muito importante.

No Brasil, alguns codas receberam a oportunidade de ter professores de Libras na escola, em função da presença de alguns alunos surdos. Esses codas relatam a experiência como altamente produtiva, mesmo não havendo um ensino considerando a língua de herança. A simples presença de professores surdos e de colegas surdos na escola já impacta na relação com sua língua de herança, pois extrapola o núcleo familiar. Ter referências de outros sinalizantes de Libras estabelece uma relação com a comunidade surda de forma mais significativa, garantindo também uma relação acadêmica com a língua. Se, além disso, esses alunos tiverem a oportunidade de acesso à Libras na perspectiva do ensino de língua de herança, provavelmente o efeito será ainda mais substancial.

Isakson (2016) apresenta as dimensões histórica, linguística, educacional, afetiva e cultural discutidas anteriormente como fundamentais ao considerar o ensino de língua de herança na escola. A proposta da autora é utilizar instrumentos de avaliação que verifiquem essas dimensões para examinar cada sinalizante de herança e propor uma ação pedagógica de ensino de língua de sinais de herança. Isakson (2016) discute o quanto conhecer cada aluno em relação à sua língua de herança vai determinar as formas de ensino que serão apropriadas para esse aluno. Cada dimensão será abordada por meio de atividades de ensino de língua a partir da realidade desse aluno. Os sinalizantes de herança podem ser altamente fluentes no registro de seus pais, mas desconhecerem outros registros, em especial os mais formais da língua de sinais. Eles podem ter ou não atitudes positivas em relação à língua de herança, dependendo de suas experiências com as línguas e com quem usavam essas línguas. A combinação de uma avaliação diagnóstica mais geral com uma proposta diferenciada de ensino da língua de herança, de acordo com os alunos, terá impacto na apropriação dos conhecimentos da língua no contexto escolar. Beaudrie, Ducar e Potowski (2014 apud ISAKSON, 2016, p. 59) listam os objetivos elencados para o ensino de uma língua de herança:

a. Manutenção da língua de herança
b. Aquisição ou desenvolvimento de uma variedade de prestígio da língua de herança
c. Desenvolvimento da condição bilíngue
d. Aquisição ou desenvolvimento de habilidades acadêmicas e dos vários dialetos da língua e de sua cultura
e. Desenvolvimento de atitudes positivas em relação à língua de herança e de seus respectivos dialetos e de suas culturas
f. Aquisição ou desenvolvimento de consciência cultural

Para isso, as escolas que preveem em seu projeto político e pedagógico uma educação bilíngue (Libras e português) precisam reorganizar os espaços educacionais para o ensino de línguas. A Libras como L1 para os alunos surdos e para os codas será trabalhada como língua de herança, primeira língua, considerando as variedades linguísticas com que esses alunos chegam na escola. Será importante proceder com avaliações, como, por exemplo, a quantidade de sinais produzidos por minuto, bem como testes de julgamento de sentenças e produção em Libras para verificar o que esses sinalizantes já sabem sobre a Libras. Os alunos surdos, como sinalizantes de Libras como língua de herança, também apresentam uma grande variabilidade em sua fluência em Libras. Então, a avaliação deve ser considerada, tanto para os surdos como para os codas, para, então, ser estabelecido um planejamento de ensino de L1 a partir dessas variantes da língua que se apresentam no espaço escolar. Paralelamente, os colegas ouvintes, que não são sinalizantes da Libras, vão aprender essa língua como L2 com metodologia de ensino de segunda língua. As propostas metodológicas diferem para o ensino de Libras como L1 (língua de herança, i.e., primeira língua) e o ensino de Libras como L2 (segunda língua para os ouvintes que falam o português e não têm contato com a língua de sinais em casa).

O ensino do português para os alunos surdos será diferenciado, pois será ensinado como segunda língua com foco na modalidade gráfico-visual a partir da Libras. No caso dos codas, o ensino do português vai acontecer da mesma forma que acontece com os demais colegas, como L1, pois é uma segunda L1 para esses falantes. No entanto, a escola deverá estar atenta para intervenções específicas relativas ao processamento do ensino e à aprendizagem do português, considerando que esses alunos chegam à escola com uma bagagem linguística na modalidade visuoespacial. Vários relatos de codas brasileiros mencionam dificuldades em relação ao português na escola. Provavelmente, essas dificuldades estejam relacionadas com o fato de o ensino estar sendo realizado a partir das experiências com o português em falantes monolíngues e/ou unimodais. O ensino do português está organizado a partir de referências de alunos que chegam à escola com o português como sua L1 na modalidade oral-auditiva. No caso dos codas, eles chegam à escola, muitas vezes, com muito mais experiência na Libras como L1 e com experiências relativas ao português bastante diversificadas, podendo configurar, inclusive, o *status* de L2 em alguns deles. Como a escolarização inicia muito cedo, esse *status* normalmente muda para uma segunda L1. Mesmo assim, os professores devem estar atentos às diferenças individuais relativas às experiências com as línguas que se refletem nas relações que essas crianças têm com as duas línguas.

Em nossos dados, há uma coda adulta que se matriculou em uma turma de Libras na fase adulta. A decisão de fazer um curso de Libras se deu porque ela achava que não sabia muito bem a Libras, apesar de ter crescido no meio da comunidade surda. Ela optou pela disciplina que estava sendo oferecida em nível intermediário, pois tinha ciência sobre sua fluência em Libras. Segundo seu relato sobre as aulas, ela relatou que sentiu muita facilidade em aprender os conteúdos ministrados no curso e que, muitas vezes, reconhecia os sinais que havia esquecido. Essa coda, diferente de outros entrevistados, optou em usar apenas a Libras em sua entrevista, demonstrando fluência na língua. Como usa a língua eventualmente, algumas vezes ela não lembrava alguns termos em sinais, mas, de modo geral, sua Libras pode ser considerada apropriada para o estabelecimento de uma conversa sobre diferentes assuntos relacionados com o cotidiano. Provavelmente, se tivesse a experiência do ensino de Libras como língua de herança, teria aproveitado bem mais as aulas, pois o ensino estaria considerando sua experiência com a língua.

As possibilidades apresentadas nesta seção podem tornar-se reais a partir de políticas linguísticas que fortaleçam as línguas de herança do país. No Brasil, o Instituto do Patrimônio Histórico e Artístico Nacional (IPHAN) inclui em seu planejamento ações específicas para o reconhecimento e a valorização das línguas brasileiras como patrimônio linguístico nacional. As línguas brasileiras incluem as línguas de sinais, as línguas indígenas, as línguas de imigrantes e as línguas de fronteiras. Nesse sentido, há uma política linguística estabelecida no país que reconhece essas línguas brasileiras. Assim, entre as ações, o IPHAN objetiva inventariar essas línguas e estabelecer um planejamento linguístico para seu resguardo. Isso vai envolver o ensino dessas línguas, que configuram ensino de línguas de herança, pois todos esses contextos configuram línguas de herança, ou seja, são línguas aprendidas no núcleo familiar e em comunidades locais no Brasil, onde o português é a língua oficial, amplamente usada em diferentes espaços socioculturais, incluindo as escolas, bem como nas diferentes mídias disponíveis no país.

Inserir a educação bilíngue no planejamento linguístico brasileiro, contemplando as línguas de herança do país, incluirá necessariamente o ensino da Libras como L1 para surdos e para os codas.

Essa inclusão apresenta inferências no *status* sociopolítico das línguas. Quando essas línguas passam a ser ensinadas formalmente, as atitudes em relação a elas mudam. O valor simbólico que está atrelado ao ensino formal acadêmico da língua impacta no valor atribuído à língua, especialmente quando se trata de políticas linguísticas nacionais com o objetivo de valorizar essas línguas, integrando-as em diferentes espaços socioculturais. Tal mudança aumenta o prestígio da língua, mesmo sendo ela uma língua minoritária.

Além disso, precisamos sempre estar atentos à questão de as línguas estarem contextualizadas em um complexo de recursos concretos (BLOMMAERT, 2010). A estratégia de sobrevivência dessas línguas entra na relação com a língua dominante, que é também a língua com questões econômicas envolvidas. Considerar as línguas a partir de uma perspectiva multilíngue envolve, portanto, exigir das políticas linguísticas a valorização dessas línguas. Blommaert (2010) sugere que a mobilidade dos recursos semióticos (não "das línguas") no contexto globalizado seja considerada. As políticas linguísticas precisam considerar políticas semióticas para captar forças que estão nas línguas e além delas.

6

Biografias: o que os filhos ouvintes de pais surdos contam sobre as línguas, as identidades e as culturas[16]

> *Ter uma segunda língua é possuir uma segunda alma.*[17] (Charlemagne)

Essa frase de Charlemagne, amplamente difundida na internet, procura captar o quanto as línguas refletem nossa forma de viver. No caso de filhos ouvintes de pais surdos, codas, a língua de sinais e a língua falada no país, adquiridas de modo concomitante, estão intrinsicamente relacionadas com suas experiências. Compreendo aqui "alma" como base de nossas experiências de vida, nossos sentimentos, nossas culturas. A relação das línguas e dos significados traduzidos por elas afetam a constituição dessas pessoas.

Neste capítulo, abordamos as histórias de alguns codas. Essas histórias foram contadas a mim por meio de uma conversa realizada como parte de um subprojeto do Inventário Nacional de Libras, *Corpus* de Libras, Codas, que objetiva documentar produções em Libras. A proposta era fazer uma conversa sobre as histórias de vida desses filhos ouvintes de pais surdos, contando sobre a relação deles com os pais surdos, com a comunidade ouvinte, com a comunidade surda e com suas línguas: a língua que herdaram de seus pais, a língua de sinais, e a língua portuguesa falada no resto da sociedade brasileira, nas escolas, nas igrejas, nos hospitais, nos órgãos públicos e assim por diante. O foco aqui é mais antropológico, com o objetivo de captar momentos que ilustram as formas dessas pessoas de se relacionarem com as culturas, com zonas de conforto, com zonas de conflito, as fronteiras

---

16 As imagens utilizadas neste capítulo foram extraídas de vídeos produzidos para o projeto do Inventário Nacional de Libras.
17 No original: *To have a second language is to possess a second soul.* (Tradução desta autora).

entre o mundo dos surdos e o mundo dos ouvintes, as boas recordações, aquelas que não são tão boas, mas que ensinaram alguma lição para a vida ou, simplesmente, fizeram parte da constituição de suas identidades.

Depois de realizar essas conversas, percebi o quanto existe uma identidade comum entre todos os filhos ouvintes de pais surdos, incluindo a mim, também filha de pais surdos. Apesar de cada história ser única, temos muito em comum. O fato de crescermos em uma família que usa a língua de sinais e que não ouve a língua portuguesa nos une. As experiências com uma língua que é visuocorporal, paralelamente a uma língua fonocêntrica (oral--auditiva e escrita), nos conectam. A relação com uma comunidade surda, que é diferente da comunidade ouvinte à qual nós também pertencemos, nos une. Os olhares estigmatizados por parte dos outros (os ouvintes), com os quais nos deparamos ao longo da vida, nos unem. A mútua compreensão das histórias e dos sentimentos envolvidos, mesmo sendo únicos, nos une. O fato de nos darmos conta de que é importante voltarmos para nossa língua, não porque seja melhor, mas simplesmente porque é nossa língua, nos une.

Aqui, portanto, assumo o desafio de recontar essas histórias, no sentido de compartilhar nossas experiências como pessoas que pertencem à comunidade surda e à comunidade ouvinte, somos um terceiro, somos codas, filhos ouvintes de pais surdos. Somos filhos de uma única geração, pois nossos filhos serão filhos de pais ouvintes, assim como outros filhos de pais ouvintes.

Nessas histórias, temos vários relatos de celebração das diferenças culturais, em que a língua de sinais é abrilhantada. Essa herança é considerada valiosa em vários dos relatos, pois foi o presente que recebemos de nossos pais. Em alguns casos, é a língua desejada, mesmo que tenha sido perdida, em função da força de uma sociedade fonocêntrica, baseada na língua falada no país e registrada por meio de uma forma escrita que aprendemos na escola. Da mesma forma como observado nas histórias de codas norte-americanos no estudo etnográfico conduzido por Preston (1994), as questões que emergem de forma recorrente nas narrativas desses codas brasileiros envolvem: (i) o significado da surdez, (ii) a necessidade de dar explicações sobre a experiência de ter pais surdos e justificar as consequências da surdez, (iii) a questão da proteção e defesa dos pais e, por fim, (iv) a questão do que é similar e diferente. Tais questões aparecem ao longo das narrativas dentro da própria família com pais surdos e demais parentes surdos e ouvintes, na vida escolar, quando eles constituem nova família com seus parceiros normalmente ouvintes e na vida profissional.

Introduzo este capítulo contando um pouco de minha história de vida.

RONICE MÜLLER DE QUADROS (1969-)

Sou filha de pais surdos, Eni Marques de Quadros (1933-2007) e Ilse Müller de Quadros (1935-). Meu sinal foi dado por minha mãe e minha tia, Ingrid Ritt, pois o meu cabelo era liso e virava para frente. Apresento, a seguir, minha foto ilustrando meu sinal (Fig. 6.1) e meu sinal escrito com a língua de sinais escrita (Fig 6.2).

Figura 6.1 Ronice Müller de Quadros.   **Figura 6.2** Sinal escrito de Ronice.

O sinal é algo muito especial na comunidade surda. Você ter um sinal é você ter um nome para os surdos. É uma espécie de batismo. O sinal te identifica como pessoa integrando a comunidade. Se você faz parte da comunidade surda, você tem um sinal. Interessante que, mesmo aqueles que não fazem parte direta, mas mantêm algum tipo de contato com os surdos, também ganham um sinal, pois, por alguma razão, essa pessoa merece ser mencionada entre os surdos, logo ela herda um sinal. O sinal nos identifica, é um símbolo que em geral tem uma motivação icônica, pois nos representa fisicamente de alguma forma. Por isso, meu cabelo virado para frente virou meu sinal naquele momento de minha vida e me faz lembrar disso até hoje, mesmo com outro estilo de cabelo. Muitas vezes, quando dizemos nosso sinal, os surdos perguntam por que (o que motivou o sinal), daí explicamos, da mesma forma que fiz aqui.

Cresci na comunidade surda que inclui, além de meus pais, vários membros de minha família: tios, tias, primos, primas, totalizando 10 pessoas surdas. Além da família surda, todos os amigos de meus pais eram surdos. Os poucos amigos ouvintes eram parentes que tinham um convívio mais restrito. Para meus pais, os familiares surdos e os amigos surdos eram muito importantes. Conhecíamos todos os sinais que identificavam os amigos e familiares surdos, mas não sabíamos seus nomes. Isso aconteceu porque meus pais não eram bilíngues, eles eram sinalizantes monolíngues da Libras. Para eles, não era importante saber os nomes das pessoas, mas sempre identificavam essas pessoas por meio de seus sinais. Sempre identifiquei meus pais pelo sinal (seus nomes em sinais), mas quando falava em português, usava as palavras "mãe" e "pai". Dei-me conta de que não usava as expressões "mãe" e "pai" em Libras na adolescência. Mas, até hoje, continuo a me referir a eles com o SINAL(Eni) e SINAL(Ilse) em Libras, informando que são meus pais. Isso se estende a todos os demais familiares surdos, mas não necessariamente a meus familiares ouvintes. Em relação a eles, descrevíamos a relação familiar até chegar à pessoa. Por exemplo, teu pai, meu avô ou aquela que é primeira filha da irmã de teu avô. Fazíamos isso sempre em sinais. Até que um dia, aprendi o que era "nora" em português, eu tinha em torno de 10 anos, pois a mãe do namorado de minha irmã disse que gostava da "nora". Esse exemplo ilustra a entrada no universo do uso do português em suas particularidades e o estranhamento da percepção linguística. Nesse momento, aprendi que havia palavras do português para expressar outras relações familiares às quais costumávamos nos referir como, por exemplo, "a namorada de meu filho". Aos poucos, fui tomando consciência dos diferentes usos que fazia das palavras em cada língua, pois antes as usava sem perceber a forma como se apresentaram em minha vida em cada língua. Ao me deparar com situações em que precisava transitar entre as duas línguas, como na hora de interpretar para meus pais, fui me dando conta de que o valor de uma palavra em português nem sempre tinha o mesmo valor de uma palavra em Libras. Às vezes, eu sabia o sinal, mas não tinha a palavra em português, e vice-versa. As palavras se apresentavam, e eu as escolhia em cada contexto, em cada situação, mas, em alguns momentos, me atrapalhava, pois não sabia como dizer em uma ou outra língua quando isso era requerido.

A interpretação das línguas se constituiu em um exercício que, aos poucos, tornou-se tão fácil, mas não foi sempre assim. Em vários momentos, sofri, pois não sabia como dizer na outra língua. Entretanto, quando esse exercício se tornou uma prática consolidada, era fácil para mim ir e vir, em uma e na outra, o que me fazia sentir, de certa forma, no controle. Na adolescência, isso foi bom, pois me sentia segura e via o quanto meus pais confiavam em mim. As pessoas ouvintes também ficavam impressionadas, mas eram mais reticentes pelo fato de eu ser tão jovem. Essas diferenças entre as duas línguas exigiam ajustes de ordem cultural. Lembro uma vez em que um surdo estava muito alterado emocionalmente e eu estava interpretando para ele. Ele começou a dizer palavrões em Libras que tinham um peso muito maior em português. Naquele momento, percebi que não poderia usar as palavras que ele estava usando em Libras de forma literal em português, assim fiz o ajuste necessário, procurando evidenciar o estado emocional dessa pessoa, sem necessariamente ofender a outra, pois não era essa a intenção dele.

Também percebi que, culturalmente, falamos sobre coisas diferentes em cada língua. O que é tabu em português não é necessariamente tabu em Libras. Percebi que me sentia desconfortável em falar sobre certas coisas em português, mas não em Libras. Definitivamente, as palavras em uma língua e na outra tomam sentidos diferentes considerando os "acordos" que nos são passados, convivendo com as pessoas que usam a língua. As línguas me constituíram de diferente maneiras: em Libras, em português e de formas híbridas, entrecruzadas. Acredito que essa seja a razão de sermos identificados como codas, estamos no terceiro espaço, entre espaços, eu e os outros no plural, surdos e ouvintes (BHABHA, 1998; RUTHERFORD, 1990; SOUZA, 2004).

Meus pais eram bem diferentes um do outro. Minha mãe tem uma família com mais irmãos surdos, sobrinhos surdos e primos surdos. Meus avós e minhas tias ouvintes (enteadas de minha mãe) conversavam com ela em língua de sinais. Eles tinham uma língua de sinais diferente da Libras, mas conversavam normalmente sobre muitas coisas. Minha mãe tem uma grande amiga que conversa por horas a fio nessa mesma língua de sinais. Elas conversam sobre tudo, contam sobre as filhas, os problemas familiares, sobre outras pessoas da comunidade e assim por diante. Foi uma língua de sinais que emergiu desse grupo social e serviu a seus propósitos de comunicação. A irmã surda de minha mãe, Ingrid Ritt, tinha apenas 5 anos de idade quando minha avó faleceu. Minha mãe acabou assumindo a educação e os cuidados dela, pois já tinha 18 anos. A tia Ingrid Ritt era quase uma irmã bem mais velha para mim e minha irmã, pois a mãe tomou conta dela desde seu nascimento. A relação delas era muito profunda, acho que era porque ela era também surda. Infelizmente, minha tia faleceu muito cedo, aos 65 anos. Vejo nos olhos de minha mãe a dor da perda de uma quase filha.

O irmão surdo de minha mãe, o Ronald Müller, é quem foi visitar a primeira Associação de Surdos do Rio Grande do Sul, lá pelos finais dos anos de 1950. Ele conheceu outros surdos e viu o quanto era bom encontrar com outros surdos. Minha mãe insistiu inúmeras vezes com meu avô para deixá-la ir a Porto Alegre junto com seu irmão. Finalmente, meu avô cedeu e permitiu que minha mãe conhecesse a tal associação. Foi lá que ela encontrou meu pai e começaram a namorar. De certa forma, foi um encontro previamente arranjado pela. Isso mesmo, minha mãe conta que Rosa Watnick arranjava os encontros entre os surdos para realizar os casamentos. Na sequência, o casamento de minha tia Ingrid também foi arranjado para que ela pudesse ir morar em Porto Alegre com minha mãe. Meu pai tinha um irmão surdo e o resto da família não conseguia se comunicar com eles. Os dois usavam língua de sinais e se viraram na vida. Acabei convivendo muito mais com a família de minha mãe, na qual a visão sobre a surdez era muito mais sadia, ou seja, não viam os surdos como pobres coitados ou deficientes, mas, pelo contrário, exigiam deles assim como exigiam dos irmãos ouvintes. Eles eram tratados de igual para igual. As poucas vezes em que tive a oportunidade de interagir com a família de meu pai foram deprimentes, pois eles falavam articulando as palavras pausadamente na frente dele para dizer algo e não percebiam que meu pai não entendia nada. Minha irmã, Renate, era cinco anos mais velha do que eu. Ela sempre fazia tudo até se casar, ela interpretava tudo para meus pais, ela preenchia documentos, participava das atividades de compra de alguma coisa e tomava conta de mim quando minha mãe mandava. A língua de sinais dela sempre foi muito bonita e é uma excelente intérprete, embora não tenha seguido essa carreira profissional.

Na época de meus pais, a televisão era a grande novidade de sua geração. Eles não tinham telefone em casa, pois era algo inacessível. Não havia legendas em filmes, não existiam computadores. Essa geração de surdos não teve acesso aos privilégios que a tecnologia atual oferece para facilitar a comunicação. Assim, eles acabavam recorrendo a seus filhos como fonte de informação.

Meus pais sempre tiveram muito orgulho de nós. Eles acreditavam na gente, apostavam em nosso estudo, em nossa formação, nos diziam que o estudo faria diferença em nossas vidas, em nossas escolhas, em nosso sucesso profissional. Eles nos incentivavam a estudar, mesmo que não tivessem experienciado isso. O desejo deles era estudar, e viram em nós, suas filhas, essa possibilidade. Ao longo dos anos, percebi que o que mais me incomodava perante a sociedade não era a surdez de meus pais, mas o fato de eles não saberem ler e escrever. As coisas ficavam mais difíceis na vida deles, porque não acessavam as informações por meio da leitura e não conseguiam se expressar por meio da escrita. Diferente das gerações mais jovens de surdos que são bilíngues em Libras e português, eles sempre usaram apenas a Libras. Como a Libras é a língua minoritária, esse monolinguismo tornava a vida deles muito mais difícil, pois tudo estava organizado a partir da língua portuguesa na sociedade como um todo. O desejo deles de ter estudado nos foi passado como algo a ser conquistado por nós, porque eles viam o valor disso na vida das pessoas. O esforço deles se voltou em nos educar para nos tornarmos alguém com mais conhecimento, com estudo. Acredito que realizei o desejo de meus pais, pois estudo até os dias de hoje e vejo os frutos desse investimento.

Também me lembro de meus pais falando, especialmente minha mãe e alguns outros surdos da comunidade surda, sobre o *status* da surdez que os colocavam em desvantagem em relação aos ouvintes. Lembro-me de minha mãe repetir várias vezes: "O fulano tinha sorte por ouvir", "Para o ciclano, era fácil, pois ele era ouvinte", "Nós, surdos, sempre perdemos para os ouvintes", "A gente não tem chance", "Que azar do fulano (também surdo), pois o filho nasceu surdo!". Essas expressões ficaram cravadas dentro de mim como formas concretas de injustiça em relação aos surdos, pois eu os via como capazes. No caso específico de meus pais, realmente era mais difícil por não serem escolarizados, mas fui me dando conta de que existia, de fato, um fundo de verdade nesse discurso, pois os surdos realmente experimentavam a exclusão e eram estigmatizados pelos outros. As coisas eram organizadas a partir da língua falada e da língua escrita. Os sons estavam em todos os lugares para anunciar, para informar, para alertar sem serem traduzidos por meio de formas visuais, porque simplesmente as pessoas não tinham pensado nisso. As pessoas conversavam entre elas, riam, choravam na fala. Meus pais tentavam decifrar o que estava acontecendo por meio das expressões faciais. Isso se aplicava às novelas, aos familiares, a nós também, filhos ouvintes, quando conversávamos com nossos amigos ouvintes. Eu não percebia isso. Simplesmente acontecia porque a lógica estava organizada entre os ouvintes e toda a sociedade a partir da língua falada, uma sociedade fonocêntrica. Todavia, como estava dentro de uma grande família de surdos, essa lógica era também invertida. Às vezes (até hoje), quando estou entre surdos, tudo passa a ser organizado a partir da língua de sinais e das formas surdas de conceber o mundo. Simplesmente desconecto do mundo ouvinte e literalmente "não ouço" os outros quando estou conversando com surdos. Claramente, há uma inversão da lógica das relações. Percebo o quanto é mais fácil estar em um ou outro espaço. O terceiro espaço que se situa entre os dois é mais difícil, mas a gente aprende a lidar com ele.

Ter que explicar para os outros o que são os surdos e como cresci no mundo dos surdos é o que evidencia a diferença entre os surdos e os ouvintes. Ter que explicar para meus pais como os ouvintes se organizam, o que é considerado inapropriado entre os ouvintes e que para os surdos não é e ensinar sobre o mundo ouvinte para eles também marca a diferença. Coisas simples como não fazer barulho em alguns contextos, não fazer alguns tipos de pergunta, não dizer certas coisas. Coisas que para os surdos não têm problema algum, mas que causam estranhamento aos ouvintes, foram ensinadas a meus pais por mim. Da mesma forma, para os ouvintes que se aproximavam de mim, eu tinha que explicar o que era normal para os surdos e que causava certa estranheza por parte dos ouvintes. Às vezes, eu pensava que o que eu estava explicando para meus pais deveria ser ensinado a mim por eles. Na verdade, não tinha como, pois eu estava ocupando o terceiro espaço que me dava a perspectiva dos dois espaços a que pertencia. Eu tinha acesso às ferramentas para explicar para uns e outros isso e aquilo, pois aprendi vivendo nos dois espaços. Apesar de compreender isso hoje, às vezes sinto-me cansada de fazer isso tanto para uns como para outros. A recorrência desse tipo de interação acaba desgastando, especialmente da parte daqueles que não conhecem a língua de sinais e a comunidade surda.

Meu primeiro esposo foi quem me introduziu a uma família ouvinte. Aprendi com ele e com a família que passei a integrar, assim como ele aprendeu comigo e com minha família, a ter uma outra perspectiva. Lembro que, às vezes, ficava surpresa com a forma dos pais dele de lidarem com ele. Eu tinha muito mais autonomia em minha família, talvez por ouvir o português e ter que interpretar desde pequena diferentes situações para meus pais. Eles confiavam muito mais em minha autonomia, em tomar decisões e ter iniciativa para realizar as coisas da vida. Entretanto, gostei de experienciar esse conforto de ter os pais dele decidindo coisas que normalmente eu teria que decidir em minha família. Isso abriu outro mundo para mim que aprendi a conhecer mais. O mundo dos ouvintes que também era meu, embora eu não tivesse percebido tão bem antes, pelo menos não tão conscientemente quanto a partir desse momento de minha vida. Comecei a namorá-lo com 15 anos e me casei com 20 anos, quando já estava na faculdade. Foi por causa do casamento que fui morar em Caxias do Sul, no Rio Grande do Sul. Minha relação com a comunidade surda era agora dividida com meu esposo, que era ouvinte, embora conseguisse se comunicar de forma razoável com os surdos e com a comunidade surda. Com ele, experimentei um mundo que não fazia parte de minha zona de conforto, de minha zona de segurança, embora tenha aprendido a me apropriar desse mundo e me sentir mais confortável, conseguindo transitar entre os dois mundos, o mundo dos surdos e o mundo dos ouvintes.

Estava em outra cidade, afastada de meus pais, mas os via com certa frequência. Continuei convivendo com surdos, pois trabalhava em uma escola de surdos. Passei a ter um colega surdo, o professor Tibiriçá Maineri, que se tornou um grande amigo. Nesse período, já não frequentava mais a comunidade surda, mas mantinha os laços com os surdos no trabalho e na família. Sinto que minha relação com os surdos e os ouvintes mudou depois dessa fase de minha vida.

Em 1995, voltei para Porto Alegre, onde estava fazendo meu doutorado, na Pontifícia Universidade Católica do Rio Grande do Sul. Voltei para a casa de meus pais, meu ninho surdo. Nesse período, já estava divorciada e conheci meu segundo esposo, que também era estranho aos surdos. Ele não sabia nada sobre os surdos e sobre a Libras. Aprendeu comigo, mas nunca aprendeu a Libras. Meu marido tem uma compreensão de mundo mais ampla, pois sabe inglês e morou em outro país. Ele tem uma compreensão sobre as diferenças culturais, mas, às vezes, parece difícil para ele entender meu lado surdo. Dessa relação, temos uma filha que é muito aberta para a Libras e tem uma compreensão muito ampla sobre a diversidade cultural e linguística. Ela fala inglês, um pouco de francês, um pouco de espanhol, um pouco de Libras, além do português. Já morou nos Estados Unidos, teve oportunidades de conviver com espanhóis e latino-americanos falantes de espanhol e com nossos familiares franceses. Ela cresceu convivendo com surdos, tanto da família, como meus colegas e amigos surdos. Ela já tem outro olhar em relação aos surdos e outras diferenças.

A relação com os surdos é estabelecida a partir da língua de sinais. Hoje, dou-me conta de que saber a Libras é o primeiro passo para realmente compreender o que significa ser surdo.

Um de meus momentos mais marcantes foi o início da vida escolar. Quando fui pela primeira vez à escola, eu não usava português, embora compreendesse essa língua. Eu convivia quase que exclusivamente com surdos. Apesar de ter uma irmã mais velha que falava português, nós usávamos praticamente apenas a Libras em casa. Lembro que eu não gostava da escola. Fiquei doente várias vezes durante esse primeiro ano, e, assim, o ano foi quase perdido para mim. Acabei me fortalecendo para iniciar o ano seguinte em uma nova escola, da qual eu gostava e, nesse espaço, eu já conseguia me expressar em português. Hoje, acredito que eu não gostava da escola porque a escola parecia não saber nada sobre mim e sobre minha família. Não era meu lugar, pelo menos não refletia nada sobre o lugar a que eu pertencia. Era um ambiente completamente diverso em que todos os sentidos estavam sendo postos em português. A Libras não era considerada língua. Eles pareciam que "olhavam" meus pais como "pobres coitados que eram surdos", não como gente normal. Assim, tudo justificava minha atitude a partir disso. Na nova escola foi diferente, pois acredito que já tinha aprendido um pouco sobre esse jogo. Eu já falava português com todas as pessoas que não sabiam Libras e, ao voltar para casa, usava a Libras em casa. Não lembro muita coisa ao longo do ensino fundamental nos anos iniciais. Ao chegar ao ensino médio, tive outros tipos de vivência. Como nossa família era muito pobre, aprendi que podia reverter uma condição difícil estudando, como minha mãe dizia. Foi assim que consegui uma vaga em uma das melhores escolas particulares de Porto Alegre, o Colégio Sévigné. Com 14 anos, fui para a fila de pedidos de bolsa para escolas particulares, expliquei que estava ali porque gostaria de fazer magistério nessa escola, preenchi todos os formulários solicitados e me deparei com a seguinte pergunta: "Onde estão seus pais?". Expliquei que eles eram surdos, monolíngues em Libras, que não tinham condições de estarem ali naquele momento e que só eu é quem sabia como justificar meu pedido.

Quando terminei o magistério, trabalhei no próprio Colégio Sévigné como professora primária e, paralelamente, comecei a trabalhar na Escola Especial Concórdia, como auxiliar. Eu tinha 17 anos nessa época, em 1987. Foi bom ter recebido a oportunidade de dar aula para crianças ouvintes, pois isso me ajudou a compreender o quanto o conhecimento é trabalhado a partir da própria língua. Vi que realmente queria me dedicar à educação de surdos, pois eu tinha a vantagem de ser falante nativa da Libras. Eu conseguia conversar com meus alunos, discutir sobre qualquer assunto sem o problema de estar lidando com uma língua que não era minha, assim como via meus colegas se debatendo. Eu entendia meus alunos. Isso é o primeiro passo da identificação entre as pessoas. Compartilhar a mesma língua é compartilhar aspectos da "alma", é compartilhar o mesmo lugar. Eu chegava em meus alunos de um jeito diferente de meus colegas que tinham a língua de sinais como segunda língua com forte transferência do português. Os alunos me entendiam e eu os entendia.

Na Escola Especial Concórdia, foi a primeira vez que me deparei com a forma explícita de ver os surdos como deficientes. Inicialmente eu não estava compreendendo porque algumas de minhas colegas professoras falavam de seus alunos surdos com um forte estigma associado à "incapacidade", pois, para mim, os surdos sempre foram absolutamente normais. Foi muito difícil me defrontar com essa visão. Na verdade, ao longo de minha vida, essa visão aparecia a partir dos olhares das pessoas e das chacotas de outras crianças, mas meus pais, especialmente minha mãe, ensinaram-me que a falta estava nas pessoas que não conheciam a Libras, por isso não conseguiam compreender os surdos. Na escola, isso era explicitado verbalmente por algumas professoras nas reuniões, nos corredores, nos intervalos. Para elas, eram os alunos que tinham dificuldade para aprender. No entanto, minhas colegas não tinham ideia de que a dificuldade estava nelas em compreender e ensinar a seus alunos surdos em Libras. De certa forma, isso me inspirou a ir além. É importante destacar que, em contrapartida, outros colegas sempre tiveram uma visão a partir da perspectiva surda e conseguiam captar o potencial dos alunos incentivando-os e ensinando-os a se apropriar do conhecimento. Tenho profunda admiração por alguns desses profissionais do Concórdia com os quais aprendi muito sobre ensinar e aprender a partir de uma perspectiva surda.

Fiz faculdade de pedagogia, mas queria algo que me instrumentalizasse em relação às línguas. Eu via que havia problemas na aquisição da linguagem das crianças surdas. Nesse período, eu já estava casada e morando em Caxias do Sul. Nessa cidade, fui professora da Escola Municipal Helen Keller, uma escola especial para surdos. Tive a oportunidade de participar ativamente da reflexão com meus colegas sobre a educação de surdos a partir de uma perspectiva surda. Essa escola foi transformada em uma escola bilíngue com vários professores surdos integrando o quadro de funcionários, exatamente porque o grupo passou a ter essa compreensão.

Em função de meu desejo de compreender mais sobre a aquisição da linguagem, pois os alunos surdos em sua maioria nasciam em famílias de pais ouvintes, que não conheciam a Libras, ingressei no mestrado em linguística. Minha pesquisa tratava sobre a aquisição da linguagem em crianças surdas com foco mais formal, pois foi o enfoque do programa no qual estava inserida. O mestrado me abriu para um novo mundo sobre os surdos. Aprendi sobre o desenvolvimento da linguagem em crianças surdas, filhas de pais surdos, especialmente evidenciando que a aquisição nessas crianças transcorria de forma natural e espontânea, como acontece com qualquer outra criança. Vi que as crianças surdas estavam sendo castradas, ao não serem expostas à língua de sinais. Compreendi sobre a importância da língua de sinais e da cultura surda na vida delas. Percebi que os alunos surdos precisavam ter mais contato com adultos surdos, pois eles não tinham referência de surdos adultos. Compreendi, nesse período de formação, que as crianças surdas eram diferentes de meus pais. Meus pais tinham familiares surdos com os quais conceberam a língua de sinais, embora não fossem filhos de pais surdos. Eles tinham irmãos e primos surdos. Isso criou um microuniverso na língua de sinais que garantiu a aquisição da linguagem. Esse microuniverso contava com vários surdos que também eram crianças e outros adultos surdos. Mas nossos alunos surdos não tinham esse microuniverso, eles eram únicos em suas famílias. Até suas famílias descobrirem a língua de sinais, eles passavam por terapias de fala para buscarem a "cura" da surdez, que nunca acontecia, embora alguns poucos surdos conseguissem aprender a falar satisfatoriamente o português. Aprendi, então, o valor de criar esse universo em Libras com surdos na escola para as crianças surdas.

A partir daí, fiz meu doutorado também em linguística olhando mais para a Libras em si. Meu objetivo era conhecer mais sobre a estrutura dessa língua. Minha tese foi a primeira tentativa de descrição da estrutura da frase da língua brasileira de sinais publicada no Brasil (QUADROS, 1999; QUADROS; KARNOPP, 2004). No período do doutorado, estive nos Estados Unidos por 18 meses (1997-1998). Essa experiência em um país com surdos escolarizados teve um impacto imenso em minha relação com os surdos. Percebi que realmente os surdos poderiam ter uma formação, assim como quaisquer outras pessoas. Eles precisavam de meios para acessar a educação, o que estava começando a acontecer somente em níveis mais elementares da educação no Brasil. Essa vivência teve um impacto em minha vida profissional. Percebi que eu tinha uma missão a enfrentar no Brasil, isto é, convencer as pessoas sobre essas possibilidades que deveriam ser criadas para os surdos acessarem a educação em níveis mais avançados até o nível superior.

Concluí meu doutorado e comecei a trabalhar na Universidade Luterana do Brasil (Ulbra), que estava começando a ter alguns alunos surdos com a presença de intérpretes de Libras e português. Comecei a dar aulas para os cursos regulares da Ulbra, como doutora em linguística. Recebi a oportunidade de ter um aluno surdo em uma turma de mais de 30 alunos ouvintes sem intérprete de língua de sinais. Foi uma experiência deprimente, pois era impossível dar aula para ele e para os outros no mesmo período de aula. Então, eu tirava um período dos quatro períodos dos demais alunos para trabalhar exclusivamente com o aluno surdo, mas não era justo nem para os ouvintes, nem para o surdo. Todos estavam perdendo com aquilo. Com isso, iniciei com outros colegas a discussão sobre a presença de intérpretes na universidade, buscando convencer os dirigentes sobre a importância da presença desses profissionais. Os primeiros intérpretes começaram a ser contratados, mas a universidade não sabia sobre a profissão e os próprios intérpretes não sabiam sobre como estabelecer as regras relativas à sua atuação. Assim, uma equipe de intérpretes foi contratada para interpretar para os alunos surdos que ingressaram na universidade, mas esses profissionais atuavam profissionalmente de forma indevida. Um intérprete ficava sozinho em sala de aula por quatro períodos consecutivos. Obviamente, o trabalho ficava prejudicado com isso e quem saía perdendo, no final das contas, eram os alunos surdos. Fiz um projeto de pesquisa para analisar a atuação dos intérpretes de língua de sinais no contexto universitário (QUADROS, 2004c). Verifiquei que, na primeira hora de interpretação, o trabalho estava sendo feito de forma apropriada; na segunda hora, havia um número muito grande de omissões de sentidos; e a partir da terceira hora, os intérpretes distorciam completamente o conteúdo. Ao perguntar sobre isso, os intérpretes diziam que não lembravam o que haviam interpretado. Depois de alguns anos, finalmente os intérpretes começaram a atuar em duplas na sala de aula, permitindo assim o tempo de descanso, a cada 20 minutos, que garantia a qualidade do serviço.

Em 2002, entrei como professora concursada na Universidade Federal de Santa Catarina (UFSC), na área da educação de surdos. Havia uma proposta de iniciar um projeto de formação de professores de Libras a partir de uma iniciativa do Laboratório de Educação a Distância (LED). Após algumas discussões sobre possíveis tipos de formação, chegamos à conclusão de que deveria ser uma formação em nível superior, um curso de letras Libras, licenciatura. Esse curso foi aprovado em 2005, no mesmo período em que o Decreto 5.626/2005 foi assinado pelo presidente da República, na época Luiz Inácio Lula da Silva. Esse decreto regulamentava a Lei 10.436/2002, que havia sido assinada pelo presidente Fernando Henrique Cardoso, reconhecendo a Libras como língua brasileira das comunidades surdas no Brasil. O decreto constitui uma espécie de planejamento linguístico relativo à Libras com o objetivo de implementar a Lei de Libras. Assim, conseguimos convencer os órgãos públicos a abrir o curso de letras Libras para formar professores de Libras na modalidade a distância, por meio de um projeto especial financiado pela Secretaria de Educação a Distância, do Ministério da Educação. Nessa época, além de mim, já tínhamos mais duas professoras, ambas surdas, concursadas na UFSC, a professora doutora Gladis Perlin e a professora doutora Marianne Rossi Stumpf. Contribuímos para mudar a história dos surdos brasileiros, pois abrimos espaços nas universidades públicas brasileiras. O primeiro curso foi oferecido em nove universidades públicas, com uma turma de 450 alunos, dos quais 90% eram surdos. Depois, a segunda turma incluiu o bacharelado, com a formação de tradutores e intérpretes de Libras, em 15 universidades públicas brasileiras, com 900 alunos, dos quais 450 foram alunos da licenciatura, para se tornarem professores de Libras, e 450 foram alunos do bacharelado, para se tornarem tradutores e intérpretes de Libras e português. Estive presente em todo esse processo como professora, coordenadora e articuladora, e foi muito bom ver os surdos entrando na universidade pública brasileira e presenciar que a vida dos surdos, no Brasil, começava um novo capítulo com mais respeito e dignidade. Hoje, temos o Departamento de Libras, na UFSC. Somos 29 professores concursados, dos quais 17 são surdos. Temos três frentes de trabalho na graduação e na pós-graduação: Libras na UFSC, curso de letras Libras presencial e o curso de letras Libras na modalidade a distância, todos de forma regular. Começamos como um projeto especial, mas hoje fazemos parte do orçamento da universidade como cursos regulares. Formamos professores de Libras, tradutores e intérpretes de Libras, mestres e doutores que desenvolvem pesquisas com a Libras. Temos alunos surdos e alunos bilíngues que vêm de todas as partes do país e também visitantes de outros países. A partir do primeiro curso de letras Libras, vários outros cursos foram criados no Brasil. Atualmente, há 27 universidades federais com o curso de letras Libras. Em várias dessas universidades, nossos ex-alunos são professores concursados. Olho para trás, anos de 1970, 1980 e 1990, e vejo que realmente o Brasil de antes não é o mesmo Brasil de agora, a partir de 2000, para os surdos brasileiros. É muito bom ver essa história escrita como autora junto com vários outros colegas, especialmente meus colegas surdos e os movimentos surdos. Conseguimos uma grande peripécia! Alteramos o curso das coisas de uma forma muito brasileira. Diferente de outros países, a formação de vários surdos em nível superior aconteceu em vários estados brasileiros. Esses surdos tornaram-se autores da educação de surdos e do ensino de Libras no país. O impacto disso na vida dos surdos brasileiros foi muito importante e aconteceu, também, porque havia uma atmosfera favorável que contava com a articulação dos movimentos surdos, várias publicações de resultados de pesquisas na área, assim como políticas linguísticas favoráveis ao reconhecimento da Libras. Contamos também com a vontade política instaurada nos governos de Fernando Henrique Cardoso, Luiz Inácio Lula da Silva e Dilma Rousseff, embora ainda seja necessário avançar no sentido de garantir a educação bilíngue para as crianças surdas brasileiras. Esse novo contexto que se colocou contou com várias lideranças surdas que cruzaram minha vida, como Ana Regina e Souza Campello, Antônio Campos de Abreu, Fernando Valverde, Carlos Alberto Góes, Álvaro Silva, Tibiriça Vianna Maineri, André Reichert, entre tantos outros. Também contou com os primeiros pesquisadores surdos, minhas colegas que contribuíram diretamente com os projetos que propomos ao governo federal, como Gladis Perlin e Marianne Rossi Stumpf. Além dessas pessoas, não poderia deixar de citar os colegas que me fizeram pensar sobre as relações de poder, movimentos de resistência, descolonização, emancipação, línguas e bilinguismo, como Ricardo Sanders, Carlos Skliar, Vilmar Silva, Mara Lúcia Masutti, Sandra Patrícia Farias do Nascimento, Diane Lillo-Martin, Rose Cerny e Lucinda Ferreira Brito, que acabaram impactando diretamente as ações que se desmembraram a partir da UFSC. No caso específico do curso de letras Libras, contamos com a contribuição direta dos coordenadores, dos tutores e dos intérpretes, dentro das universidades federais brasileiras, que tiveram um papel estratégico nesse processo de mudança em relação à formação de surdos brasileiros. A configuração atual é muito brasileira. Isso garantiu vários desdobramentos que asseguraram a presença de surdos dentro das universidades brasileiras. Os outros países apresentam avanços em relação aos surdos que são muito pontuais. No Brasil, conseguimos ter resultados de avanços em relação à posição dos surdos com abrangência nacional.

Na UFSC, junto com meus colegas e alunos surdos, estabeleço uma relação mais profissional. Tenho uma boa convivência com eles. Trabalhamos em projetos juntos em uma relação de igual para igual, que não vejo com outros colegas ouvintes. Os surdos percebem isso em mim. Eles veem que realmente trabalho com eles da mesma forma que trabalho com outros colegas. Alguns deles são autores junto comigo, assim como compartilho a autoria com outros colegas. Com a criação do curso de letras Libras, saí do Centro de Educação e fui para o Centro de Comunicação e Expressão, centro em que estavam os cursos de letras. Na sequência, a professora Marianne Rossi Stumpf também foi para o curso de letras e, mais tarde, a professora Gladis Perlin integrou em nosso departamento. Aos poucos, outros professores vieram e constituíram nosso Departamento de Libras.

Nos diferentes espaços em que trabalhei, percebi que os olhares e as formas como falam a nosso respeito traduzem como as pessoas nos olham. Em alguns espaços, a pessoa surda não é encarada como surda, mas como deficiente. Entendi sobre o olhar com olhos iguais, em vez de olhar com olhos que identificam os surdos como diferentes, como incapazes, como deficientes, que têm um efeito avassalador na vida deles. Senti isso ao longo de minha vida e vejo vários surdos lidando com esses diferentes olhares de maneirasdistintas. Codas e surdos traduzem esses olhares com amor, com ódio, com sentimentos híbridos, com dor, com lamentações, com humor. As histórias contadas por surdos e codas, e os poemas dos surdos trazem a questão dos olhares dos outros para si e para o outro. A reincidência desse tema evidencia que os olhares dos outros também nos constituem.

Com os alunos surdos, também tenho uma relação muito profissional. Considero-os como alunos. O aluno para mim é a pessoa mais importante de minha profissão. Sou responsável pela formação dele. Em meu caso, com os alunos surdos, consigo explicar sobre as coisas em Libras de uma forma muito especial. Sei ensinar em Libras, por isso me sinto ainda mais responsável nessa tarefa. Gosto de dar aulas em Libras, mais do que em português. Prefiro dar palestras em Libras. Também prefiro dar palestras na Língua de Sinais Americana (ASL), minha segunda língua de sinais, a dar palestra em inglês. As línguas de sinais são línguas de conforto para mim, embora eu consiga dar uma palestra em português e também consiga dar uma palestra em inglês. Com meus alunos ouvintes, tenho a preocupação em deixar o legado dessa forma de compreender os surdos como pessoas surdas e não como deficientes. Minha tentativa incessante é mostrar outros olhares para eles, o olhar surdo. Também tenho uma preocupação com questões éticas entre esses dois grupos sociais que fazem parte de minhas aulas.

Eu estava conversando com alunos do curso de letras Libras, na posição de coordenadora do curso, em 2008, na Universidade Federal da Bahia, e me esqueci de avisar que era ouvinte, que era coda. Na verdade, eu acreditava que todos os nossos alunos soubessem que eu era ouvinte, talvez por isso não me apresentei como ouvinte, filha de pais surdos. Aprendi que parece haver uma suspeita sobre você, quando você não informa aos surdos de início o que você é, se surda, se ouvinte ou se coda. Da mesma forma por parte dos surdos, quando se identificam, informam que são surdos e esperam que os ouvintes informem que são ouvintes. Parece que tem algo a ver com identidade e pertencimento. Se você é coda, você tem um tipo de pertencimento à comunidade surda que te autoriza a algumas coisas, embora você não tenha uma relação de pertencimento como a de um surdo. Também justifica sua fluência na Libras que, muitas vezes, faz você sinalizar como um surdo. Muitas vezes, os surdos me disseram que sinalizo como um surdo. Também algumas pessoas me disseram que, quando falo em língua de sinais, pareço outra pessoa. Como assim? Sou a mesma pessoa, mas as línguas me constituem. Na Libras, estou em zona de conforto, de segurança, pois é a minha língua nativa, minha língua de herança, aquela que vem lá de dentro, da alma. O jeito de dizer as coisas em Libras é diferente do jeito de dizer as mesmas coisas em português, pois a língua traduz a cultura. As formas de expressar certos significados parecem determinadas pelas formas de se dizer as coisas em cada língua, porque as línguas são construídas socialmente. Às vezes, até tomamos emprestado de uma língua essas formas para expressar na outra língua algum sentido de modo mais preciso, mas isso só dá certo com outros bilíngues. Isso acontece entre codas, entre intérpretes, entre surdos bilíngues, quando escolhem usar a soletração de uma palavra para expressar de forma mais precisa algum sentido do português enquanto sinalizam ou, ainda, quando estão falando em português e alternam para a Libras, usando um sinal que não tem tradução para o português, para expressar um sentido de modo mais preciso. Sabemos como se diz em uma e outra língua e, se usarmos em uma língua a forma da outra de expressar um sentido, conseguiremos entender uns aos outros em contextos bilíngues. Todavia, com as pessoas que não sabem Libras ou português, se fizermos isso, elas podem não compreender o sentido que estamos expressando. Aprendemos que podemos falar em uma ou outra língua ou até misturar as duas línguas em determinados contextos, com certas pessoas.

Minha história se entrecruza com as histórias de outros codas, com mais ou menos aspectos em comum. Quando entrevistei os codas que vou abordar a partir de agora, eu me via em alguns de seus relatos, ficava feliz com eles, ficava triste e chorava com eles, pois compreendia o que eles estavam contando. Cada um tem sua história única, mas, ao mesmo tempo, fazemos parte da mesma história, a história dos filhos ouvintes de pais surdos. Agora, então, vou compartilhar essas histórias que serão contadas por mim a partir do que esses codas contaram a mim.

SONIA MARTA DE OLIVEIRA (1967-)

Sonia Marta (Fig. 6.3) é filha de pais surdos, Ivan Venceslau de Oliveira (1939-) e Francisca Silva de Oliveira (1931-2008). Ao se apresentar, Sonia diz seu nome e seu sinal, que foi dado por um tio surdo. O sinal dado à Sonia foi captado por esse tio em um contexto específico, no qual ela tinha se machucado e mexeu com a mão para expressar que estava doendo, a mão estava balançando na frente de seu corpo, uma expressão gestual que virou um sinal (Fig 6.4).

Figura 6.3 Sonia Marta de Oliveira.

Figura 6.4 Sinal escrito de Sonia Marta.

Sonia é a filha mais velha dos três filhos do casal. Cresceu vendo seus pais usarem sinais. A experiência de Sonia foi muito acolhedora. Ela nunca sentiu que seus pais eram diferentes dentro da família, pois conviveu com seus familiares surdos e ouvintes e os percebia como iguais.

A diferença foi percebida ao chegar à escola. A mãe de Sonia a levou até a escola pela primeira vez. Ao chegarem lá, ela estava usando a língua de sinais com a mãe e percebeu os "olhares" das pessoas. Foram olhares diferentes. Pela primeira vez, Sonia sentiu que tinha algo estranho. Os colegas começaram a fazer perguntas sobre os pais dela e usavam expressões como "mudos" para identificá-los. Ela explicava que eles não eram "mudos". Nesse momento, Sonia descobriu que seus pais eram diferentes dela própria, que era ouvinte. Em casa, a relação era tão natural que nem sequer ela mesma havia percebido a diferença entre seus pais e ela própria. Foi a escola que a fez identificar essa diferença. Sonia conversava sobre isso com sua mãe, que sempre via os comentários a partir da perspectiva dos ouvintes, seus colegas, que não sabiam sinalizar, o que ela, Sonia, tinha como algo muito especial e que causava admiração por parte dos colegas que desconheciam o mundo dos surdos. A mãe não percebia Sonia como diferente dentro de casa, pois ela partilhava a língua de seus pais, a língua de herança. A mãe percebeu que as pessoas na escola tinham olhares de dó em relação à sua família. Ela não queria que isso entristecesse a filha, assim ela usava a expressão "admiração" para traduzir o sentimento desses colegas. Com isso, Sonia se percebia como especial e não como diferente, pois ela tinha duas línguas, enquanto os colegas apenas conheciam o português.

Alguns acontecimentos na escola foram, de certa forma, perversos. Quando havia atividades que envolviam as famílias, a professora avisava a Sonia de que seus pais não precisavam participar dizendo que a comunicação com eles era muito difícil. A professora sempre dizia que era difícil conversar com seus pais. Isso não era bom. Sonia compartilhava esses acontecimentos com seus pais, e sua mãe dizia que era porque a professora não sabia a língua de sinais e, portanto, não teria como conversar com ela. A mãe de Sonia foi a uma reunião na escola e, depois, nunca mais participou de outra reunião. A escola também não exigia a participação da família de Sonia nas reuniões de pais. Isso aconteceu também com seus irmãos. Sonia compreendeu que isso acontecia porque a escola não era capaz de estabelecer a comunicação com seus pais. A incapacidade era da escola, não de seus pais.

Ao longo de sua vida, Sonia presenciou alguns momentos em que o fato de seus pais serem surdos foi motivo de gozação e chacota por parte de algumas pessoas. Ela relata um caso em que estava na fila conversando com seu irmão em Libras, e as pessoas estavam olhando para eles. A mãe de Sonia falava para não se importarem com isso, mas Sonia sentia o peso dos olhares. Por que as pessoas ficavam olhando? Olhavam porque achavam estranho, diferente, exótico. Em alguns momentos, Sonia retribuía os olhares para provocar o desconforto. Com isso, elas paravam de olhar.

Sonia já fingiu ser surda para saber o que as pessoas estavam falando. Escutava os garçons, por exemplo, tecendo comentários sobre os surdos. Uma dessas vezes, Sonia questionou o garçom em português, o que o deixou constrangido, pois pensou que ela também fosse surda. Sonia esperava que esse tipo de acontecimento pudesse transformar a atitude dos garçons ou de outras pessoas. No entanto, sempre foram ações nesse nível. Sonia nunca presenciou algum tipo de ofensa mais explícita em relação aos surdos. As reações das pessoas passavam por estranhamento, admiração ou até susto diante do acontecimento da língua de sinais em público. Quando usa língua de sinais, mesmo com todos os olhares, Sonia se sente bem. Nunca sentiu vergonha de usar a língua de sinais em público.

Sonia cresceu usando a língua de sinais. A expressão em português foi mais tardia, e os parentes ouvintes comentavam que Sonia não estava falando em português de forma apropriada. O avô insistia em ter Sonia em sua casa para que ela aprendesse a falar o português de forma correta. A mãe de Sonia a deixava por períodos curtos, pois não queria que a filha se acostumasse com o avô e não quisesse mais voltar para casa. Ela a levava para aprender a falar, e depois, rapidamente, Sonia voltava para casa. Quando Sonia falava, ela usava sinais concomitantemente. A língua de sinais sempre foi a língua da alma da Sonia. Mesmo quando ela lia em português, ela retornava à Libras. Em algumas ocasiões, por exemplo, a mãe trazia livros de histórias infantis para Sonia e seus irmãos, e Sonia os lia em português e explicava a história para a mãe, que a compreendia e depois a recontava toda em língua de sinais de forma clara, usavando classificadores. Era perfeito! Esses contos em língua de sinais eram muito bonitos. Os três filhos ficavam deslumbrados com os contos de sua mãe.

Sonia também conviveu com seus tios e primos surdos. Além da família surda, muitos amigos surdos frequentavam a casa de Sonia. A associação de surdos criou uma escola na rua da casa de Sonia. Assim, vários surdos conversavam com Sonia quando ela tinha por volta de 12 a 13 anos de idade. Os surdos sempre estiveram presentes na vida dela. Até hoje, Sonia mantém contato com os surdos, tanto informal, como formalmente, pois também trabalha com alunos surdos.

Informalmente, Sonia mantém amigos surdos que frequentam sua casa, além de seus familiares que a visitam de forma sistemática. Depois do falecimento da mãe, em 2008, as amigas da mãe continuaram frequentando a casa de Sonia. Elas frequentavam a casa de Sonia para cuidar dela, já que a mãe havia falecido. Sonia fazia um café com lanche e ficavam conversando, como se fossem parte da mesma família, a família dos surdos.

Além do contato com os surdos, Sonia mantinha contato com as pessoas ouvintes, pois também tinha amigos ouvintes. Sonia não teve dificuldades com o português. Sua primeira professora disse que ela aprendeu a ler rápido, que era "danadinha de inteligente". Essa primeira professora ficou muito feliz quando soube que Sonia se tornou professora de surdos. Sonia acredita que sua facilidade com o português se dava porque seu pai sempre comprava livros e pedia para ela lê-los para ele. Sonia sempre gostou de ler, por isso leu rápido. Seus relatos evidenciam que Sonia transita nas duas línguas de forma muito tranquila.

No entanto, para Sonia, sua primeira língua é a língua de sinais. Para ela, parece que a língua de sinais é mais verdadeira do que o português. Ela relata que percebe que o português exige mais elaboração para ser produzido, enquanto a língua de sinais simplesmente flui. Consegue contar piadas e fazer brincadeiras na língua de sinais com o grupo de surdos. Os surdos dão risadas de suas piadas. Muitas vezes, os surdos pensam que Sonia é surda, pois sua língua de sinais é como a língua de sinais de surdos. Sai de dentro da alma. Existe uma relação de pertencimento com os surdos e com os ouvintes, mas parece que não são relações da mesma ordem.

Sonia cresceu frequentando a associação de surdos. No passado, quando não havia associação, os surdos frequentavam a casa de Sonia, iam lá para conversar e cozinhar. Seu pai estava muito envolvido com a criação da associação e atribuía à Sonia a tarefa de cuidar dos irmãos. Ela os levava à escola, participava das festas. Quando a associação foi fundada, Sonia era a única coda que frequentava a associação junto com seus pais, pois os demais surdos eram jovens, não tinham filhos. Quando os surdos começaram a ter filhos, Sonia cuidava deles. Nessa fase, ela tinha em torno de 13 a 14 anos. Ela sempre ficava responsável em cuidar e brincar com as crianças que nasciam. Sonia ensinava músicas em Libras para as crianças. As crianças eram todas ouvintes. Sonia também se envolveu com as atividades esportivas da associação. De modo geral, toda a adolescência de Sonia foi dentro da associação. Sonia convive até hoje com surdos nas escolas, nas associações e em outros espaços, e diz que aprende muito com eles.

Sonia tem dois irmãos, o do meio sabe língua de sinais, mas o mais novo sabe apenas um pouco. A fluência de codas varia entre os irmãos de uma mesma família, pois a presença das línguas também toma espaços que variam conforme os irmãos mais velhos se apropriam do português. A casa na qual Sonia nasceu tinha a língua de sinais quase que exclusivamente em todos os momentos de seu crescimento. O português era falado fora de casa, mas, para seus irmãos mais novos, o português já passou a estar presente na própria casa pela irmã que falava com eles em português e, talvez, muitas vezes, mediava a interação deles com os pais.

A língua de herança é a língua de sinais desses três filhos, mas a proporção que o português toma ao longo de cada experiência ocupa maiores dimensões conforme os filhos vão crescendo e os irmãos mais velhos manipulam mais as duas línguas. A língua de herança para o filho mais novo torna-se a língua secundária, pois sua segunda língua, o português, passa a ocupar o papel de língua primária. Sua língua de herança fica de certa forma adormecida. Por isso, a experiência de cada filho é diferente, impactando a relação com as línguas e a cultura de formas distintas.

Na adolescência, o convívio dos irmãos com os surdos diminuiu, pois o espaço social foi ocupado por seus colegas da escola, que são todos ouvintes, diferente da experiência de Sonia, que, mesmo com colegas ouvintes, continuou convivendo com os surdos na associação durante sua adolescência. Os dois irmãos não têm a mesma fluência na Libras como Sonia. Eles conseguem conversar com os surdos, mas é diferente, e quando o fazem, em geral falam e produzem sinais concomitantemente. Sonia usa apenas a Libras com os surdos. Dificilmente, ela fala alguma palavra do português com sua produção em sinais, a não ser que o contexto exija isso.

Sonia levanta uma questão interessante sobre uma certa cumplicidade entre codas que extrapola a questão das línguas. Alguns codas conseguem compreender uns aos outros sem precisar sinalizar, a compreensão parece se estabelecer a partir do olhar. Aqui o olhar tem outro sentido: o olhar dos surdos, que é fundamental para o estabelecimento da comunicação, é compartilhado pelos codas, que aprendem a olhar uns para os outros para se comunicarem desde pequenos, por serem filhos de pais surdos. Mesmo aqueles codas que não têm muita fluência em Libras, parecem ter o olhar estabelecido como elo de comunicação que viabiliza a interação, a compreensão. Na língua de sinais, há elementos que fazem parte do corpo, do olhar e das expressões que já são compreendidos, mesmo quando os sinais não são feitos. Tem algo que vai além da língua em si. Há a cultura surda que está no olhar dos codas.

Sonia menciona que, quando conversa com outros codas, às vezes, usa sinais e a fala concomitantemente, palavra em sinais com correspondente na fala. Isso é possível, sobretudo quando os codas estão entre eles. Esses sinais combinados com o português não se traduzem em um português propriamente dito, mas pode ser acompanhado por um ouvinte. O uso de sinais associado à fala também é uma estratégia empregada quando está acompanhada por surdos e por ouvintes e precisa passar a informação para os dois nas duas línguas. O resultado não é português perfeito, mas o ouvinte consegue acompanhar o sentido entendendo a proposta comunicativa desse contexto específico.

Sonia teve um primeiro casamento com uma pessoa surda que conheceu em Belo Horizonte. A relação durou quase 10 anos. Depois da ruptura, Sonia percebeu, descobriu e compreendeu que não era surda. A relação com a comunidade surda sempre foi tão presente e profunda na vida dela que, às vezes, ela não se percebia ouvinte. Ela tomou consciência de sua relação de pertencimento com a comunidade surda como ouvinte, coda, filha de pais surdos. Também percebeu a relação de pertencimento com a comunidade ouvinte com a qual tinha outras relações de identidade. A partir disso, teve outras experiências e casou com uma pessoa ouvinte. Seu esposo sempre teve uma admiração pela forma de Sonia se expressar na língua de sinais. O olhar dele era, de fato, de profunda admiração. Ele se colocou à disposição para aprender a língua de sinais. Ele aceita a forma de ser de Sonia, pois resulta de suas experiências no mundo dos surdos, no mundo dos ouvintes, no entrelugares, no terceiro espaço, como ela diz: "É assim".

Sonia compartilha coisas simples do dia a dia com os surdos consideradas estranhas aos ouvintes. Por exemplo, o fato de os surdos fazerem barulho, e os codas não perceberem isso. Isso acontece porque, ao conviver com surdos, parece que os filhos ouvintes se acostumam a conviver e selecionam os ruídos para simplesmente não serem percebidos. No entanto, os ouvintes com quem os filhos de pais surdos passam a conviver deixam claro não gostar muito disso. Percebem os barulhos e podem, algumas vezes, reclamar desses ruídos. No entanto, Sonia notou que seus pais não percebiam os barulhos e, por isso, não os identificavam e os produziam sem saber sobre eles. Sonia não se sentia bem em chamar a atenção dos pais para esses ruídos identificados, por exemplo, por seu esposo. Assim, ela conversou com ele e explicou o fato. A partir disso, seu esposo compreendeu que isso fazia parte do ser surdo.

Sonia é professora de surdos e intérprete de língua de sinais e português. Ela relatou um caso em que uma juíza a solicitou para ajudá-la a se comunicar com um surdo. Ao chegar ao local solicitado, a juíza conversou com Sonia e seu colega intérprete sobre o caso e o motivo da prisão da pessoa surda que, a princípio, estaria relacionado com venda de drogas. Quando trouxeram o surdo, ele tinha uma expressão de medo. Sonia e seu colega intérprete conversaram com ele. Logo perceberam que esse surdo não usava a Libras, mas muitos gestos. Sonia viu que ele tinha um terço no pescoço e começou a conversar sobre o terço, ele fez um gesto no peito para se referir a uma mulher que o havia visitado na prisão. A juíza desconhecia a existência da visita. Ligou para a delegacia e descobriu que de fato a irmã havia feito uma visita. Aos poucos, Sonia conseguiu estabelecer uma comunicação. O depoimento do policial foi de que viu o rapaz vendendo drogas e o levou para a prisão. O policial informou que o rapaz aceitou assinar o documento confirmando que estava vendendo drogas, mas o rapaz mal sabia ler e escrever. A juíza ficou surpresa de que o rapaz havia assinado um documento sem saber seu teor. Por fim, a juíza determinou a soltura do rapaz. Sonia e seu colega perceberam o quanto o trabalho do intérprete pode ser crucial para uma pessoa surda. Esse foi um exemplo de um trabalho realizado por Sonia como intérprete e que a fez reconhecer seu valor profissional e o quanto essa atividade pode ter implicações sérias na vida das pessoas envolvidas.

Como professora, Sonia trabalha com crianças do segundo ciclo de ensino. Ela é responsável por todas as disciplinas do período. Ela dá aulas para crianças surdas, sem a presença de intérpretes. Suas aulas são ministradas em Libras. Também atua como intérprete na educação de jovens e adultos (EJA) para adultos surdos. O grupo da EJA é formado apenas por alunos surdos, mas como as professoras não sabem Libras, são designados intérpretes de Libras e português para mediarem a comunicação entre os professores e os alunos. O cargo ocupado por Sonia é de professor/intérprete, assim atua como professora ou intérprete de Libras e português, dependendo do contexto.

Interpretar para a família é diferente do trabalho de intérprete de Sonia, pois antes de ser intérprete, ela é filha, sobrinha e prima desses surdos. A interação entre a família e o trabalho como intérprete é diferente, pois, na relação com a família, o interpretar é subjetivo e envolve seu papel estabelecido por uma relação íntima e familiar com seus surdos familiares. Ela se sente autorizada a tecer comentários, intervir, questionar, portanto, ela é parte da relação que está sendo estabelecida entre a pessoa surda e a pessoa ouvinte. Ela participa da interação de forma ativa quando envolve os surdos de sua família, pois, ali, ela não é intérprete, ela é a Sonia. Isso não acontece quando atua profissionalmente como intérprete, em que media a relação e tem o cuidado para não interferir nela. Por exemplo, se acompanha um surdo em uma consulta médica, ela atua como intérprete e repassa as instruções do médico, assim como os questionamentos do paciente sem interferir na relação entre eles. No entanto, seao levar o pai ao médico, que o aconselha a tomar cuidado com algumas coisas, Sonia interfere diretamente dizendo para o pai que ele deve ter cuidado, não apenas traduzindo o que o médico disse, mas também acrescentando comentários na posição de filha sobre o assunto.

Sonia tem muitas histórias com surdos em sua trajetória de vida. Uma vez, seu aluno de 11 anos falou para a turma que eles não podiam aceitar professores ou intérpretes ruins. Que os profissionais precisavam ser fluentes na língua, os alunos surdos não poderiam aceitar as pessoas fazendo alguns gestos com um pouco de língua de sinais, eles precisavam de professores com fluência na Libras. O menino constatou que os surdos não aprendem com gestos. Ele falava da importância da fluência na língua de sinais para que eles pudessem aprender efetivamente. Sonia percebeu que o aluno se apropriou de tal forma desse discurso que sentiu orgulho. O aluno percebeu que ele só aprendia se tivesse alguém interagindo em Libras.

Sonia ficou orgulhosa do aluno, pois ela nota o quanto compartilhar uma língua é fundamental para a interação com o outro. Com os surdos, saber a língua de sinais é crucial para a compreensão do que é ser surdo.

MAITÊ MAUS DA SILVA (1982-)

Maitê Maus da Silva (Fig. 6.5) é filha de pais surdos, Lilian Darcia Maus da Silva (1947-) e Álvaro José Silva da Silva (1957-). Irmã mais velha de Maíra Maus da Silva (1986-). O sinal de Maitê é feito com a configuração de mão M na orelha, como alusão ao *piercing* que ela tem (Fig. 6.6).

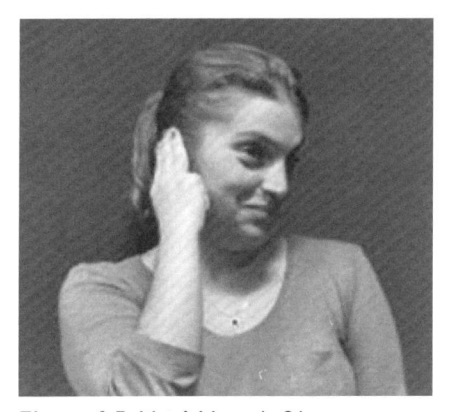

Figura 6.5 Maitê Maus da Silva

Figura 6.6 Sinal escrito de Maitê.

O sinal da Maitê tem uma longa história, pois seus pais simplesmente se referiam a ela pelo sinal M no espaço neutro, remetendo à inicial de seu nome. Maitê ganhou o sinal atual em Pelotas, já quando tinha 19 anos de idade. Esse novo sinal é o que realmente a identifica, pois apenas M parecia tão comum e sem uma característica pessoal específica, assim como são os sinais das pessoas. No caso do sinal com M na orelha, Maitê realmente sentiu que passou a ter um nome em sinais que a identifica de forma única. É como se fosse uma marca.

Os pais de Maitê não tinham familiares surdos. A surdez da mãe foi identificada aos 5 anos de idade, por problemas no ouvido e uso de medicamentos. O pai nasceu surdo, pois a mãe dele teve rubéola durante o período de gestação. Os dois são surdos profundos. Em nenhum dos lados da família, há casos de surdez hereditária.

Maitê é fluente em Libras e em português. Usa a língua de sinais com seus pais, outras pessoas surdas e também com a irmã, que é ouvinte. Os pais cresceram oralizados, ou seja, frequentaram escolas em que o uso da língua de sinais não era permitido e a aprendizagem da fala e da leitura labial do português fazia parte do currículo educacional. A mãe usa a fala de forma satisfatória, talvez por ter sido uma criança que ouvia quando pequena. Em casa, a língua de sinais é usada por todos, pais e filhos, mas a fala também está presente. Quando Maitê recebe algum amigo que não sabe a língua de sinais, seus pais procuram usar a fala junto com gestos para se comunicarem de forma mais eficiente.

Maitê tem uma irmã mais nova, Maíra. A diferença entre as duas é de quatro anos. Maíra também usava língua de sinais em casa com os pais, mas a mãe das duas sempre brincava dizendo que a Maíra tinha preguiça de sinalizar, porque ela mostrava um jeito mais tímido de se expressar em sinais. Talvez isso acontecesse porque a Maitê sempre foi mais "falante" em sinais com todas as pessoas e também como profissional, pois se tornou tradutora e intérprete de Libras e português. Entre as duas, era usado o português, mas, em alguns momentos, também a língua de sinais. Por exemplo, à noite com a luz apagada, as duas usavam apenas a fala. Já em momentos em que era mais conveniente conversar em Libras, as duas só sinalizavam (quando não queriam que os outros soubessem sobre o que estavam falando ou quando tinham preguiça de falar). Em alguns momentos, as duas conversam com produção simultânea em Libras e português. Maitê já foi questionada por estar usando a língua de sinais em contextos com ouvintes, pois a língua de sinais é tão espontânea, que, às vezes, ela não se percebe produzindo em Libras. A língua de sinais vem de dentro para fora, é sua língua de herança, é sua primeira língua, mesmo que seja fluente em português. Maíra era uma das pessoas que perguntavam para a Maitê por que ela estava sinalizando ou se perguntavam por que estavam sinalizando. Em alguns momentos, as duas simplesmente estavam usando a língua de sinais, mesmo quando não tinham outros surdos perto. Para Maitê, esse tipo de acontecimento em que a língua de sinais parece mais natural, mais fácil, mais íntima e, simplesmente, flui é muito comum. Maitê relata que gosta de conversar em sinais, pois se sente mais livre e mais à vontade. É a língua que está em sua zona de conforto, em sua zona de segurança. Em alguns contextos, Maitê sinaliza de propósito, porque não quer que os outros saibam o que está falando.

Maíra não trabalhava com surdos e usava menos a língua de sinais do que Maitê, mas, quando começou a atuar como professora de crianças surdas, ela passou a usar bem mais a língua de sinais. A presença da língua de sinais para além do ninho familiar fortalece a relação com a língua. A língua de herança é consagrada como primeira língua e língua primária quando é usada em casa e em outros espaços sociais. Tanto para Maitê como para a Maíra, foi isso o que aconteceu. As duas utilizam fluentemente a Libras, embora haja uma diferença no uso das duas, pois Maitê usa a Libras em seu dia a dia com outros adultos surdos e é tradutora e intérprete de Libras e português, enquanto Maíra usa a Libras no ambiente da escola de ensino básico, com muitas crianças surdas e alguns adultos surdos, além de seus pais.

Maitê percebe que a relação com as línguas foi se transformando ao longo do tempo. Quando era mais nova, houve momentos em que sentiu vergonha de sinalizar, pois as pessoas ficavam "olhando". Maitê não tinha vergonha dos surdos, talvez por ter crescido e convivido bem mais com vários surdos, além de seus pais. Entretanto, para Maíra foi diferente, pois ela não teve a mesma oportunidade que Maitê de conviver com surdos, além de seus pais, durante seu crescimento. Isso aconteceu porque a família se mudou para Santa Vitória do Palmar, uma cidade bem pequena no interior do Rio Grande do Sul, quando Maíra era ainda muito pequena. Talvez por isso, Maíra tivesse mais vergonha do que a Maitê. Quando chegaram a Santa Vitória, os pais de Maitê começaram a dar aulas de língua de sinais a alguns surdos da cidade, pois não havia muitos surdos adultos lá. Eles levavam livros para ensinar e começaram a despertar o interesse pela língua de sinais. A partir disso, as pessoas começaram a aprender a Libras na cidade. Nessa fase, Maíra estava se alfabetizando em língua portuguesa. Ela tinha mais ou menos uns 6 anos de idade. Maitê relata que acredita que isso possa ter influenciado a forma de Maíra se relacionar com a Libras. Esse período na cidade do interior parece ter atrapalhado o uso da língua de sinais, pois se restringiu à família, em casa. As duas pararam de usar a língua de sinais em outros espaços por mais ou menos 10 anos. Nesse tempo, os pais viajavam para as cidades maiores para encontrar seus amigos surdos, mas as duas filhas ficavam em casa. Assim, a língua de sinais foi usada, quase que exclusivamente, com os pais.

Esse contexto é muito comum com línguas de herança, em que a língua da família é usada apenas em casa; da porta para fora, a língua majoritária, no caso, a língua portuguesa, ocupa todos os espaços da vida social das duas. Em alguns casos, o efeito disso é de tornar a língua de herança a língua secundária, apesar de ser a primeira língua.

No entanto, isso não aconteceu, pois as mudanças na vida dessa família tornaram a presença de surdos marcante para as duas meninas. Quando a Maíra começou a dar aulas para crianças surdas, também em uma cidade maior (Pelotas) com convívio maior com outras pessoas surdas, isso mudou. A relação com a língua de sinais tornou-se muito mais natural. Para Maitê, essa relação sempre foi mais natural, ela realmente se sente bem em usar a língua de sinais.

Os olhares das pessoas que desconhecem os surdos estão presentes até hoje na vida da Maitê, embora ela se importe menos com eles do que se importava antes, durante a infância e a adolescência. Várias vezes, esses olhares causaram constrangimento em Maitê e até vergonha diante dos outros. Seus pais sempre foram muito sensíveis a isso e explicavam que esses olhares eram normais e que era melhor não se importar com eles. No entanto, Maitê parou várias vezes de conversar em língua de sinais quando percebia os olhares. Maíra ficava indignada e reclamava dos olhares constrangedores dos outros. Se perguntava por que as pessoas ficavam olhando e declarava o quanto não gostava disso. Parece que elas eram motivo de atração, dizia ela. Dependendo do lugar, era ainda pior, por exemplo, em locais mais formais. Mesmo quando as duas procuravam ser discretas ao sinalizar, chamavam a atenção das pessoas. Isso tornava a situação muito constrangedora. Com o passar do tempo, isso se normalizou e os olhares já não afetam mais Maitê. Ela sempre se lembra da mãe dizendo para não se importar e parece que esse conselho passou a ser realmente incorporado no dia a dia. O que era constrangedor passou a ser normal, não afeta mais Maitê, assim como não afeta mais seus pais.

Já na infância, Maitê cita momentos em que perdia a cabeça e partia para cima dos colegas. Ela se percebeu entre "dois mundos" diferentes na escola. As colegas a imitavam, e seus pais tinham uma expressão de dó em seus olhares. Isso não a envergonhou, mas a irritou profundamente. Sua revolta foi traduzida corporalmente quando bateu em suas colegas. As professoras relataram o ocorrido, e os pais perguntaram por que isso estava acontecendo. As professoras não conseguiam identificar a razão do que estava acontecendo, simplesmente diziam que ela era muito braba. Os pais de Maitê conversaram com ela e conseguiram compreender o que estava acontecendo. A partir disso, começaram um trabalho na escola. Maitê percebeu a mudança de comportamento. As professoras conversavam dentro da escola sobre a comunidade surda. Nesse momento, também vieram para a escola mais duas meninas que também eram filhas de pais surdos. A avó de Maitê também esteve na escola para explicar aos alunos como era a comunicação na comunidade surda. Posteriormente a esse trabalho, a mágoa de Maitê com seus colegas foi diminuindo. Várias vezes, ela sentiu-se profundamente afetada pela postura e pelos olhares de seus colegas. Esse sentimento é remontado também fora da escola, quando as pessoas reproduzem esse estranhamento. Na própria família de Maitê, seus familiares ouvintes e convidados em uma festa, por exemplo, reproduzem esses olhares constrangedores. Seu sentimento de mágoa foi se transformando em sentimento de orgulho de pertencer a uma família surda, de ser filha de uma única geração.

Maitê lembra uma de suas professoras, Jaqueline, com quem tinha uma boa relação e que também se relacionava muito bem com sua família. A avó também estava sempre presente na escola, pois morava perto. Os pais de Maitê sempre verificavam o boletim de notas. A experiência mais complicada foi no início da escolarização, quando Maitê reagiu a suas colegas, depois as coisas se acomodaram. Na época da educação infantil, tinha um menino com quem Maitê brigava sempre. Ela chegava em casa e contava para os pais o que acontecia na escola. Em seus relatos, ela sempre dizia que não gostava da escola, se sentia triste, porque era provocada pelos colegas. Seus pais sempre diziam que tinham outras coisas boas na escola nas quais Maitê precisava prestar atenção, ela tinha colegas dos quais gostava. Depois dessa fase inicial, a relação da Maitê na escola passou a ser diferente. Os professores conversavam com seus pais por meio de bilhetes. Aos poucos, Maitê também foi ocupando a função de intérprete de língua de sinais na escola.

Maitê lembra quando, pela primeira vez, organizou uma apresentação para o Dia das Mães em Libras, junto com suas duas colegas que também tinham pais surdos. Foi muito importante esse momento na vida dela, pois sua mãe nem imaginava isso. Tanto que nem queria ir à apresentação da escola. Maitê insistiu muito para que ela fosse. Sua mãe relutava dizendo que não fazia sentido nenhum ela ir, pois ela não acompanhava nada do que estava acontecendo durante essas apresentações. Maitê ensaiou a música em Libras com suas colegas e queria muito apresentá-la para sua mãe. Depois de convencer a mãe, ela foi à escola e surpreendeu-se com a apresentação da filha. Ela ficou profundamente emocionada ao ver as meninas fazendo a apresentação na língua de sinais. A partir dessa apresentação, ela passou a presenciar todas as apresentações, pois Maitê passou a interpretá-las em Libras. Maitê não se lembra de quem foi a iniciativa de interpretar, ela lembra simplesmente que queria muito apresentar em língua de sinais. As duas colegas que também tinham pais surdos comentam com ela que isso veio dela, pois elas sentiam-se envergonhadas. Acabaram aceitando em fazer parte disso, depois de Maitê insistir muitas vezes. Com 9 anos de idade, Maitê lembra que isso já fazia parte da rotina da escola. Ela gostava muito de sinalizar e ver seus pais assistindo à apresentação. Mais tarde, quando o pai de um dos colegas comprou uma filmadora, passaram a registrar esses momentos. Ao rever os vídeos, Maitê percebis que realmente era ela quem fazia a interpretação para a língua de sinais e suas colegas a seguiam. Boas lembranças desses momentos que foram muito especiais para a Maitê.

A mãe de Maitê lembra até hoje daquela menininha insistindo para ela ir à escola para assistir à apresentação e quando foi, viu sua filha sinalizando para ela.

A escola também teve um papel nesse processo de visibilidade da língua de sinais e da comunidade surda. Ela incentivou Maitê a fazer os espetáculos na língua de sinais. Nos vídeos, é possível perceber as famílias impressionadas com a apresentação em Libras. Maitê lembra também da expressão de orgulho dos pais, enquanto filmavam as apresentações. Isso foi muito importante para Maitê.

Maitê se considera bilíngue, fluente tanto em Libras como em português. Mas quando envolve questões mais afetivas, prefere a língua de sinais. A língua de sinais é a língua da afetividade, da alma, do coração. Ela propicia o retorno ao espaço seguro da família, dos pais. É a língua que sai de dentro para fora de forma mais natural e é expressa pelo corpo, é mais transparente. Em português, entretanto, parece faltar algo, segundo Maitê. No entanto, quando ela está com pessoas ouvintes, a língua portuguesa flui normalmente. Se houver algum surdo, Maitê passa a usar a língua de sinais, é instintivo. Se for preciso, Maitê usa a língua de sinais simultaneamente com a língua falada. Talvez, isso seja uma forma de produção herdada pela mãe, pois Maitê lembra que, quando era bebê, a mãe conversava em sinais e na fala. Por isso, Maitê se considera bilíngue de berço, as duas línguas são primeiras línguas para ela.

A associação de surdos também exerceu um papel importante na vida de Maitê. Desde pequena, ela frequentou as associações de surdos com seus pais. Ainda em Porto Alegre, a Sociedade dos Surdos do Rio Grande do Sul (SSRS) foi um espaço muito bom para Maitê. Ela brincou muito com outros filhos de pais surdos e também com outras crianças surdas. Maitê lembra que ir para a sociedade era tão prazeroso que seus pais diziam que, se ela não estudasse e não aprontasse todas as tarefas, não poderia ir com eles para a sociedade. Não ir para a associação representava um castigo para Maitê. Assim, ela se empenhava ao máximo, pois não queria perder a chance de estar na associação com seus amigos. Era muito importante ir ao clube para ver os amigos e conviver com outros surdos. No verão, era ainda melhor, pois o clube era em Capão da Canoa, na Colônia de Férias dos Surdos do Rio Grande do Sul. Também tinha o compromisso de passar de ano, ter boas notas para, então, poder compartilhar da estada em Capão da Canoa. Os pais de Maitê avisavam que se ela não fosse bem na escola, ficaria com a avó.

A associação de surdos sempre representou coisas boas para Maitê, foi um espaço de muito lazer e convívio com outras crianças como ela e com outras crianças surdas. Os surdos sempre comentavam que ela sempre era muito curiosa e perguntava em sinais sobre tudo. Os surdos diziam que Maitê era muito travessa. Em alguns momentos, quando ia para a associação com seus pais, não havia outras crianças, mas, mesmo assim, se divertia com os outros surdos. Alguns surdos pediam a ajuda de Maitê para explicar algo e até fazer ligações. Maitê gostava disso. Na maioria das vezes, havia outras crianças codas, filhas de amigos surdos de seus pais. Maitê lembra com carinho das brincadeiras na associação e tem amigas daquela época até os dias de hoje. Ela não lembra exatamente como elas se comunicavam, se em Libras ou em português ou, ainda, nas duas línguas. Vagamente lembra que algumas usavam língua de sinais, mas que conversavam também em português. Uma dessas amigas codas, com quem Maitê mantém contato até hoje, sempre conversa com ela em língua de sinais. Ela comenta com Maitê: "Você ainda não parou de falar com as mãos!" e a lembra de que pode falar em português com ela, que não precisa falar na língua de sinais. Maitê também mantém contato com duas crianças surdas até hoje, pois cresceram juntas. Sempre estavam juntas. Eram amigas da família. O grupo era formado basicamente por cinco codas e dois surdos. Era muito divertido. Além da associação, as famílias frequentavam umas as casas das outras. A relação nesse grupo de amigos era muito forte. Percebe-se a constituição de Maitê enquanto parte da comunidade surda em Porto Alegre, tanto na associação como fora dela. Esse convívio agradável consolida a relação da Maitê com o mundo dos surdos, com a Libras e com surdos e outros filhos ouvintes de pais surdos. Ela faz parte do grupo. A relação de pertencimento fortalece a relação de Maitê com os surdos e com a língua de sinais que está fortemente associada ao familiar, ao íntimo, ao seguro e ao confortável.

Quando foram para Santa Vitória do Palmar, não existia associação de surdos. Havia alguns poucos surdos que visitavam a casa de Maitê. Esses surdos começaram a conversar em língua de sinais com seus pais, pois tinham uma comunicação gestual que não era a Libras. Os pais de Maitê iam à Associação de Surdos de Pelotas (ASP) para se encontrarem com outros. Nessa fase, Maitê já estava entrando na adolescência e não acompanhava mais seus pais. Maitê se lembra de um amigo que começou a fazer o curso de intérprete em Porto Alegre. Ele ia a Pelotas e contava que muitos sinais haviam mudado. Maitê achou aquilo muito estranho, pois acreditava que os sinais não pudessem mudar. Depois, percebeu que, ao estar em uma cidade pequena, seu convívio com surdos se reduzira muito e, portanto, não acompanhava as mudanças que fazem parte de qualquer língua. Quando foram para Pelotas, começou a frequentar novamente a ASP e a assumir a função de intérprete de Libras e língua portuguesa.

Atualmente, a relação com a associação é diferente, pois é um espaço em que Maitê convive com outros surdos e, por ser mais madura, é requisitada com frequência para traduzir alguma coisa, dar conselhos, conversar. De qualquer forma, ela considera esse espaço um lugar de lazer, pois frequenta com a intenção de encontrar seus amigos. Em Pelotas, Maitê é a coda mais velha da região. Talvez até haja outros codas, mas eles não participam da associação de surdos.

A comunidade surda sempre frequentou a casa de Maitê. No período de férias, a associação ficava fechada, e sua casa virava ponto de encontro dos surdos. Talvez isso acontecesse porque seu pai tinha sido presidente da associação e sua mãe gostava muito de trabalhos manuais, tais como pintura, se juntando com outras surdas. Isso acontecia mais em Porto Alegre, pois em Pelotas o apartamento não comportava muita gente, assim os encontros aconteciam na própria associação. Até hoje, os surdos que vão visitar a cidade de Pelotas acabam ficando no apartamento de seus pais.

Maitê começou a trabalhar como intérprete de língua de sinais em 2001, em Pelotas. Sempre trabalhou com adultos surdos. Começou no ensino médio e em uma escola inclusiva, por 10 anos. Esse período foi importante para Maitê, pois adquiriu experiência com a diversidade de surdos que frequentavam a escola. Nesse contexto, havia classes de surdos dentro de uma escola regular. Depois, passou a atuar como tradutora e intérprete de Libras e português na Universidade Federal de Pelotas, com surdos acadêmicos. Na universidade, também atua com professores de Libras que são surdos. O trabalho é desenvolvido em duplas.

Ao longo de sua carreira, alguma vezes Maitê esteve diante de surdos que não usavam a Libras, mas outros sistemas gestuais de comunicação. A estratégia empregada por ela era de procurar conhecer a pessoa para quem iria interpretar, pois facilitava a comunicação. Ela começa a conhecer a história da pessoa e, aos poucos, consegue decifrar as formas usadas por ela para se comunicar. Até mesmo com surdos de diferentes grupos sociais, Maitê consegue transitar procurando se apropriar dos sinais usados por eles e incorporando-os a seu léxico para adequar sua interpretação. Já com crianças, sua experiência é outra. Para interpretar para crianças, Maitê sente-se desafiada, pois não convive com crianças. Poucas foram as vezes em que atuou como intérprete para crianças, pois sua experiência está mais voltada para a atuação com adultos. Se comunicar com as crianças é tranquilo, mas interpretar para elas é desafiador para Maitê.

Interpretar para seus pais é completamente diferente, pois a intimidade torna a relação mais participativa. Maitê percebe detalhes, *nuances* das intenções comunicativas de seus pais que facilitam a interpretação. Ela consegue perceber o que precisa e o que não precisa ser dito. A relação profissional como intérprete é diferente quando interpreta para seus pais. Por exemplo, a mãe de Maitê envia pelo WhatsApp uma foto de jornal que leu e não compreendeu. Maitê consegue imaginar exatamente o que ela não compreendeu e envia um vídeo em Libras específico, esclarecendo o que está escrito. Ela consegue identificar exatamente o que traduzir e também incluir as informações necessárias para a compreensão de sua mãe. Nesse sentido, há autonomia na interpretação dentro de casa. A tradução envolve muito mais do que a língua, pois inclui o conhecimento compartilhado entre Maitê e seus pais. Algumas vezes, a questão afetiva complica essa relação, pois, quando vão ao médico, Maitê gostaria de interpretar e acompanhar seus pais participando mais efetivamente da relação entre o médico e eles. Talvez se outra pessoa fosse realizar a interpretação, Maitê se sentiria mais à vontade em se envolver na consulta médica com seus pais. Nesse contexto, Maitê é a filha, não a intérprete. Como intérprete de seus pais, seu envolvimento acaba sendo mais flexível, fazendo ela se sentir mais à vontade para participar das conversas. No entanto, quando está em contextos mais formais, a relação torna-se mais profissional, mesmo quando envolve seus pais. Isso causa certa estranheza à própria Maitê, pois parece que ela está representando outro papel.

Sobre contar histórias em Libras, Maitê sente-se mais confortável quando está apenas com surdos. Com ouvintes que não sabem a Libras, parece que eles não vão compreender. Assim, para Maitê isso parece não dar certo. Dependendo do momento, sente-se à vontade para contar alguma piada em sinais, mas se pedirem a ela para contar alguma coisa específica, fica constrangida. Parece mais natural quando está entre surdos. Quando há ouvintes, Maitê conta a história em português de forma sintetizada para que possam acompanhar. Em sinais e também em português, Maitê sente-se bem, mas com a escrita sente-se muito insegura. No entanto, não atribui essa dificuldade com a escrita ao fato de ser filha de pais surdos e ser bilíngue, mas a uma dificuldade dela, assim como outros colegas também apresentam e que, provavelmente, está mais relacionada com sua vida escolar.

Para expressar emoções, Maitê prefere a língua de sinais. Um namorado, certa vez, perguntou por que ela usava o corpo para falar, daí Maitê procurava se recompor e usar apena o português para se manifestar, sem a interferência da Libras. Nunca teve um namorado surdo. Acredita que não aconteceu porque sempre via os surdos como seus irmãos. Novamente, a relação familiar com a comunidade surda aparece muito marcada aqui. Os surdos consideravam os pais de Maitê parte de suas famílias e, assim, também a incluíam nessa relação. Outra razão pode ser também pelo fato de durante a adolescência ter experienciado menos contato com surdos. Até houve um momento na vida de Maitê em que se sentiu apaixonada por um surdo, mas nunca chegou a ter um relacionamento com ele. Maitê teve um relacionamento com um ouvinte que não sabia a língua de sinais. Ela constatou ser muito difícil manter uma relação com uma pessoa não sabe a língua de sinais. Ela se sentia na obrigação de interpretar as conversas entre seu namorado e o pai, mas não se sentia à vontade fazendo isso, pois os assuntos não diziam respeito a ela. Eles queriam conversar entre eles. Sua função de intérprete tornava-se constrangedora. Hoje, Maitê estabelece como critério que seus pretendentes saibam Libras, pois verificou com suas experiências que saber a língua de sinais faz diferença na vida dela. Saber a língua de sinais também parece importante para compreender a própria Maitê, como coda. Para Maitê, saber a língua abre a porta para conhecer as formas de pensar e agir das pessoas surdas. Se não sabe Libras, parece que a pessoa não consegue compreender algumas coisas do jeito de viver surdo. Além disso, não implicará mais a atuação da Maitê como intérprete entre seus pais e o namorado. Maitê acredita que a pessoa que sabe a língua de sinais consegue estabelecer uma relação mais profunda com os surdos. Maitê consegue ver isso na relação da irmã com o namorado que sabe Libras. Ele conversa sobre várias coisas com seus pais sem a intermediação de Maíra e Maitê. Isso é muito bom, pois os assuntos tratados entre eles não precisam da mediação inconveniente das filhas. Realmente, Maitê considera importante que seu namorado saiba Libras, para a relação com seus pais e amigos surdos, mas também para a relação com ela mesma, pois Maitê se sente muito confortável quando pode conversar em Libras. Isso acontece na relação com seus amigos que sabem Libras.

O grupo de codas é muito importante para Maitê. Quando ela encontra outros codas, sempre conversam sobre suas histórias, que incluem coisas boas, coisas não tão boas e coisas muito ruins. Ruins, aqui, no sentido de incomodar, de criar desconforto. Maitê sempre comenta sobre sua memória de curto prazo, que é muito boa, em contraste com sua memória de longo prazo, pois isso ajuda a esquecer coisas ruins que aconteceram há muito tempo. Mesmo assim, algumas coisas parecem mais difíceis. Por exemplo, Maitê estava conversando com seus familiares no grupo do WhatsApp da família, em que vários familiares (incluindo os pais surdos e todos os demais ouvintes) participam. Seu tio enviou uma mensagem com uma música de um padre falando sobre coisas bonitas com uma foto de Jesus. A mãe de Maitê respondeu a mensagem dizendo que achava que o padre deveria estar dizendo coisas muito bonitas, pois Jesus olhava para o céu com o rosto feliz. Nesse momento, Maitê percebeu que a mensagem não fazia muito sentido para sua mãe. Ela havia sido excluída da conversa. Percebeu que isso acontecia no dia a dia de sua mãe e seu pai. Eles eram excluídos da conversa, pois o meio estava pautado em português, por meio da língua falada. Maitê ficou muito tocada ao perceber o quanto a comunicação torna-se inacessível no dia a dia de seus pais. Também ficou chocada com o fato de seu tio, que cresceu e conviveu com sua mãe, não perceber isso, esquecendo de tornar a mensagem acessível a eles também. É verdade que as pessoas esquecem, e que, às vezes, essas coisas acabam passando despercebidas. Mas o que afetou Maitê foi a resposta da mãe buscando conceber algum sentido naquilo e pedindo para escrever a mensagem em português. A tristeza abateu Maitê, porque o inacessível estava posto pela exclusão pelo português oral. Isso acontecia também para os ouvintes com quem ela convivia, pois se lembra da avó pedindo explicitamente para ela falar o que estavam sinalizando, pois não queria ser excluída da conversa. Às vezes, Maitê não via sentido em ficar traduzindo tudo que conversava para a avó, pois era conversa jogada fora, conversa corriqueira, mas, mesmo assim, a avó insistia. Na verdade, não era diferente no caso de sua mãe diante da mensagem em português oral. Da parte dos pais de Maitê, não há ressentimentos. Eles sempre veem as coisas de uma forma positiva e dizem para as filhas não se preocuparem.

Em certo dia, Maitê recebeu uma ligação da Câmara dos Vereadores, dizendo que seu pai gostaria de fazer um pronunciamento na audiência, mas que não havia intérprete de língua de sinais. Maitê novamente ficou muito sentida, pois não achava justo que ele quisesse se pronunciar e não tivesse a chance porque não havia um intérprete para representá-lo. Isso afeta diretamente os papéis desempenhados por Maitê como filha, intérprete e membro ativo da comunidade surda. Ela sabia o que ele queria falar e não poderia deixar de assumir a tarefa de intérprete voluntariamente para seu pai, uma vez que a Câmara de Vereadores de Pelotas não cumpre com seu papel de tornar suas audiências acessíveis a pessoas surdas.

Esses foram exemplos de momentos ruins relatados por Maitê, pois causaram sofrimento, mas que, ao mesmo tempo, serviram para ensinar sobre a vida com os surdos e com os ouvintes. Nesse sentido, Maitê toma a lição de seus pais de sempre ver as coisas pelo lado positivo. "Do limão, sempre sai uma boa limonada." Da mesma forma como quando sua mãe pediu para escrever a mensagem em português, pois foi muito especial e muito bonita a forma com que fez isso no espaço da família.

LÉA MIZOGUCHI (1951-)
E RIVA WATWICK CARAVER (1955-)

Léa Mizoguchi (Fig. 6.7) e Riva Watwick Caraver (Fig. 6.9) são filhas de pais surdos, Salomão Watnick (1923-1960) e Rachel Scop Watnick (1923-2014). Léa é a filha mais velha com quatro anos de diferença de sua irmã, Riva. Ao se apresentarem, Léa disse seu nome e seu sinal, que está relacionado com a cor rosada da bochecha de ficar envergonhada, com o qual ela continua, mas "sem vergonha" (risos). Riva se apresentou com seu sinal, que tem relação com o fato de roer as unhas. Eis os sinais delas (Figs. 6.8 e 6.10).

Figura 6.7 Léa Mizoguchi.

Figura 6.8 Sinal escrito de Léa.

Figura 6.9 Riva Watwick Caraver.

Figura 6.10 Sinal escrito de Riva.

Léa e Riva cresceram com seus pais surdos e seus avós, que moravam na mesma casa. Os avós sempre oralizavam com a dona Rosa e o seu Salomão. Por sua vez, esse foi o modelo usado por ambas na comunicação com os pais.

A relação com o pai foi no início da infância, pois ele faleceu muito jovem. Léa tinha 10 anos, e Riva, apenas 6 anos quando o pai faleceu. Apesar disso, foi muito marcante. O pai foi uma grande liderança, como diz Léa: "Ele era um líder nato". Ele era muito dono de si, uma pessoa orgulhosa de ser surda. O senhor Salomão Watnick foi o fundador da SSRS, em 1955. A sede da SSRS era a própria casa da família de Léa e Riva. O pai tinha uma marcenaria e, nos finais de semana, arredava todos os materiais para receber os surdos da região. Léa e Riva vivenciaram os primeiros anos da SSRS vendo os surdos vindo de todos os lugares do estado para se encontrarem em sua casa. Eles sempre conversavam em língua de sinais.

Tanto Léa como Riva se lembram dos passeios de bonde com seu pai. Todos os domingos pela manhã, ele levava as meninas para passear de bonde no centro de Porto Alegre. Elas se lembram da postura do senhor Salomão, um homem alto, de bom porte, nobre. No bonde, eles conversavam e as pessoas ficavam olhando para eles. Léa comenta que as pessoas ficavam olhando porque, naquela época, não era natural ser surdo. O pai tinha uma voz grossa, marcante e diferente das vozes das outras pessoas. Em uma dessas vezes, o senhor Salomão se incomodou explicitamente com esses olhares e foi tirar satisfação das pessoas. Ele perguntou: "Por que vocês estão me olhando? Estou sujo? Não, não estou sujo, sou uma pessoa normal, sou casado e tenho duas filhas lindas! Olhem minhas filhas, elas são lindas!" Léa ficou muito envergonhada com a situação. Naquela época, tanto Léa como Riva não entendiam porque as pessoas olhavam para elas. O senhor Salomão fazia questão de explicar para as filhas que elas nunca deveriam ter vergonha de seus pais por serem surdos, porque eles eram pessoas corretas. Eles não roubavam, não matavam, não faziam coisas erradas. Eram pessoas honestas e trabalhadoras. Ele dizia: "Eu fundei a sociedade de surdos para reunir os surdos, pois não havia nenhum espaço em Porto Alegre para os surdos se reunirem. Portanto, vocês devem ter orgulho de mim e nunca terem vergonha." Léa comenta o quanto isso foi marcante para ela. O senhor Salomão deixou o legado para as filhas de ser o fundador da SSRS e de ser um grande homem, um líder nato com um coração surdo.

Todos conhecem a mãe de Léa e Riva na SSRS. A comunidade surda se referia à senhora Rachel por dona Rosa, um apelido que ela passou a usar porque foi a forma como conseguia pronunciar seu nome. Diferente da passagem rápida do senhor Salomão em vida, dona Rosa viveu até os 91 anos. Léa percebeu que a mãe sempre foi muito mais dependente, diferentemente de seu pai. Dona Rosa sempre queria a ajuda das filhas para fazer as coisas para ela. Léa, como trabalhava na área da educação, achava importante que sua mãe conquistasse a independência. Assim, procurava ensiná-la a fazer as próprias coisas. Às vezes, fona Rosa interpretava essa atitude como se Léa não gostasse dela. Parecia haver uma associação entre o sentimento de afeto e fazer as coisas para ela. Na verdade, exatamente porque a Léa gostava muito da mãe, queria que ela conquistasse seus desafios e passasse a não depender tanto das filhas. Isso tornava a relação difícil, mas sempre houve muito amor.

Tanto o senhor Salomão como a dona Rosa aprenderam a falar na escola de surdos da dona Luísa, a primeira escola de surdos de Porto Alegre. Dona Luísa exigia que eles pronunciassem todas as palavras, foi aí que dona Rosa passou a usar esse apelido, pois foi punida várias vezes por não conseguir pronunciar o nome Raquel. Um casal de uma família tradicional de Porto Alegre teve um filho surdo e trouxe uma professora da Alemanha para construir a primeira escola de surdos na região. Dona Rosa morava em Pelotas, e o senhor Salomão era de Porto Alegre. Os pais deles ficaram sabendo da nova escola pelo jornal e mandaram os filhos para realizarem seus estudos nessa escola em regime de internato. Eles iam para casa nos finais de semana. Os dois se conheceram na escola e começaram a namorar. Cresceram juntos na escola. A escola tinha como objetivo ensinar os surdos a falar, ler e escrever. Eles conseguiram aprender a falar muito bem. Também eram bons leitores de jornais e revistas.

Léa e Riva se comunicavam basicamente por meio da fala com os dois, mas aprenderam a língua de sinais com os surdos que frequentavam sua casa, vendo seus pais conversarem na língua de sinais com eles. Um dos grandes amigos do senhor Salomão, o senhor Ney Olmedo, era surdo e não falava uma palavra. Ele se comunicava exclusivamente pela língua de sinais. Foi ele quem ensinou a língua de sinais para Léa, pois ele conversava por meio de sinais com os pais dela. Léa lembra que ela sempre conversou usando a fala com os pais, articulando a boca de forma bem clara e pausada para que eles pudessem acompanhar o que estava dizendo. Dona Pepa Federbuch, uma grande amiga da dona Rosa também conversava em língua de sinais com ela. Com os pais, Léa nunca usava a língua de sinais. Ela usava a língua de sinais com os amigos de seus pais. Léa lembra que o senhor Ney e também um outro surdo chamado Gilberto Vaz brincavam e conversavam em língua de sinais com ela. Eles pegavam as mãozinhas de Léa para configurar os sinais. Em pouco tempo, ela já sabia sinalizar e sentia-se orgulhosa em falar português e fazer o que, na época, era chamado de "linguagem de sinais".

Léa conta que não existia a Libras, mas sim a linguagem de sinais, uma língua de sinais antiga e com muito menos sinais. Ela sentia que muitas palavras não tinham sinais. Atualmente, ela percebe que a Libras é uma língua muito mais evoluída, com muito mais palavras, uma linguagem completa, diferente daquela linguagem de sinais que aprendeu. Apesar de conversar durante toda a entrevista em português e na língua de sinais, Léa acredita que não sabe a Libras, pois não conhece todos os sinais para expressar suas ideias.

Riva se lembra também dos surdos em sua casa e de ter aprendido a língua de sinais com eles, em especial o senhor Osvaldo Dias, esposo de Elfrida. Também teve muito contato com o senhor Guaraci Angelini, que era muito engraçado, e seu Waldemar Federbuch. Ela usava a fala com os pais, mas também associava a fala com sinais. A vivência da Riva com o pai foi mais curta, mas ficou marcada pela presença de um pai orgulhoso, com uma postura forte e muito prestigiada pelos demais surdos. A vivência com a mãe foi muito intensa. A se lembra da casa com várias pessoas surdas conversando em língua de sinais. Ela se sentia bem com os surdos. Até hoje, parece que estar com surdos gera uma zona de conforto para Riva. Ela se sente bem mais descontraída com os surdos. Entretanto, quando está com os ouvintes, parece que precisa ser mais cautelosa, pois podem interpretá-la de forma equivocada. Riva transita entre as duas comunidades, mas se sente mais segura entre os surdos. A relação com os surdos evoca uma maior intimidade para Riva. "Brincadeira" foi uma palavra usada por Riva para falar sobre a comunidade surda. Ela consegue brincar mais com os surdos.

Os encontros dos surdos nas sextas-feiras à noite sempre foram muito bons para Léa e Riva. Léa se lembra de vários surdos com quem conviveu, assim como se lembra de brincar com os filhos desses surdos. Havia sempre várias crianças filhas de pais surdos nesses encontros. Era divertido. Sempre brincavam, enquanto os pais conversavam. Os filhos usavam o português entre eles como língua de interação. Eram dois grupos separados com línguas diferentes. Depois, Léa também se lembra dos encontros na praia. O senhor Ney ensinava as meninas a nadar. Com ele e os demais amigos surdos da família, a língua de sinais foi sendo incorporada. Os surdos do Uruguai e da Argentina também vinham para a praia junto com seus filhos. Léa assumia a função de intérprete deles, sempre quando necessário. Ela traduzia para o português e, também, para a língua de sinais, mesmo considerando sua língua de sinais "fraca", termo usado por ela para referir à sua língua de sinais.

Ainda quando solteira, foi para a Argentina e para o Uruguai e assumiu um posto de intérprete, porque sabia espanhol. Léa teve um namorado surdo que era da Argentina. Ele usava a língua de sinais argentina (LSA), que era diferente da Libras. Ela acabou aprendendo a usar a LSA misturada com o espanhol para se comunicar com ele. Os surdos da Argentina confundiam Léa com pessoas surdas, ou seja, algumas vezes eles achavam que ela era surda. Para isso acontecer, com certeza ela usava a língua de sinais da mesma forma como os surdos. Alguns anos depois, eles iam à Colônia de Férias dos Surdos em Capão da Canoa, no Rio Grande do Sul. Era muito divertido passar o verão por lá, com muitos surdos e outros filhos de pais surdos. Alguns surdos eram hilários, pois sempre contavam histórias, piadas e faziam brincadeiras.

Léa lembra especialmente de Guaraci Angelini e Ataíde Bastos Porto. Guaraci adorava crianças. Sempre estava fazendo palhaçadas. Eles usavam exclusivamente a língua de sinais, e as crianças acompanhavam todas as suas histórias e brincadeiras. Léa fica surpresa ao dizer que nem sabe explicar como, mas entendia tudo o que eles diziam, apesar de se sentir em falta com a Libras. Ela entendia a Libras, mas parece que não conseguia se expressar de forma devida nessa língua. Ela tem uma sensação de que falta algo, parece que sua língua de sinais é incompleta. Isso é muito interessante, pois é muito comum entre falantes de outras línguas de herança, em que a língua primária passa a ser a língua usada na comunidade mais abrangente, como o português para Léa.

Na escola, tanto Léa como Riva tiveram algumas dificuldades. Léa relata que ingressar no ensino médio, antigo ginásio, foi muito difícil, pois, na época, era exigida a realização de uma prova. Léa apresentava muita dificuldade no português e precisou ter aulas com uma professora particular para estudar e se preparar para essa prova. Depois que ela conseguiu ser aprovada, o português deixou de ser um problema. A visão de Léa em relação ao português e à Libras é de que o português era uma língua completa, enquanto a Libras era inferior, pois não apresentava sinais para todas as palavras. Os surdos que Léa conhecia também pareciam não ter muita escolaridade. Atualmente, ela percebe o quanto a Libras é tão língua quanto o português e, por isso, gostaria de aprender mais sobre essa língua. Também nota que os surdos de hoje estão avançando muito mais em termos educacionais. Os surdos têm mais oportunidades e estão em condições mais parecidas com as dos ouvintes nos dias de hoje. Léa sente que os surdos realmente têm a mesma capacidade dos ouvintes. Para ela, a sociedade mudou muito, abrindo espaços para os surdos mostrarem seus potenciais. Ela fica muito feliz de ver surdos integrando os departamentos das universidades como professores.

Quando a Léa se casou, Riva passou a ter muito mais contato com os surdos. Chegou a passar dois meses em Capão da Canoa para acompanhar as obras da construção da Colônia de Férias dos Surdos do Rio Grande do Sul. Nesse período, só tinha contato com surdos. Riva lembra que começou a conversar com o rádio, pois sentia falta de conversar em português. Nesse período da vida, Riva sempre estava presente nas festas e nos encontros da comunidade surda. Também acompanhava e interpretava mais para os surdos da associação. Na adolescência, Riva teve muitas amigas que também eram filhas de pais surdos, tais como a Renate, filha de Eni e Ilse Quadros, a Maria Luisa, filha de Osvaldo e Elfrida Dias, e a Tânia, sobrinha de Pepa Federbuch, que era grande amiga da dona Rosa.

Riva se casou e foi morar em São Paulo. Desde então, dona Rosa fazia ponte entre Porto Alegre e São Paulo. Do ponto de vista de Léa, Riva sempre acabou fazendo mais as coisas pela mãe, por isso dona Rosa sempre dizia que Riva era mais compreensiva do que ela. Léa realmente tinha a intenção de que a mãe aprendesse a fazer as coisas por ela mesma para desenvolver mais autonomia. Riva interpretava para mãe em diversas ocasiões: em casa para compreender o Jornal Nacional, as novelas e alguns filmes, como a história do Chico Xavier. Ela já tinha ido assistir ao filme do Chico Xavier com uma amiga, mas não tinha conseguido acompanhar a história. Daí, ela pediu para a Riva ir com ela e interpretar o filme. Ela ficou muito emocionada com a história do Chico Xavier. Riva também interpretava nas consultas médicas.

Teve um fato marcante para Riva em um consultório médico. Uma vez, ela e a mãe entraram no consultório e a médica não as olhava, apenas ficava com a cabeça para baixo fazendo anotações e perguntas em um tom mais alto. Riva e dona Rosa começaram a ficar muito constrangidas com essa situação, até chegar ao ponto de Riva pedir para a médica olhar para elas, pois a mãe era surda, que não adiantava ela ficar falando e gritando para baixo, mas que ela precisava olhar para a paciente, pois a mãe não conseguia acompanhar a fala se ela ficasse com a cabeça para baixo. Riva e dona Rosa ficaram muito nervosas com a situação e foram embora desistindo da consulta. Foi uma situação muito chata. Depois, Riva ficou pensando como essa pessoa da área da saúde poderia ter essa atitude. Foi realmente um episódio bem complicado para elas. Léa lembra também de interpretar para os pais em consultório médico, mas ela simplesmente articulava de forma mais pausada o que o médico dizia, assim eles conseguiam acompanhar a conversa. Isso também acontecia em outros contextos, como na escola, por exemplo. As pessoas, às vezes, pensavam que dona Rosa era estrangeira, pois tinha uma forma de falar diferente. Daí, elas explicavam que dona Rosa falava diferente porque era surda.

Riva entrou para a área da saúde como profissional e levou esse episódio como experiência. Ela sempre procurou atuar de forma mais proativa com a proposta de estabelecer a comunicação com seus pacientes. Riva se lembra de alguns fatos que envolveram outros pacientes dentro do hospital, como um homem que tinha sofrido um acidente vascular cerebral (AVC) em 2009. Esse homem trabalhava no Banco do Brasil, tinha 50 anos, e sua esposa tinha 48 anos. Com o AVC, ele não conseguia se comunicar com a esposa. Riva se lembrou de um sistema de comunicação que os surdos usavam em uma brincadeira no qual cada dedo do pé indicava uma letra. Daí resolveu ensiná-lo, e, com isso, esse senhor conseguiu estabelecer uma comunicação com a esposa. Até hoje, a mulher agradece à Riva por ter ensinado essa forma de comunicação. A própria Riva sente um bem-estar por poder propiciar esse tipo de aprendizagem que rompe barreiras de comunicação. Assim sempre foi, Riva sempre ajudava as pessoas que chegavam ao hospital com dificuldades na comunicação. Em 2010, um jovem rapaz surdo quebrou o pé e precisava avisar a mãe. O hospital já sabia que Riva conseguia se comunicar com os surdos e a chamou para interpretá-lo. Quando algum surdo chegava ao hospital, a equipe a chamava para ajudar na intepretação. Riva mediava a comunicação entre o paciente e o médico e sentia-se muito útil em poder ajudar nessas situações.

Dona Rosa foi hospitalizada no final de sua vida. Léa acompanhou mais de perto essa fase, pois foi em Porto Alegre. De modo geral, as enfermeiras eram carinhosas e a tratavam muito bem. No entanto, teve uma que tomou vantagem da surdez de dona Rosa. Léa estava no banheiro e ouviu seus comentários irônicos que maltratavam sua mãe. Essa enfermeira dizia para a atendente que a paciente não ouvia e que, por isso, podia fazer a higiene dela de qualquer forma, pois não poderia reclamar. Nesse momento, Léa saiu do banheiro e questionou a enfermeira sobre o que havia dito. Logo discutiu a respeito da falta de ética da profissional em se aproveitar de uma pessoa de 90 anos de idade porque ela era surda, dizendo que ela não precisaria ser limpa de forma apropriada. A enfermeira ficou muito constrangida. Léa, por sua vez, ficou magoada. Foi uma situação muito delicada, pois tratava-se de uma profissional que estava sendo antiética ao se aproveitar da surdez para não atender de forma devida a paciente. As histórias de hospital sempre são muito tristes, como diz Léa. Dona Rosa ainda teve energia para passar seu último Dia das Mães em São Paulo, com Riva. Essa foi sua última viagem. Logo após essa data, em 2014, ela faleceu em São Paulo na presença de sua filha Riva.

Depois de adulta, Riva decidiu se inscrever em um curso de Libras, pois sentiu necessidade de aprender mais a língua de sinais que fez parte de sua vida. Léa comenta que a Riva sabe mais Libras porque fez esse curso. Para Riva, o curso foi uma forma de aperfeiçoar sua língua de sinais, que estava adormecida. Com o curso, ela sentiu-se mais segura em relação à Libras. Na entrevista, ela optou em usar apenas a Libras para conversar sobre sua experiência como filha de pais surdos. A relação de Riva com a língua de sinais é muito positiva. Ela se sente segura entre os surdos e consegue se comunicar bem na língua de sinais. Riva acha que, com os ouvintes, precisa sempre estar mais preocupada com a forma de falar e de ser interpretada. Essa sensação é diferente em relação à língua de sinais. O curso em Libras ajudou a afirmar sua relação com os surdos e com a língua. Riva comenta que não existe um momento exato em que usa a língua de sinais ou o português. Simplesmente, as línguas acontecem dependendo de quem e para quem, sem pensar, sem planejar.

Léa se sente mais insegura em relação à língua de sinais. O porto seguro dela está no português, que aprendeu com os avós em casa e com o resto da sociedade com quem conviveu em diferentes espaços sociais. As lembranças da língua de sinais estão associadas muito mais à falta de sinais e a seus sentimentos em relação a essa língua como algo inferior, tanto por causa do nível escolar dos surdos com quem conviveu, como por aspectos relacionados com as atitudes das pessoas e, talvez, dos próprios surdos e de seus pais, em relação ao português e à língua de sinais.

ADRIANA VENANCINO (1975-) E ANDRÉA VENANCINO (1979-)

Adriana Venancino (Fig. 6.11) e Andréa Venancino (Fig. 6.13) são filhas de pais surdos, Anualdo Venancino (1956-) e Neuza Martinho Venancino (1953-). Adriana e Andréa tiveram também mais uma irmã, a Alexandra, que faleceu. Adriana é a filha mais velha, e Andréa era a filha do meio. Ao se apresentarem, Adriana falou de seu sinal, que indica uma covinha na bochecha apontando o dedo indicador nessa posição, e Andréa disse que seu sinal era a indicação de sua marca no queixo. Ambas foram batizadas com seus respectivos sinais pela mãe, que conta que ficou olhando para elas e, então, deu seus sinais. Eis os sinais delas (Figs. 6.12 e 6.14).

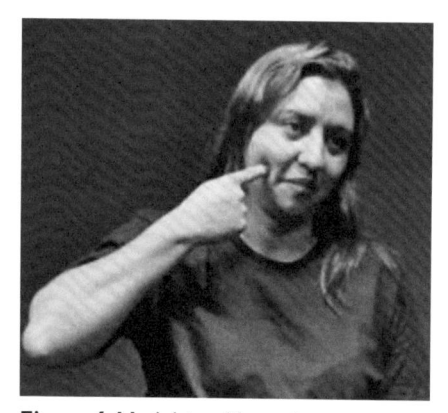

Figura 6.11 Adriana Venancino.

Figura 6.12 Sinal escrito de Adriana.

Figura 6.13 Andréa Venancino.   **Figura 6.14** Sinal escrito de Andréa.

Os pais de Adriana e Andréa têm histórias diferentes quanto à surdez. O pai nasceu ouvinte e, aos 3 anos de idade, ficou surdo. Ele conta que ficou surdo na cidade onde morava, em Roraima. Parece que houve erro no medicamento indicado para um problema de saúde, e a consequência foi a perda da audição. Andréa lembra que uma tia comentou que o pai teve meningite, o que causou a surdez. No caso da mãe, a história é completamente diferente, pois ela nasceu surda em uma família de surdos. Na família da mãe, havia mais nove surdos com quem ela cresceu. Quando Adriana e Andréa nasceram, elas tiveram contato intenso apenas com quatro deles, que eram os avós maternos e os tios. O avô tinha mais dois irmãos surdos, além de primos e tios. Todos sabiam a língua de sinais. A avó conta que também teve um irmão surdo que morreu com 5 anos de idade. A tia sempre estava com a casa cheia de surdos. Adriana lembra que sempre ia à casa da tia, que fica em São Paulo, e também frequentavam a associação de surdos. Quando chegavam lá era muito bom, pois sempre havia muitas crianças para brincar.

Andréa e Adriana tinham uma irmã mais nova, que faleceu e deixou uma filha, a sobrinha que ficou com elas na casa dos pais surdos. As duas sinalizam fluentemente, mas a irmã que faleceu usava a língua de sinais junto com a fala. A sobrinha está aprendendo a língua de sinais para se comunicar melhor com a família, mas não tem ambição de se tornar intérprete.

Andréa sempre usou mais a língua de sinais com a mãe, além dos avós com quem também conversava em língua de sinais. Os tios ouvintes frequentavam mais a casa delas quando o avô era vivo. Andréa lembra especialmente da tia Maria, que adotou um adolescente surdo que morava no Paraguai e mudou para o Brasil. Elas sempre frequentaram a casa deles. Os amigos da mãe também frequentavam a casa delas. Andréa se lembra de uma amiga da mãe, chamada Rita, a quem elas se referiam como tia Rita, pois fazia parte da família. Para Andréa, a língua de sinais era natural. Às vezes, perguntavam a ela como conseguia se expressar em língua de sinais, e ela sempre respondia que era muito natural, assim como era com a fala. Na verdade, Andréa relata que era mais tranquila a convivência com os surdos do que com os ouvintes. Quando havia crianças ouvintes para brincar, Andréa não falava, ficava só escutando, mas entendia o português. Em casa, Andréa se lembra de usar a língua de sinais e o português com as irmãs, mas não percebia esses usos quando era pequena. Isso acontecia naturalmente e de forma inconsciente, pois todos usavam a língua de sinais em casa. Inclusive em eventos, como aniversários, todos conversavam em língua de sinais.

Adriana fica muito triste em ver que hoje as associações de surdos estão sendo fechadas. O espaço da associação sempre foi muito importante para os surdos, pois era lá que se estabeleciam as trocas de experiências e o acesso a novas informações. Naquela época, as escolas e as famílias dos surdos não davam conta de passar as informações e os conhecimentos, pois não existia uma boa comunicação. Assim, a associação desempenhava o papel fundamental de garantir aos surdos o acesso aos conhecimentos, às informações e às notícias sobre diferentes assuntos. Até hoje, Adriana considera importante o papel que as associações de surdos desempenham na vida das pessoas surdas, que também é o espaço da língua de sinais.

Adriana e Andréa se lembram da Associação de Surdos-mudos de São Paulo (ASMSP) e das crianças com quem brincavam. Havia sempre muitas crianças, entre elas surdas e filhas ouvintes de pais surdos. Adriana se lembra de ter crescido, por exemplo, com Rimar Segala e Priscila Gaspar. Esse convívio representou uma experiência profunda, única e muito especial para Adriana. Diferente de outros codas, Adriana e Andréa tinham crianças surdas como referência de surdos. Havia, nesse espaço, um sentimento de intimidade e de pertencimento muito intenso que Adriana nem sabe explicar muito bem, simplesmente era assim, um acontecimento. Adriana gostaria muito de reencontrar esses amigos codas com quem conviveu na infância. Ela gostaria de saber como estão atualmente e se convivem ou não com a comunidade surda. Na verdade, ela acredita que muitos deles não tenham mais contato com surdos, pois desapareceram. Se tivessem ainda contato, com certeza ela já os teria reencontrado.

Nesse espaço, eles usavam a Libras e o português. Nem pensavam, simplesmente as duas línguas aconteciam. Não havia regras ou obrigações de fazer de um jeito ou de outro, as línguas simplesmente aconteciam. Adriana comenta que não havia alguém "fiscalizando", assim as crianças brincavam e conversavam usando a língua de sinais e o português sem qualquer interferência. Era muito bom. Essa relação com as duas línguas também se estendia à casa de Adriana e Andréa. Todos usavam a língua de sinais em casa e o português. Era um ambiente bilíngue "inconsciente". A língua de sinais era usada para todas as conversas com os pais e os avós, pois todos os quatro eram surdos. As meninas cresceram nesse ambiente. O interessante é que não havia a exigência de ser de uma ou de outra forma, simplesmente era assim, na língua de sinais. Quando as meninas conversavam em português entre si e algum surdo perguntava algo, elas prontamente alternavam para a língua de sinais, explicando o que estava acontecendo. Essa dinâmica de comunicação em casa é diferente do que acontece com outros ouvintes. Os pais ou os avós perguntavam sobre o que outra pessoa estava falando, muitas vezes desconfiados. Isso nunca acontecia dentro da casa de Adriana e Andréa, pois, sempre quando um perguntava para o outro, havia uma resposta na respectiva língua. Com os pais e os avós, sempre em Libras.

Adriana continua residindo com a mãe e a avó, junto com suas filhas. Às vezes, a avó reclama que a filha dela não conversa na língua de sinais e comenta que antigamente era diferente. Há uma diferença entre as gerações. As bisnetas já não sinalizam tanto quanto as netas, embora a filha mais nova de Adriana também seja fluente. De qualquer forma, as línguas de herança parecem ter efeitos diferentes em cada geração. Andréa é casada e reside no mesmo bairro da família, assim acaba visitando-os com certa frequência.

Adriana usou exclusivamente a língua de sinais até os 5 anos de idade, quando foi para a escola. Até ir para a escola, ela não falava português. Uma de suas tias conta que Adriana reproduzia a voz de sua mãe, as vozes de surdos e os sons que produziam. Quando ela falava, ela estruturava seu português da forma como os surdos faziam, trocava a estrutura das frases e também produzia as palavras de forma diferente. No entanto, Adriana nunca tinha percebido isso. Ela soube disso na fase adulta, quando a tia compartilhou essas lembranças com ela. A tia comentou isso com a mãe de Adriana, quando ela estava com 5 anos de idade. Nessa ocasião, a mãe decidiu levá-la para a escola. Quando chegou à escola, ela foi encaminhada para a direção, pois era surda. A diretora as recebeu e disse à mãe de Adriana que ficasse tranquila. No entanto, foi muito difícil. A escola foi traumatizante para Adriana. Ela não compreendia porque as pessoas a olhavam com piedade. Esses olhares dos professores e dos colegas são percebidos pela criança, embora nem sempre ela compreenda claramente o que eles representam e por que eles estão sendo realizados. Todos sabiam que Adriana era filha de pais surdos. Os olhares aconteciam por isso, pois as pessoas tinham pena dela por estar nessa família. Isso causava estranheza por parte de Adriana, pois era muito normal ser filha de pais surdos para ela. O fato de Adriana fazer parte de uma família com vários surdos e pertencer a uma comunidade de surdos invertia a lógica das relações. Para ela, era normal ser surdo. Como relata, ela comia, dormia, recebia bronca, tinha conselhos e orientações de seus pais e avós como todos que estavam ali. Na escola, parece que as pessoas imaginavam que nada disso acontecia em sua casa, que não existia um lar, que não havia comunicação, que seria possível estar ali. Na verdade, ela se sentiu estranha ao chegar à escola, exatamente porque a escola não conhecia os surdos. Não era como essas pessoas estavam imaginando, pois ela sempre recebeu todo o cuidado necessário: roupas limpas, uniforme, sapato, etc. Não fazia sentido o que elas pensavam e como a olhavam.

Adriana conta que havia uma professora que pedia a ela para ir para a frente da sala de aula ensinar o alfabeto manual para os colegas. Ela se sentia angustiada em fazer isso, mas não tinha coragem na de dizer à professora. E os colegas não compreendiam o que era ser surdo, pensavam que ela se comunicava por letras com os pais. Adriana gostaria de saber explicar que não era assim e compartilhar mais sobre o que significava ser surdo. Porém, todos ali eram apenas crianças. Isso continuou assim até a adolescência. Nesse período, já mais madura, Adriana frequentava várias associações de surdos e convivia diretamente com vários surdos. A casa dos pais também era sempre frequentada por muitos surdos. Nessa fase da vida, Adriana começou a ajudar alguns desses surdos. Às vezes, ela se perguntava por que os surdos iam até sua casa pedir ajuda, pois eles também tinham suas famílias. Depois de adulta, ela perguntou aos surdos porque eles iam até sua casa pedir auxílio em vez de contar com as próprias famílias. Eles respondiam que lá os entendiam melhor, que ela tinha paciência em explicar as coisas com detalhes, diferente de seus familiares, que muitas vezes simplificavam o que era dito. Muitas dessas famílias não conseguem se comunicar na língua de sinais, assim os surdos recorrem àqueles que compartilham a língua de forma fluente. Adriana era assim, conseguia captar os sentidos nas duas línguas e mediar uma conversa ou um texto.

Adriana começou a conviver mais com ouvintes na adolescência, porque nessa fase começou a paquerar. Ela lembra que sua mãe comentou que os surdos começaram a reclamar do convívio dela com os ouvintes, mas ela não ligou, pois estava gostando de ter essa experiência. Os amigos ouvintes sempre ficavam curiosos a respeito de como era a casa de Adriana. As perguntas se repetiam: "Eles brigam com você?", "Como dão conselhos?". Pacientemente, Adriana explicava como era essa realidade, pois conseguia falar sobre isso e compartilhar sua experiência. Um dia, Adriana falou para sua família que eles tinham errado com ela e com as irmãs. Eles deveriam ter conversado e explicado sobre fazer parte de uma família de surdos, pois ela sentiu falta disso. Adriana conversa sobre isso com suas filhas, explica quem são os surdos, fala sobre a comunidade surda a que pertencem, da importância em mediar as conversas e os telefonemas e sobre os surdos que vão à sua casa para pedir ajuda. Adriana sentiu falta dessa orientação por parte da família. Na verdade, provavelmente, para eles isso não era necessário, pois a norma surda está instaurada na família. No entanto, o fato de Adriana e Andréa transitarem entre a norma surda e a norma ouvinte causou essa necessidade em, talvez, ser explicado o lugar que ocupavam dentro da sociedade. Quando Adriana era criança, ela sentia vergonha de sinalizar na rua, pois todos ficavam olhando. Ela preferia que sua mãe não conversasse com ela quando estavam em lugares públicos, porque o efeito era evidente: elas chamavam a atenção de todos. Esses olhares eram explícitos. Carregavam o sentimento de pena. A frase que Adriana via estampada nos rostos era a seguinte: "Coitada dessa menina!". Isso mudou. As pessoas já não olham tanto como olhavam. Há uma melhor compreensão sobre quem são os surdos que levou as pessoas a já não estranhem mais os surdos. Atualmente, Adriana e Andréa conversam em língua de sinais com orgulho. Os olhares já têm outra função, não são de pena, como quando eram crianças, mas, às vezes, de curiosidade sobre essa língua que usa as mãos e o corpo. A avó da Adriana e da Andréa está com 86 anos de idade e comenta que sempre achou que isso nunca mudaria. Ela dizia que os surdos iam sofrer sempre, pois a discriminação era explícita. Atualmente, quando Adriana conta para ela que os surdos estão nas faculdades e em muitos outros lugares, ela fica admirada com tanta mudança e diz que, quando ela morrer, os surdos estarão com suas vidas cada vez melhores. O sentimento da avó se sobrepõe ao sentimento de Adriana de perceber que as pessoas estão mais esclarecidas e entendem melhor os surdos como comunidade que usa uma outra língua e se constitui culturalmente de outra forma. As pessoas começam a perceber que os surdos têm uma vida normal.

A relação de Adriana com as línguas revela as relações com as pessoas nas comunidades em que cresceu. Adriana sempre considerou o português difícil. Seus pais sempre a presentearam com livros, gibis da Mônica e outras histórias em quadrinhos, que foram muito importantes para ela. Os gibis tinham o visual registrado, com expressões faciais que facilitavam a compreensão, conforme o contexto. Quando foi ficando mais velha, os livros eram diferentes. Adriana se lembra da personagem Julia dos livros de romance bem picante. Adriana comenta que não daria esse tipo de livro para assuas filhas lerem, pois continham trechos sobre amor, sexo, entre outras coisas que ela considera hoje que era nova demais para ler. Na verdade, os surdos desconheciam o teor dos livros, eles estavam preocupados em garantir o acesso à leitura. Por isso, alguns desses livros acabavam sendo disponibilizados para ela. Adriana sempre leu muito, mas, na verdade, esse gosto pela leitura era porque os livros traziam descrições detalhadas dos personagens. Adriana conseguia visualizar os personagens a partir das descrições que, mesmo escritas, eram visuais. Nesses livros, os personagens, os lugares e os eventos eram descritos detalhadamente. Em livros que não apresentavam essa característica, a leitura era bem mais difícil. Na escola, por exemplo, as leituras envolviam outros tipos de texto que Adriana não conseguia compreender. Ela sentia-se envergonhada de dizer que não havia entendido o que estava escrito. Ela já contava com o olhar de pena dos colegas e dos professores e se dissesse que não compreendia, teriam mais pena ainda dela. Ela não queria demonstrar que era inferior aos outros, porque não se achava inferior. Adriana era muito esforçada, mas, mesmo assim, as dificuldades no português permaneciam. Todavia, era excelente em matemática. Contudo, tinha muita dificuldade em entender as perguntas, assim as provas eram muito difíceis. Mas sempre foi muito esforçada.

Quando entrou na faculdade, desistiu do primeiro curso, porque não gostou da opção feita, mas na segunda faculdade, optou pelo curso de direito. Adriana lembra que o primeiro professor do curso entrou na sala e disse que quem não sabia ler e escrever poderia ir embora do curso. Ela ficou se perguntando como seria fazer aquele curso na sua condição. Ficou imaginando que as leituras seriam difíceis. Foi à biblioteca para retirar alguns livros do curso e certificar-se sobre o grau de dificuldade dessas leituras; constatou que realmente eram difíceis e pensou o que faria. Tomou coragem e enfrentou o curso. Contou com um amigo que a ajudou muito. Outra questão era a dificuldade em falar em público. Não conseguia falar em público porque pensava em língua de sinais. Assim, ficava pensando como deveria dizer aquilo em português. Realmente foi muito difícil. Quando começou a trabalhar como intérprete de língua de sinais profissionalmente, muitas vezes fazia voz (interpretava da Libras para o português). Essa prática parece ter contribuído muito com seu desenvolvimento na língua portuguesa. Adriana coloca que, quando precisou fazer várias coisas pelos surdos usando a língua portuguesa, foi como se tivesse recebido a oportunidade de superar a dificuldade. A relação com a língua de sinais é muito especial para Adriana. É uma língua íntima para ela, a língua de seus pais, é sua língua. É a língua na qual consegue se expressar, a língua que consegue explicar as coisas, é a língua de sua alma. Entende a importância em saber bem o português na vida profissional e na comunicação com as outras pessoas, mas a relação com a língua de sinais é diferente. Adriana usa uma metáfora para explicar sua relação com a língua portuguesa:

> Todos precisamos nos alimentar para sobreviver. É assim com o português. Preciso do português diariamente para sobreviver, mas a língua de sinais, não sei explicar, é diferente, é algo subjetivo, é muito íntimo.

A língua de sinais para Andréa é uma de suas línguas. Ela transita entre a Libras e o português sem problemas. Sua preferência era pelo português, mas depois que fez o curso de letras Libras, passou a perceber o quanto a língua de sinais também faz parte de sua vida. Ela percebe que cada língua faz parte dela de forma profunda e que, dependendo de com quem ela conversa e do contexto, prefere uma a outra língua.

Adriana, Andréa e Alexandra usavam a língua de sinais de formas diferentes. Essa irmã mais nova não usava muito a língua de sinais, conforme comentou também Andréa, pois ela fazia alguns sinais e falava simultaneamente. Muitas vezes, ela conversava com os pais e os avós oralizando. Adriana percebe que cada uma é diferente na forma de se relacionar com as línguas. Adriana tem duas filhas, que moram com a mãe e a avó. Além delas, também tem a filha da irmã que faleceu. A que mais usa a língua de sinais é a mais nova de todas, porque o pai é surdo também. A do meio sabe a língua de sinais, mas não se interessa muito em usá-la. Ela comenta que não quer que pensem que ela será intérprete, porque ela não quer seguir essa carreira profissional. A mais velha, por sua vez, está interessada em se tornar intérprete. Ela já é mãe de uma filha de 2 anos de idade, talvez seja por isso que tenha começado a pensar nessa possibilidade. As filhas, a sobrinha e a a neta de Adriana são todas ouvintes.

Andréa conta como foi sua relação com os amigos ouvintes. Ela lembra que tinha muita vergonha da família. Na escola, havia outras duas meninas que também eram filhas de pais surdos, mas elas não interagiam, apesar de se reconhecerem. Andréa lembra que não contava para suas colegas que seus pais eram surdos. Quando os colegas queriam combinar de ir à sua casa, ela dizia que não dava. Andréa ficava constrangida com os sons produzidos pelos surdos de sua família, tais como gritos.

A questão dos sons produzidos pelos surdos é algo que se percebe somente quando se convive com surdos, pois, na maioria das vezes, as pessoas imaginam que os surdos estejam associados ao "silêncio". Na verdade, as casas de pessoas surdas são sempre bem barulhentas com sons produzidos por eles por meio de evocação sonora ou gritos. Andréa sentia-se constrangida com isso e preferia não levar seus colegas para sua casa. Andréa teve uma única amiga que sabia que sua família era surda e com quem compartilhou que eles produziam sons e gritos. Essa amiga aprendeu a língua de sinais, e elas "colavam" nas provas usando essa língua. Depois, quando Andréa começou a namorar, lembra que levava a namorada para conhecer a família e que a situação ficava muito pior porque não preparava a pessoa para se deparar com a família surda. Andréa não conseguia falar sobre o assunto. Ela chegava com a namorada em casa, e ela se deparava com a família surda. Andréa não se importava com isso, mas não conseguia falar sobre isso. Ela sempre interpretava para suas namoradas. Quando ficou mais velha, já conseguia contar para os amigos sobre a surdez de seus pais. Sempre se encontrava com os amigos perto de casa, e todos sabiam sobre sua família. Nesses encontros, Andréa presenciou algumas brincadeiras e risos sobre o jeito de sua mãe. Isso a incomodava. Quando eles conversavam com a mãe dela, ela interpretava. A mãe oralizava também, mas as pessoas não conseguiam compreendê-la. O avô também frequentava um bar, e as pessoas o chamavam de "mudinho". Andréa acredita que essa referência não era por maldade, pois eles a usavam de forma natural como umapelido. Já na família de ouvintes, às vezes, falavam mal dos surdos. Andréa escutava e ficava incomodada com os comentários, mas não os compartilhava com os pais.

Adriana já se pegou pensando como seria no dia em que sua família viesse a falecer, com quem se comunicaria em língua de sinais. Se imaginava sem ninguém para conversar na língua de sinais. A língua de sinais é vital para Adriana. É a língua na qual se sente livre. Esses pensamentos ocorriam antes de Adriana se tornar uma intérprete. Agora, como intérprete, convive com vários surdos e não pensa mais nisso. Vê o quanto a língua de sinais tomou espaço na sociedade brasileira e sente-se parte disso.

Em sua atuação como intérprete profissional, Adriana percebe que ser intérprete significa ser mediador. Alguns colegas não conseguem compreender isso. Adriana acredita que traduzir algo da língua portuguesa para a Libras exige, muitas vezes, explicitar termos ou conteúdos. Com base em sua experiência, interpretar compreende "explicar" os conceitos que estão sendo apresentados. Às vezes, uma palavra pode requerer uma longa explicação, dependendo do contexto. Parece que, às vezes, as pessoas não aceitam a diferença entre as línguas, simplificam a interpretação, acreditando que cada palavra tem outra palavra equivalente em outra língua. Adriana constata isso no dia a dia de seu trabalho. Outra observação de Adriana é que ainda existe muito preconceito com a língua de sinais. As pessoas pensam que a Libras é uma língua mais simples. Na verdade, ela percebe que a Libras é tão complexa quanto o português. Ela nota que alguns de seus colegas intérpretes não compreendem isso. Vários desses profissionais, na verdade, ainda não se apropriaram da Libras, precisam aprender mais sobre ela. Adriana verifica que a estrutura da Libras é muito diferente da estrutura da língua portuguesa. O preconceito linguístico está presente entre os falantes do português e se estende à Libras. Não há o reconhecimento de que as línguas apresentam variações que precisam ser consideradas e respeitadas. As pessoas são julgadas a partir da forma como se expressam. Isso pode ser perigoso, diz Adriana. A própria mãe de Adriana e Andréa mostrava preconceito em relação ao uso da língua de sinais, pois considerava que alguns surdos não usavam a Libras de forma apropriada. Atualmente, ela já compreende mais as diferenças. Essa mudança é importante, porque os surdos mais velhos têm um papel fundamental na comunidade surda. Eles representam os surdos para os surdos mais jovens. Eles se tornam referência. Os surdos mais velhos representam as gerações que vão deixar o patrimônio da língua e da cultura para os surdos mais jovens, no sentido de disseminar os bens culturais e linguísticos perpetuando para os mais jovens a herança surda.

Adriana se lembra de uma situação específica quando trabalhava como intérprete na educação de jovens no ensino médio. Todos vinham de famílias de ouvintes. Nas segundas-feiras, todos queriam muito desabafar, contar o que havia acontecido em casa, pedir conselhos. Por isso que Adriana pensa na importância das associações de surdos, pois esses surdos precisam de um espaço em que possam conversar. Adriana conta que sua mãe mudou e passou a respeitar mais os surdos que "não tiveram a mesma sorte da mãe". A mãe de Adriana e Andréa nasceu em uma família de surdos com pais e tios surdos, diferente de outros surdos que não tiveram essa oportunidade.

Adriana já foi confundida várias vezes com uma surda. Isso é bom, pois, de alguma forma, estreita a relação com os surdos com quem trabalha. Essa identificação estabelece uma aproximação importante no meio profissional. Sempre quando interpreta para os surdos, eles informam que estão acompanhando o que está sendo dito. Eles informam que conseguem entender a sinalização de Adriana. Na verdade, quando trabalhava na escola, os surdos informavam a secretaria de que a queriam como intérprete. Isso causou alguns problemas com seus colegas intérpretes. Adriana teve que explicar porque isso estava acontecendo. Muitas vezes, os intérpretes que atuam nas escolas não são fluentes na Libras. Assim, os surdos acabam tendo preferência por aqueles que são fluentes, causando, de certa forma, um constrangimento no espaço escolar. Aos poucos, Adriana foi discutindo também com seus colegas sobre isso, pois o fato de ter crescido na comunidade surda favorecia sua fluência e seu conhecimento da norma surda. Apesar disso, às vezes, a relação com os colegas intérpretes se tornava mais complicada.

Os surdos realmente gostam do trabalho de Adriana, porque ela tem o "cheiro" surdo. Essa expressão é da Libras e significa que a pessoa é íntima, mas a palavra "íntima" não traduz perfeitamente a expressão em sinais, é mais do que isso. A pessoa tem o "cheiro" surdo mesmo. Adriana consegue conversar com qualquer surdo, pois consegue estabelecer uma relação de igual para igual. Às vezes, alguma coisa é de compreensão mais difícil, tanto para os surdos como para os ouvintes. Mas a postura de Adriana esclarece isso. Essa postura profissional é herança das relações que Adriana constituiu em casa, pois a mãe é fluente em Libras, mas a avó não é tão fluente. Assim, Adriana teve que aprender sobre paciência para explicar as coisas para a avó. Esse aspecto ela leva para o trabalho, atendendo surdos de todos os níveis sociais e com muita variação na língua.

Atualmente, Adriana trabalha em uma delegacia da polícia civil, na cidade de São Paulo. A primeira delegacia que atende pessoas com deficiência. Quando foi se candidatar para esse emprego, Adriana foi avaliada na língua de sinais e no uso de "mímica". Isso aconteceu porque, na delegacia, eles recebem muitos surdos que não sabem a língua de sinais. Dos 30 candidatos, apenas três foram aprovados, e todos eram codas, fluentes em Libras. Logo esses três codas se deram conta de que saber a língua de sinais não era suficiente, em função dos vários surdos que só usavam mímica. O objetivo era conseguir se comunicar usando diferentes meios de expressão. O corpo, o papel, a representação eram algumas alternativas usadas para atingir a compreensão mútua. Esse trabalho na delegacia é realizado com uma equipe composta por policiais, psicólogos e assistentes sociais que, em conjunto com os intérpretes, analisam cada situação para definir a forma de estabelecer a comunicação. Uma das primeiras perguntas que fazem ao surdo é saber qual a escola que está frequentando ou frequentou. Isso já dá pistas sobre a bagagem cultural e linguística da pessoa surda que chega à delegacia, pois as escolas bilíngues contam com professores surdos e intérpretes de Libras, mas há escolas que não possuem pessoas que usam a língua de sinais. Adriana gosta muito de seu trabalho, pois vê que é importante para a comunidade surda. Uma das situações com as quais Adriana se defronta no trabalho é a de surdos que chegam à delegacia apresentando queixas que envolvem suas famílias. Os familiares de surdos, muitas vezes, se aproveitam e utilizam os recursos financeiros dos surdos para benefício próprio. Há uma falta de comunicação entre os familiares e o surdo para justificar essas ações. Os familiares não conversam com a pessoa surda que integra a família. Assim, esse surdo fica sem qualquer acesso às informações que envolvem desde coisas simples, até coisas mais complexas do dia a dia. Os surdos chegam à delegacia com o objetivo de compreender quais são seus direitos amparados pela lei. Na delegacia, o objetivo é compreender cada caso para tomar as devidas providências. Isso envolve muita conversa e esclarecimentos.

Adriana vê que isso acontece não porque a pessoa é surda, pois, na família dela, os surdos sempre foram esclarecidos e sempre ensinaram a ela como lidar com as coisas da vida, do dia a dia, das contas, das pessoas e dos familiares. Adriana aprendeu muita coisa com seus familiares surdos. Isso a levou a perceber que os problemas dos surdos que chegavam à delegacia faziam parte de problemas de ordem familiar e das formas como essas famílias lidavam com a surdez. As famílias não conversam com os filhos surdos sobre assuntos elementares que estão relacionados com a vida das pessoas, tópicos como ciclo menstrual e sexualidade não são comentados. Adriana lembra de uma vez em que foi convidada por um surdo para almoçar na casa dele. Quando estava lá, ele pediu um favor a ela dizendo que era algo importante. Adriana ficou preocupada com o que seria. Na hora do almoço, ele chamou a mãe e explicou a ela que havia convidado uma amiga para almoçar para que a mãe esclarecesse como ele tinha ficado surdo. Quando Adriana viu que esse era o assunto, ficou abismada. Como poderia esse adulto surdo ainda não saber algo tão simples que o implica diretamente? A comunicação na família realmente é um problema muito sério. A primeira reação da mãe foi dizer que já havia explicado a ele sobre o assunto. Adriana então pediu a ela para contar como tinha acontecido a surdez do amigo para explicar na língua de sinais para ele. Ao saber dos detalhes, o rapaz surdo ficou emocionado, disse que era importante para ele saber por que havia ficado surdo e que estava feliz por finalmente saber o que havia acontecido. Adriana percebeu que a relação da família com a pessoa surda é complicada, porque não há uma interação efetiva. A mãe do rapaz surdo também ficou feliz de ver que seu filho finalmente compreendeu o que havia acontecido. Adriana percebe que seu trabalho é uma espécie de missão que tem enquanto estiver na Terra. Na delegacia, ela nota que os surdos a procuram com esses tipos de questionamentos diversos que, muitas vezes, envolvem questões muito simples.

Adriana não consegue contar histórias e piadas na língua de sinais. Para isso, ela tem muita dificuldade. Ela consegue compreender e assiste a vídeos de outras pessoas surdas, bem como apresentações de teatro com surdos, mas ela não se sente à vontade para atuar nesse tipo de papel. Adriana se vê na condição de intérprete de Libras e português, inclusive em contextos que envolvem histórias literárias, mas ela não consegue fazer por si só. No papel de intérprete, os surdos a elogiam e reconhecem seu trabalho, pois compreendem o que ela interpreta, mesmo quando envolve um texto considerado difícil em português. Adriana consegue se preparar com a ajuda do professor e, então, realizar a tradução de forma devida. Adriana gosta muito de explicar as coisas. Sempre interpretou para seus familiares surdos em consultas médicas, em bancos e em outros contextos. Mas percebe que é diferente estar como "intérprete" de seus familiares e atuar profissionalmente como intérprete. Na família, a relação é outra, pois a função vai além da de intérprete. A função é de realmente estar junto e conversar sobre o que está implicado em cada contexto. Por começar a fazer isso muito cedo, muitas vezes se deparou com situações em que não sabia do que se tratava exatamente o assunto a ser mediado e, nos dias atuais, se lembra desses contextos e não consegue compreender como os adultos envolvidos não eram sensíveis a isso. Parece que esses adultos não percebiam que a filha, uma criança, estava sendo exposta a situações não apropriadas para sua idade. Adriana se lembra de pedir esclarecimentos, e os pais surdos questionarem isso, por ela ser ouvinte. Ela ainda explicava que existem diferentes tipos de linguagem e que ela precisava de esclarecimentos e mais detalhes para poder explicar aos pais sobre o que estava sendo colocado.

Às vezes, os surdos chamavam Adriana para ajudar a ler alguns documentos, pois tinham dúvidas em relação a alguns termos, mas como isso era feito eventualmente, nunca representou uma tarefa árdua. Adriana também nunca pensava nisso como "trabalho", para ela era algo normal e que fazia parte do contexto no qual estava inserida.

Outra lembrança de Adriana é quanto à desconfiança das pessoas com o que dizia. Quando as pessoas falavam muito, ela explicava e passava o que era necessário, mas os surdos ficavam desconfiados com o que ela passava, pois o tempo da fala era diferente do tempo em sinais. Os surdos achavam que ela tinha deixado de dizer alguma coisa, que ela havia sintetizado a informação demais. Hoje, a mãe da Adriana compreende que algumas pessoas são prolixas mesmo e que é possível dizer as mesmas coisas de forma mais simples em sinais. Nesse papel, como filha de pais surdos, Adriana pensa que ser coda não é ser intérprete, mas sim ser o principal mediador, pois tem consciência das necessidades envolvidas e, então, busca trazer as informações necessárias para garantir a compreensão dos fatos. Às vezes, alguns surdos exigem a interpretação ao pé da letra, mas essa interpretação não é apropriada. É necessário compreender os sentidos e traduzi-los de forma adequada. Esse processo envolve ética, pois requer um compromisso com o que está sendo dito e a compreensão do outro. Na delegacia, Adriana tem tempo para compreender as partes e conversar sobre elas com as pessoas que procuram esse serviço. A partir dessa interação, a interpretação passa a ser feita com base nos sentidos, no que realmente cada um está dizendo.

Quando Adriana conversa com outro filho de pais surdos, sente-se à vontade para falar e fazer sinais, pois entre eles é diferente, é possível. As mãos dos surdos são diferentes das mãos dos ouvintes, assim como as mãos dos filhos de pais surdos são diferentes. Adriana sempre usa a língua de sinais para orar, porque a oração envolve amor e parece que, em sinais, é mais profundo. Adriana comenta que sempre imaginou que, quando morrer, vai para o céu e que lá eles também sabem língua de sinais, que Jesus sabe língua de sinais, todos sabem sinalizar. Andréa também mencionou que prefere orar na língua de sinais. Para ela parece que seu sentido da oração não consegue ser captado em português, ela precisa fazer a oração em língua de sinais. Ela perguntava se Deus entenderia a língua de sinais, e sua mãe respondia que o que é importante é o que está em seu coração. Assim, passou a fazer suas orações em Libras. A mãe fazia orações em Libras antes das refeições.

Tem uma coisa que Adriana se ressente pelos surdos: a relação com a música. Quando ela vê música sinalizada, parece não compreender, parece que falta muito para que música chegue aos surdos como chega aos ouvintes. A experiência é outra. Quando ela é sinalizada, o canto e sua composição parecem não serem captados pelas mãos, pelo movimento e pelo corpo.

Para a Adriana, a beleza de ser coda também está presente naqueles que não são fluentes em língua de sinais, pois cada um tem seu jeito de sinalizar, não há aquela obrigação de ser perfeito. Os pais querem interagir com seus filhos, e isso é o que importa.

Adriana teve um primeiro namorado ouvinte. A experiência não foi boa, pois sempre tinha que ficar interpretando tudo, pois ele queria saber o que os surdos estavam dizendo. Já os familiares surdos eram mais ponderados, pois não insistiam em saber tudo o que estava sendo dito. Com o tempo, ele começou a aceitar quando Adriana não interpretava tudo, pois ela sabia quando era realmente importante interpretar algo. No segundo relacionamento, também era muito desagradável, pois o namorado queria que tudo fosse interpretado. Adriana percebeu que parece muito difícil para um ouvinte compreender e aceitar sua família surda. Até que um dia conheceu um surdo com quem se casou. Esse relacionamento foi bem diferente. Não havia essa demanda pela interpretação, o que tornou a relação com a família muito mais tranquila, pois todos conversavam em língua de sinais. Nesse sentido, foi muito bom.

Andréa consegue conversar usando diferentes níveis da língua de sinais, procurando se adequar à pessoa surda com quem está conversando. Isso ela aprendeu dentro de casa, pois a fluência da avó é diferente da fluência da mãe. Quando um surdo precisa, ela usa também o português, pois, quando o surdo conhece o português, às vezes, fica mais clara a conversa utilizando as duas línguas. Às vezes, também usa as duas línguas para que outros ouvintes acompanhem a conversa. Com outros filhos de pais surdos, como, por exemplo, com sua irmã, às vezes muda de português para Libras para expressar alguma ideia de forma mais clara.

Às vezes, Andréa percebe que consegue se expressar melhor na língua de sinais do que no português. Com os surdos, procura ajustar sua língua de sinais a cada um deles e considera que isso é importante na atuação do profissional intérprete.

Diferente de Adriana, Andréa consegue contar piadas em Libras. Quando está com surdos, as piadas fluem naturalmente, faz parte dela. Engraçado que ela não tem essa habilidade em português e com pessoas ouvintes. Com os surdos, ela consegue e gosta desses momentos de descontração. Isso a leva e se sentir diferente quando está com surdos e quando está com ouvintes. Andréa tem um grupo de amigos *gays* ouvintes e outro grupo de amigos *gays* surdos. A forma como se comporta e conversa em um e outro grupo é diferente.

Andréa percebe que é diferente interpretar em casa e interpretar profissionalmente. Em casa, às vezes, não tinha vontade de interpretar. Às vezes, eles pediam para interpretar alguma coisa que estava acontecendo na novela, e Andréa queria simplesmente assistir à novela. Andréa passava as informações gerais de forma simplificada. Ela gostava de interpretar o jornal, pois achava importante passar as notícias. Andréa também passava notícias de jornais que lia. Lembra também que o avô gostava de conversar sobre futebol. Em alguns momentos, Andréa ficava incomodada de ter que interpretar. Até porque, em alguns momentos, Andréa não entendia o que estava sendo pedido a ela para interpretar. Isso causava problemas na comunicação e era frustrante, isso acontecia mais quando era mais nova. Ela se lembra de interpretar em vários lugares, como em bancos, na delegacia e no fórum. Não sentia que era um peso interpretar, mas, às vezes, quando não compreendia as coisas, ficava mais constrangida. Quando era solicitada a interpretar na associação de surdos, era muito diferente. Gostava da responsabilidade de assumir essa tarefa. Hoje, atua como intérprete profissionalmente e é diferente. Sente-se responsável pela informação que precisa ser passada corretamente. Quando está com amigos e familiares, interpretar toma outra forma, o foco não é a tradução em si, mas o fato de estar participando da interação naquele contexto. Por exemplo, ao acompanhar a mãe em uma consulta médica, Andréa não está como intérprete, mas como filha. Ela procura compreender o que o médico está dizendo e conversa com a mãe sobre o que está sendo dito. Às vezes, nesses contextos, omite algumas coisas que possam comprometer o estado emocional dela ou de sua avó, para conversar sobre isso em outro momento. Da mesma forma, com seu pai, que mora no Rio de Janeiro, mesmo estando distante, ela procura acompanhá-lo sempre que possível. É diferente quando está atuando profissionalmente. Andréa começou a atuar como intérprete em 2006, mas iniciou sua formação em 2008 no curso de letras Libras. A formação foi muito importante para sua percepção quanto a seu papel e sobre como lidava com as línguas.

A relação de Andréa com a língua portuguesa sempre foi boa. Andréa gosta de ler e escrever. Ela percebe que, às vezes, não conhece alguma palavra do português, mas acredita que isso não tenha relação com a Libras. Isso acontece porque é normal você se deparar com novos sentidos e palavras, tanto em uma língua quanto em outra. Na escola, lembra que a mãe não gostava de participar das reuniões, pois achava que não era necessário. Uma única vez, a mãe estava presente e não tinha intérprete de Libras, por isso a mãe não gostava de ir às reuniões. Uma vez, Andréa teve problemas na escola e recebeu uma advertência. A escola exigiu a presença de um responsável. Andréa chamou a irmã mais velha, pois, sempre quando era necessário, era mais fácil chamá-la, até porque algumas coisas podiam ser resolvidas por telefone.

Andréa já teve relacionamentos com surdos e ouvintes. Lembra que, quando teve uma namorada surda, foram a uma festa e ela ficou interpretando todo tempo para ela. Na verdade, isso fez a Andréa perceber que se sente incomodada de ter surdos em ambientes com ouvintes e de ter ouvintes em ambientes com surdos, pois nota que cada grupo tem tipos de conversa diferentes. A relação com as línguas é estabelecida pelas pessoas que a usam.

Andréa lembra que foi muito difícil quando seu avô estava na iminência de falecer. Ele estava muito doente. Andréa chamou a ambulância e acompanhou o avô até o hospital. A médica informou a ela que o avô seria internado e que não sabia se ele voltaria para casa. Andréa ficou chocada e não queria falar isso para a família. Andréa voltou ao hospital com seu tio e a avó. A avó entrou no quarto, e o avô faleceu. A médica não avisou à avó, mas sim à Andréa de que seu avô havia falecido. Andréa simplesmente não conseguia contar para os familiares em língua de sinais. Outro momento difícil para a Andréa foi quando a irmã faleceu, pois, como as pessoas sabiam que a mãe era surda, era necessário interpretar para ela. No dia que aconteceu, sua irmã mais velha confirmou a morte da irmã mais nova e ligou para avisar os familiares. Andréa ficou com a a tarefa de comunicar pessoalmente em língua de sinais para os familiares surdos. Isso foi muito difícil para ela. Ela olhou para sua mãe, que logo interpretou a notícia, e se lembra dela chorando com a foto da irmã. Ainda em outra situação, uma amiga da mãe de Andréa faleceu, e ela acompanhou a mãe no velório. Quando estavam lá, a mãe pediu para ela interpretar para toda a família. Andréa não queria interpretar naquele momento, pois não estava sentindo-se confortável, mas não tinha outra opção e acabou interpretando. Essas lembranças de momentos de perda, que foram muito difíceis para Andréa, marcaram sua história, pois sua presença como mediadora entre as línguas foi fundamental.

Adriana e Andréa cresceram em uma família de surdos com pais, avós e tios, além de relacionamentos com surdos. A relação com os surdos em um contexto com vários surdos é diferente de codas que nascem em uma família em que apenas os pais são surdos. Mesmo assim, Andréa comentou que os familiares ouvintes requeriam a mediação e faziam comentários a respeito da surdez de seus pais. A relação do mundo ouvinte e do mundo surdo sempre imprimiu marcas em todos esses codas, mesmo estando em uma comunidade familiar surda. As vantagens de crescer com mais surdos estão relacionadas com o quanto é mais natural ser surdo, mas, mesmo assim, percebe-se que ser ouvinte e ser surdo está presente nas identidades desses filhos de pais surdos e impactam de diferentes formas em cada filho, mesmo em uma mesma família.

FABRÍCIO TASCA LOHN (2000-)

Fabrício Tasca Lohn (Fig. 6.15) é filho único de pais surdos, Luciano Lohn (1974-) e Juliana Tasca Lohn (1977-). Ao se apresentar, Fabrício disse seu nome e seu sinal, que está relacionado com um sinal que tem na têmpora do lado direito, mas que nem aparece mais, pois o cabelo o esconde. De qualquer forma, o sinal ficou registrado dessa forma (Fig. 6.16).

Figura 6.15 Fabrício Tasca Lohn.   **Figura 6.16** Sinal escrito de Fabrício.

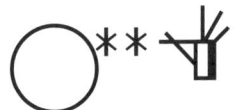

Na família, além dos pais surdos, há dois primos do pai e duas primas da mãe que também são surdos. O convívio do Fabrício com os surdos se restringe basicamente aos pais, pois não tem muitas oportunidades de se encontrar com outros surdos, a não ser quando há alguma festa ou alguma ocasião especial. Eventualmente, tem oportunidade de conversar com outros surdos. Quando era pequeno, acabava frequentando mais a associação de surdos, mas conforme foi crescendo, não acompanhou mais os pais em atividades na associação. De qualquer forma, quando encontra algum outro surdo, conversa na Libras. Fabrício mantém contato com um amigo, que também é filho de pais surdos, mas conversam em português.

Quando Fabrício entrou no primeiro ano do ensino fundamental, foi morar com a avó, pois estava estudando em uma escola que ficava mais próxima da casa dela. Nesse período, praticamente não usava a língua de sinais. Quando voltou a morar com os pais, não se lembrava de muitas palavras da língua de sinais e levou algum tempo para voltar a conversar com seus pais sem ficar perguntando como se dizia em Libras cada coisa. Sempre pedia para seus pais ensinarem mais e mais os sinais.

A relação do Fabrício com a Libras é "normal", conforme ele relata. No entanto, percebe que tem mais fluência em português. Com frequência, Fabrício se esquece de sinais específicos, pois acaba não tendo muitas oportunidades de conversar em Libras. Passa o dia na escola, conversando em português, e apenas algumas horas com seus pais, conversando em Libras. Dessa forma, português se tornou sua língua primária, sendo muito mais fácil de ser acessada. Ele compara a Libras com o inglês, que aprende, mas, por não ter muitas oportunidades de usá-lo, acaba se esquecendo de várias palavras. Isso é o que acontece com a Libras do Fabrício: ele se esquece de vários sinais e percebe que isso acontece quando precisa conversar em Libras. O recurso que utiliza é o da soletração das palavras no português para que seus pais informem o respectivo sinal. A relação com a Libras é diferente da relação com o português, pois se sente mais seguro com o português, uma vez que não sabe muitos sinais.

Em casa, Fabrício interpreta o jornal e também o que passa na televisão, quando não tem legenda. Também acaba interpretando ligações telefônicas e quando os pais precisam ir a algum lugar onde as pessoas não conhecem Libras. Fabrício explica para os pais o que as pessoas estão dizendo em português. Normalmente, isso não se torna um problema. Com a mãe, Fabrício conversa usando a língua de sinais e, com o pai, fala em português combinado com a língua de sinais, pois o pai consegue falar e ler lábios.

Apesar de não ter tanto contato com outros surdos, Fabrício lembra que uma vez passou por surdo em uma assembleia da associação de surdos. Uma pessoa ouvinte perguntou se ele era surdo, pois estava conversando em Libras. Ele disse que era surdo e continuou conversando em Libras. Quando chegou um amigo ouvinte, ele o chamou pelo nome em português, foi quando a senhora ouvinte percebeu que ele não era surdo. Também já houve ocasiões em que se fez passar por surdo para entrar em jogo de futebol com seu pai sem pagar. Ele achou divertido deixar que os outros pensassem que era surdo.

Fabrício já conversou em Libras com seu amigo ouvinte que também é filho de pais surdos. Por várias vezes, eles decidiram usar Libras para que os outros não pudessem acompanhar ou entender o que estavam conversando. Era uma boa forma de poder manter uma conversa, mesmo quando estavam entre outras pessoas que não quisessem que acompanhassem a conversa. Daí, continuavam a conversar em Libras sem problemas, pois os outros não entendiam essa língua.

A Libras é uma língua que todos acham muito legal. Fabrício conta que, na escola, os colegas pediam a ele para ensinar os sinais para poderem conversar na língua de sinais durante as provas. Assim, usavam a Libras para poderem se ajudar na realização da prova sem o professor perceber. Fabrício teve uma colega surda na sala de aula, daí toda a turma tinha aula de Libras com uma professora surda. Era muito bom, pois todos os colegas conheciam a Libras. Os colegas sempre pedem para o Fabrício ensinar a Libras. Ele não vê problema nisso, mas, às vezes, sente-se envergonhado, não pela Libras, mas por causa de sua personalidade, sente vergonha de se apresentar para os demais.

Fabrício consegue contar fatos que acontecem em Libras, mas não consegue contar piadas ou histórias engraçadas. Consegue conversar com vários surdos, mas percebe que tem alguns surdos que usam uma língua de sinais diferente, que parece mais simples, mas apresenta dificuldade em acompanhar. Às vezes, recorre à opção de responder apenas com sim ou não nesses casos, pois não consegue levar uma conversa adiante.

Uma situação que incomoda Fabrício profundamente é quando as pessoas ligam e pedem para falar com seus pais. Depois de explicar que eles são surdos, essas pessoas continuam insistindo que só podem conversar diretamente com seus pais. Fabrício fica indignado com isso e pergunta para essas pessoas como elas fariam os pais delas fossem surdos e tivessem que interpretá-los no telefone. As pessoas não dizem nada. Fabrício fica com vontade de xingá-las, mas sabe que deve ser educado e mantém a calma, mas isso o incomoda profundamente.

De modo geral, a experiência de poder conversar em Libras é muito boa para Fabrício, embora reconheça que não tem a mesma fluência que possui no português, por ser ele sua língua primária, apesar de a Libras ser sua primeira língua, que passa a ser secundária, assim como acontece com outros falantes de línguas de herança.

SOBRE AS BIOGRAFIAS

Essas biografias evidenciam diferentes relações estabelecidas com as línguas na vida de filhos ouvintes de pais surdos. As línguas desempenham papéis centrais na constituição das identidades desses codas. As relações de pertencimento à comunidade surda e à comunidade ouvinte acompanham esses indivíduos a partir das línguas que viabilizam as interações entre as pessoas das diferentes comunidades. Esses bilíngues bimodais se constituem em um terceiro espaço, pois bilíngues não são apenas aqueles que têm duas línguas, mas são bilíngues em si. O fato de conhecerem profundamente as línguas e as comunidades que usam essas línguas coloca esses codas em uma posição que permite transitar, que permite negar, que permite contestar, que permite agregar e sabe separar, percebe cada um e cada espaço. Nesse sentido, constituem-se híbridos, que não é a soma dos dois, mas são os dois, é o coda.

Esse terceiro espaço se constitui nas fronteiras da língua e da cultura, como discutido por Quadros e Masutti (2007). Segundo as autoras, essas línguas, de sinais, falada e escrita, acompanham esses codas em dois mundos culturais que apresentam assimetrias nas relações de poder (QUADROS; MASUTTI, 2007). Tais assimetrias aparecem em todas essas histórias relatadas. Em alguns relatos, a "vergonha" sentida pelos codas reflete as atitudes dos ouvintes em relação aos surdos, como deficientes, incapazes e infelizes. A vergonha por um lado e o sentimento de advocacia por outro impactam a vida desses codas. Ir em defesa de seus pais (em extensão, em defesa dos surdos) é registrado nas histórias dos codas. Explicar para os outros o que significa ser filho de pais surdos e o que significa ser surdo torna-se parte do cotidiano deles.

A relação com os demais familiares ouvintes da família dos codas aparece em alguns trechos, embora de forma muito tímida. Nas entrevistas realizadas, não houve, porém, nenhum caso extremo no qual a família tenha interferido diretamente na relação dos pais surdos com seus filhos. No caso de Osmar Pereira, relatado na dissertação de Pereira (2013), temos uma vivência que desencadeia uma relação de advocacia ao longo da vida desse coda. Sua história começa com seu nascimento em uma família de surdos que faz parte de uma comunidade de surdos e que se encontrou em uma associação de surdos. O encontro surdo-surdo caracteriza a família e constitui Pereira (2013) como parte desse contexto. Ao mesmo tempo, esse coda também cresceu com seus familiares ouvintes, que não acreditavam na capacidade de seus pais em educá-lo. Sua tia o tomou de seus pais, alegando que eles não teriam condições de criá-lo. Seus pais só podiam visitá-lo nos finais de semana. Até que um dia, seus pais tiveram coragem de buscá-lo e assumiram a tarefa de pais.

[...] Quando meus pais foram me buscar, a pessoa que entrou no quarto para me acordar foi minha mãe. Eu me lembro de ter pulado no colo dela. Foi o dia mais feliz da minha vida. Eu sou capaz de descrever a roupa que ela usava, uma blusa branca com uma palavra escrita na frente, calça *jeans* e o cabelo amarrado para trás, em "rabo de cavalo". Até os meus 6 anos de idade, minha mãe sempre me fazia a mesma pergunta de tempos em tempos: "Quem é sua mãe? Eu ou sua tia?". "É você, mamãe", eu respondia. Naquele dia, voltamos para casa e passamos a ser uma família novamente.

Esse caso extremo de interferência da família ouvinte na família de surdos é vivido por alguns filhos de pais surdos. Quando isso acontece, normalmente não se repete quando o casal tem seu segundo filho. Esses pais, assim como quaisquer outros pais, ficam inseguros ao ter seu primeiro filho. Os familiares ouvintes também ficam inseguros, especialmente quando a visão constituída da surdez está pautada na deficiência. Essa relação entre o mundo ouvinte e o mundo surdo faz parte da constituição dos codas com mais ou menos impacto. Nas entrevistas, a relação com os familiares ouvintes aparece de diferentes formas. No caso de Maitê, a avó aparece como uma mediadora na relação entre o mundo ouvinte e o mundo surdo. A avó ouvinte explicava para os professores como as pessoas surdas eram e por que Maitê estava revoltada com o *bullying* das colegas. Léa e Riva comentam que os avós ouvintes acharam melhor que o casal, seus pais, ficassem morando com eles. Não foi revelado nas entrevistas com elas se havia uma preocupação dos avós em continuar morando junto com os pais surdos para cuidar deles. De qualquer forma, é possível que isso tenha acontecido. No caso do Fabrício, ele foi morar com os avós para estudar. Depois, ele comenta que finalmente voltou para a casa dos pais. Essas histórias, apesar de diferentes, são muito recorrentes com filhos ouvintes de pais surdos. Pereira (2013) também foi retirado de sua casa para morar com a tia ouvinte para estudar. Além dele, os três entrevistados em sua dissertação comentam sobre isso:

> Minha bisavó pediu para que eles morassem juntos [com meus avós] para não ter dificuldade de pais surdos terem um filho ouvinte chorando à noite, precisando dar de mamar, dar comida. Então eles [meus pais] começaram a morar junto com meus avós. Depois disso, meu pai e minha mãe tinham o

quarto deles e eu ficava sempre no quarto dos meus avós, porque, quando eu chorava à noite, minha avó que me pegava, me fazia dormir, e quando eu queria mamar, eles iam até o quarto da minha mãe, chamavam a minha mãe e ela dava de mamar para eu dormir. (SIMAS, informação verbal)

Na minha infância é ... primeiro. Para saber que meus pais eram surdos, eu tinha meus avós próximo a mim. Daí eles de vez em quando interpretavam e explicavam que eram surdos, aí conforme o tempo, fui aprendendo a falar em Libras e, normal, também por causa de meus avós. (COLIN, informação verbal)

Meus avós incentivaram minha mãe a me colocar em uma escola cedo, fui para a escola com 2 anos pra ter contato com outras pessoas, para aprender a falar, porque minha avó logo soube que, se eu convivesse muito com meus pais, eu ia acabar não sabendo falar português. (HERMIONE, informação verbal). (PEREIRA, 2013, p. 88-89).

No caso de Simas, há uma preocupação dos pais em acompanhar os cuidados do neto ouvinte. Talvez isso tenha acontecido também com a família de Léa e Riva. Por serem surdos, há uma preocupação maior com os cuidados deseus filhos do que ocorre, normalmente, em outras famílias. Lembro que minha mãe comentou comigo, algumas vezes, que, quando eles tiveram o primeiro bebê (minha irmã que é cinco anos mais velha do que eu), os avós pediram para ficarem com ele para cuidar e ensinar a falar. Os cuidados estão associados, nesses casos, com a ideia de que os surdos não irão ouvir seus bebês e não irão, portanto, atender a suas necessidades. Eles não imaginavam que os surdos criam várias formas de resolver isso. Minha mãe contou-me que sentia muito em deixar minha irmã com eles e, quando ia buscá-la para ficar um pouco com ela, eles insistiam que seria melhor para ela ficar com eles. Quando ela teve o segundo bebê, que era eu, ela conta que percebeu que tinha todas as condições de prover os cuidados necessários a suas filhas e que não deixaria mais que os avós buscassem suas filhas para ficar com eles. Minha mãe, a partir desse momento, assumiu nossa educação. Ela sempre comentava que sabia que aprenderíamos a falar de qualquer forma com os outros, assim crescemos interagindo na língua de sinais em casa. Apesar de tudo, percebe-se aqui que os surdos precisam de muita coragem para enfrentar seus pais e assumir sua função de pais, como pais surdos de seus filhos ouvintes. Isso aconteceu da mesma forma com Osmar (que é o próprio Pereira em seu relato em sua dissertação) e com Fabrício, que foi entrevistado por mim. Quando os avós não chegam ao ponto de assumir a tarefa dos cuidados de seus netos, eles incentivam os pais a colocar os filhos ouvintes na escola muito cedo para que aprendam a falar. A preocupação com a aprendizagem da fala é constante entre os avós. Preston (1994) menciona que essa preocupação dos avós é recorrente entre os codas. Em suas entrevistas, também aparece uma certa "realização" dos avós em ter um neto ouvinte (não um filho surdo, i.e., um filho deficiente). Esse não parece ser o caso de alguns dos avós entrevistados, por exemplo, no caso de Maitê, assim como no de Colin, entrevistado por Pereira (2013). Outra situação completamente diferente foi a de Adriana e Andréia, que cresceram morando com seus pais e avós surdos. Nesse caso, os avós ficaram com seus pais, não porque acreditavam que seus filhos surdos não pudessem cuidar de seus netos ouvintes, mas porque foi a condição colocada a eles. Em relação aos cuidados dos filhos, Pereira (2013, p. 89) relata que as perguntas que os avós produziam e reproduziam eram as seguintes: "Será que eles vão ouvir o choro do bebê?" ou "Será que meu neto vai aprender a falar?".

Preston (1994) menciona que os avós ouvintes também carregam experiências de sucesso ou de fracasso em relação a seus filhos surdos, que se refletem em expectativas diferenciadas em seus netos que são ouvintes, não surdos. Até hoje, apesar das mudanças que já aconteceram na vida dos surdos e do desenvolvimento da tecnologia que favoreceu os surdos em relação à comunicação, as novas gerações ainda precisam lidar com essas perguntas.

Outro aspecto está relacionado com a presença da comunidade surda. Essa presença nas famílias dos codas entrevistados representou o elo sociocultural com os surdos que constitui suas identidades. Os surdos que visitavam suas casas, os surdos na associação de surdos e os surdos em outros espaços deram contornos a um grupo social ao qual seus pais pertencem e, de certa forma, os próprios codas sentem-se bem-vindos. Quase todos os entrevistados falam com certa nostalgia sobre as associações de surdos, mesmo quando não participam mais na vida atual. Parece haver uma sensação de volta ao lar. Existe uma relação de pertencimento dos codas com a comunidade surda, embora o *status* de "ouvinte" seja um traço constituinte que os diferencia dos surdos.

A questão de ser surdo e ouvinte sempre esteve presente na vida desses codas, tanto por parte da comunidade surda, como por parte da unidade familiar maior (os avós, os tios e os demais membros da família que eram ouvintes) e a sociedade em geral (a escola, a igreja, os amigos ouvintes). Os próprios avós desses codas começam com a diferenciação "surdo" e "ouvinte", que cruza as experiências dos codas. A escola tem um impacto significativo na vida desses codas, pois parece situá-los como ouvintes e, em alguns casos, constituir os surdos como "deficientes". O fato de a escola não saber a língua de sinais é frustrante para vários codas, até entenderem que a língua de seus pais é a língua diferente, a língua de herança, ou seja, a língua da minoria linguística. Os efeitos da escola também constituem as identidades dos codas. Preston (1994) observou que a relação entre surdos e ouvintes foi uma questão central na constituição dos codas norte-americanos que entrevistou. A impressão que dá é de que o mundo encaminha os codas para o mundo ouvinte. Preston (1994) observou que vários de seus entrevistados foram se descolando do mundo surdo e tornaram-se mais colados ao mundo ouvinte, assimilando completamente as formas ouvintes de ser. Apesar disso, vários deles confessaram que o mundo dos surdos é onde eles se sentem em casa, ou seja, a zona de conforto (*safe house*). Trago aqui as análises de Quadros e Masutti (2007) sobre codas como sujeitos em zonas de contato que possibilitam a constituição do terceiro espaço:

> [...] Os codas encontram na comunidade surda o espaço de segurança, o porto seguro para viver a intensidade de uma língua constituída no corpo e na forma de olhar. Libras é o reencontro e o conforto de uma segurança de volta à casa paterna, a *"safe house"*; o português, em contrapartida, é a língua do colonizador, a necessidade da zona fronteiriça de contato, que impõe espaços de negociação, e a revisão permanente do encontro com o outro ouvinte, que faz parte também do ser coda. Então, faz-se necessário estar na zona de contato, nas fronteiras, nas margens que se constroem nas linhas de diferença. Torna-se fundamental construir espaços de negociação para um

coda sobreviver nesse contexto. A negociação é um espaço de tensão constante na vida do coda nas relações com os outros surdos e outros ouvintes. (QUADROS; MASUTTI, 2007, p. 263-264).

Os codas que entrevistei também têm mais ou menos "descolamento" da comunidade surda, mas parecem sentirem-se seguros entre os surdos. Alguns mencionaram a questão da intimidade com os surdos, no sentido de proximidade e de pertencimento. Esse "lugar" sempre será um lugar para os codas. É o retorno para casa.

A comunidade surda e os amigos dos surdos representam um paradoxo da identidade dos surdos, de seus filhos, como apontado por Preston (1994), é estar separado dos outros por causa da diferença e procurar estar com os outros similares que permitem ser você mesmo. Nesse sentido, os codas se situam entre os ouvintes e os surdos, no terceiro lugar. O lugar que transita entre outros lugares, a partir das zonas de contato. Os surdos separados dos ouvintes, por causa da língua e por causa de um traço identitário, e junto com outros surdos, porque se entendem e constituem uma relação que parece mais de uma família, muitas vezes, até mais intensa do que uma família de sangue. Essa relação paradoxal faz parte dos codas. Nessas relações e por meio da língua, são estabelecidos os valores culturais e são constituídas as identidades desses codas, com traços surdos e com traços ouvintes, coloridos com essas atitudes.

Existem análises de crianças que são de um país e que acabam indo morar em outro país, por razões diversas, normalmente associadas com a situação profissional da família. Esses casos são referidos com crianças da terceira cultura (*third culture kids*), segundo Pollock e van Reken (2001). Os autores apresentam um modelo da terceira cultura que parece captar a discussão que estou apresentando sobre os codas ocuparem um terceiro espaço. Pollock e van Reken (2001) destacam que essas crianças vivenciam experiências culturais diferentes das vivenciadas no seio familiar, em seu país de origem. Os autores apresentam resultados de pesquisas que evidenciam que essas crianças incorporam comportamentos da cultura que as hospeda, apresentando um estilo de vida diferente do comportamento típico de sua cultura de origem. Parece que essas crianças passam a ocupar um espaço cultural de "interstício", termo usado pelos autores. A situação dos codas retrata algo desse tipo.

Na Figura 6.17, a seguir, apresento o modelo da terceira cultura adaptado para a situação dos codas.

Um dos pontos levantandos por Pollock e van Reken (2001) está relacionado com a importância de reconhecer a especificidade dessas crianças, mas nunca esquecer que elas continuam sendo "pessoas". Os codas, por ocuparem esse terceiro espaço, às vezes, são vistos como aqueles que conseguem transitar e que estão no interstício e, por isso, acredita-se que possam mais do que realmente poderiam. Esses codas continuam sendo crianças, continuam sendo filhos, continuam sendo pessoas, e os pais e as outras pessoas precisam estar atentos a isso. Nos relatos dos codas, aparece mais ou menos esse sentimento de sobrecarga, de demandas não condizentes com demandas típicas de uma criança. O terceiro espaço autoriza esses codas a transitarentre os espaços, mas isso precisa acontecer com suporte dos pais e dos demais adultos.

Nas entrevistas, a questão de mediar as relações e as línguas aparece em todas as biografias. Alguns relatos focam as dificuldades envolvidas na realização dessas mediações ("interpretações"), outros focam mais o valor atribuído como algo "honroso" de ser feito para os pais. Os relatos acabam sempre indicando uma terceira posição como agentes da relação entre surdos e ouvintes. Os codas sentiam-se importantes na realização da tarefa de agentes das conversas mediadas entre português e Libras. No entanto, vários

Figura 6.17 Modelo da terceira cultura.[18]

---

18 Adaptado de Pollock e van Reken (2001, p. 14). Original de van Reken (1996 apud POLLOCK; VAN REKEN, 2001).

se lembram de momentos em que essa posição se tornou difícil, por incluir situações que seriam difíceis a qualquer um, mas que, pelo fato de estarem envolvidos emocionalmente ou serem ainda muito jovens, tornava-se ainda mais difícil. O terceiro espaço que se forma entre as zonas de contato nem sempre é um espaço de conforto. A mediação entre os diferentes espaços pode tornar-se extremamente complexa, pois envolve diferentes formas de conceber o mundo, além de as línguas serem distintas. No entanto, o terceiro espaço é um acontecimento na vida desses codas. Ele acontece e caracteriza a vida desses sinalizantes de herança, constituindo-os como codas, ou seja, aqueles que têm a experiência surda, a experiência ouvinte e a experiência no terceiro lugar, entrelugares, nas zonas de contato.

As tensões existentes entre as línguas, as culturas e as identidades aparecem nas zonas de contato. Os codas mantêm mais ou menos essas tensões e/ou as reinventam a partir do entendimento mútuo, assim como mencionado anteriormente por Pratt (1999, 2000). Essas tensões fazem parte das relações que se estabelecem ao longo das vidas dos surdos e dos codas. As perguntas "Como teus pais te criaram?" ou "Como teus pais te ensinaram a falar?" reaparecem ao longo da vida dos codas com mais ou menos surpresa por parte dos ouvintes. Todavia, as formas como os codas respondem a essas perguntas mudam também ao longo de sua vida. Isso aparece nos relatos apresentados, por exemplo, na biografia de Maitê. Conforme o entendimento mútuo molda o terceiro espaço, os codas conseguem responder com mais tranquilidade a essas perguntas e a tantas outras que surgem. O estranhamento por parte dos ouvintes em relação aos surdos ou, o contrário, o estranhamento por parte dos surdos em relação aos ouvintes são compartilhados pelos codas. Assim, quando esses codas se apropriam de tais estranhamentos, eles conseguem responder a essas perguntas com mais tranquilidade para auxiliar os outros a compreender melhor uns aos outros. Entretanto, quando eles não conseguem obter o entendimento mútuo, assim como observado em alguns momentos da vida de alguns dos codas entrevistados, a raiva ou outros sentimentos de negação tomam o espaço nas zonas de contato, não configurando o terceiro espaço. Como mencionado por Quadros e Masutti (2007, p. 249):

Ouvintes não compreendem muitas referências culturais surdas, entretanto, muitas vezes os surdos interrogam acerca de sentidos atribuídos pelos ouvintes, que para eles não têm a menor importância. A própria língua portuguesa, na perspectiva surda, se torna um conjunto de informações excessivas e desnecessárias, apenas um instrumento opressor. A cumplicidade da relação se esvazia, à medida que situações se tornam incompreensíveis diante de comunidades com perspectivas diferentes.

Outro aspecto levantado por Pollock e van Reken (2001) é o de que a criança da terceira cultura não escolhe isso. Isso é o que acontece com os codas. Eles nascem em famílias de surdos e crescem em meio à comunidade surda (quando existe essa comunidade) e à comunidade de ouvintes. A herança surda e a herança ouvinte fazem parte da constituição cultural e linguística deles. É importante ressaltar que a herança ouvinte com sua cultura e língua não integra completamente a de seus pais. Contudo, a criança coda cresce integrando as duas e ocupando esse espaço que a autoriza a mediar as relações e os significados. A cultura de casa é a dos pais, e a cultura dos outros é a dos ouvintes. Os codas herdam a cultura de seus pais e são ouvintes, portanto, herdam também a cultura dos outros, que da mesma forma passa a ser a sua. Isso aparece em vários momentos nas conversas com os codas registradas aqui.

A referência de surdos para quase todos os codas é de surdos adultos. Os codas normalmente não conhecem surdos crianças. Como Preston (1994) apontou, isso é diferente das outras crianças ouvintes que crescem em volta de crianças ouvintes. Segundo o autor, a ausência de crianças surdas como pares de filhos ouvintes de pais surdos contrasta com os pares surdos de seus pais surdos que são todos surdos. Onde estão as crianças surdas? Parece que os pais ouvintes de filhos surdos acabam não oportunizando a interação de seus filhos surdos com adultos surdos por diferentes razões, que não são discutidas aqui. Isso exerce impacto na vida dos codas, como crianças, pois cria uma cultura marginal, gerando uma hierarquia funcional e diferenciada entre surdos e ouvintes (PRESTON, 1994). Porém, quando há presença de crianças surdas, parece realmente existir um empoderamento da norma surda, assim como foi o caso de Adriana Venancino. Com falantes de herança de outras línguas, especialmente de imigrantes, sempre que possível, as famílias de imigrantes no novo país procuram constituir uma comunidade que favorece a interação entre as crianças que também são falantes de herança. Por exemplo, a comunidade de brasileiros nos Estados Unidos interage e cria espaços para que seus filhos se encontrem. Assim, essas crianças veem e interagem com seus pais e amigos adultos e com os filhos dos amigos de seus pais. No caso dos codas, os filhos dos amigos de seus pais são normalmente ouvintes, assim a interação acontece com outros codas, mas não com crianças surdas, com raras exceções, como constatamos nas entrevistas realizadas.

A escola é um acontecimento na vida desses codas, que apresenta um impacto significativo nas relações estabelecidas pelas zonas de contato. Inicialmente, a escola representa um espaço de desconforto para a maioria dos entrevistados. Assim como observado por Quadros e Masutti (2007), a escola é o espaço que privilegia a língua portuguesa, em suas modalidades falada e escrita, e costumeiramente não considera outras línguas em seu currículo. Para a escola, os pais parecem não ter o estatuto de pais, mas são apenas os que carregam o estatuto da surdez. Como a língua falada é usada para mediar as relações na escola, a instituição não consegue atribuir sentido nas relações a partir da língua de sinais. Assim, a escola pode não ter sentido para alguns codas ou incitar sentimentos de estranhamento (p.ex., por meio da raiva, como no caso de Maitê, ou por meio da negação, como no meu caso). Conforme essas representações são negociadas, as relações com a escola passam a ser ressignificadas, assim como as relações da escola com os pais dos codas. As fronteiras entre a escola e a unidade familiar manifestam zonas de contato por meio desses codas que, então, consolidam o terceiro espaço. Como observado por Quadros e Masutti (2007, p. 261), estabelece-se a empatia que "[...] reforça a busca por estratégias adequadas para atender de fato as necessidades do outro". Isso vai aparecer de forma explícita na entrevista com Maitê, quando ela, com outras codas, prepara apresentações da escola em Libras.

Pereira (2013) também discute sobre a entrada na escola como um marco que abre o espaço para o mundo dos ouvintes na vida dos codas. Ele traz uma passagem da história de vida de Colin, um de seus entrevistados, com um relato de seu pai, que retrata a relação paradoxal estabelecida entre os surdos e os ouvintes por meio das línguas e, com a qual, o pai surdo procura ensinar seu filho como lidar com essas zonas de contato.

[...] Ele começou a ir para a escola e começamos a perceber que na 1ª série ele tinha dificuldades. Ele começou a ficar angustiado e preocupado. A professora também. Mas eu disse para ele: "Olhe filho, olhe para o seu pai. Lá na escola as pessoas são ouvintes. Você se acostumou com uma família surda, usuária da Libras. Divida seu cérebro em dois. Uma parte é ouvinte e a outra usa Libras. Quando você estiver com alguma dúvida, não fique esperando. No mundo ouvinte, os pais podem ajudar, mas para nós surdos é mais difícil. Quando você chegar em casa, você pode usar a Libras." (PAI DE COLIN, informação verbal) (PEREIRA, 2013, p. 97).

Esse pai foi extremamente sensível e conversou com seu filho Coda sobre as diferenças entre os surdos e os ouvintes que partem das línguas. As zonas de contato são apresentadas por esse pai A seu filho diante das dificuldades que Colin está enfrentando em lidar com elas no primeiro ano de sua vida escolar (por volta dos 6 a 7 anos de idade). Lembro que meu primeiro ano escolar foi um desastre em minha vida, pois eu não conseguia, provavelmente, entender o que estava posto, ou seja, minha família e os amigos e familiares surdos com quem convivia não usavam a mesma língua e não partiam das mesmas referências que a escola estava apresentando ao ser o que era, uma escola em outra língua que partia de outras representações. Assim como Colin, tive que aprender sobre isso para conseguir avançar na escola. Isso impôs a mim e, provavelmente, ao Colin a necessidade de aprender sobre o terceiro espaço. De certa forma, isso também aparece nas falas de Maitê e Léa.

Ainda sobre as tensões que se colocam, em algumas das entrevistas aparece o desconforto por parte dos codas em relação a um e/ou outro, a Libras e/ou a língua portuguesa, especialmente nos momentos de tradução. Esse desconforto surge, especialmente, quando os próprios codas são vítimas de preconceito. Quadros e Masutti (2007) mencionam a internalização de representações linguísticas e culturais que levam os codas a reconhecer esse preconceito. Aquilo que seria muito claro em uma das línguas perde o sentido na outra. A estratégia, então, é procurar reconstruir o sentido utilizando representações do outro na língua-alvo. Segue o trecho da entrevista realizada por Quadros e Masutti (2007, p. 252) que ilustra isso:

> Eu já havia ensinado o conceito de "interdisciplinaridade" em classes de ouvintes utilizando português. Eu costumava explicar que nesse conceito

também fazia parte o estabelecimento de relações entre os diferentes campos do conhecimento e exemplificava com interfaces feitas entre a educação e outras áreas como a sociologia, a psicologia, a filosofia, a antropologia, entre outras. Também, eu costumava dizer utilizando palavras em português como estas relações poderiam ser estabelecidas. Quando eu necessitava ensinar o mesmo conceito para um grupo de surdos, eu soletrava a palavra "interdisciplinaridade" e, então, eu explicava por meio de uma representação usando o espaço e demarcando os locais para cada área de conhecimento empregando uma metáfora (cada local era uma casa). Depois usei o sinal de caminhar entre uma casa e outra como se fosse feita uma visita para trocar ideias e aprender com o outro campo de conhecimento (na casa dele). Essa relação era estabelecida entre uma casa e outra (mostra como fez em sinais). Eu jamais usaria esta metáfora em português e ela, simplesmente, fluiu em sinais. No final, percebi que a explicação em sinais era estranha ao português. É tão diferente dizer a mesma coisa em uma língua e na outra.

O terceiro espaço parece reconhecido nessa entrevista quando o coda relata que não usaria essa metáfora em português, mas que ela "simplesmente fluiu" na Libras. Ao expressar isso, as zonas de contato são reveladas e o terceiro espaço constituído.

A questão de assumir a tarefa de intérprete para os pais não configurou como algo pesado nos codas entrevistados. Pelo contrário, a interpretação normalmente era entendida como algo importante e mais abrangente do que a função da interpretação que estava sendo feito pelos codas. Dava a eles o poder de mediar a dinâmica cultural e linguística instituída e da qual eles fazem parte. Esses codas sentiram-se autorizados por seus pais, mesmo quando muito jovens, a darconta dessa função. A relação de confiança estabelecida entre os pais surdos e seus filhos ouvintes favorece a possibilidade de romper com os papéis sociais, no sentido de dar aos filhos ouvintes a condição de mediar as relações. Essa mediação é vista pelos codas muito mais de forma positiva do que negativa. Nesse sentido, os codas rompem barreiras sociais, culturais e linguísticas e sentem-se bem com isso. Souza, J. C. F. (2015) discute essa função de mediadores que faz parte da constituição dos codas como algo que pode ser considerado uma oportunidade única da condição dos filhos de pais surdos, que são ouvintes de uma geração exclusiva que cresce entre surdos e ouvintes. Fica claro que esses codas não são intérpretes de língua de sinais convencionais, como aqueles que atuam profissionalmente como intérpretes. A função desempenhada em tais contextos é muito mais abrangente do que a de um intérprete, pois os codas fazem parte da interação e participam ativamente dela, como filhos. Os codas são legitimados por seus pais para realizar a mediação e cuidar dos interesses de seus pais. Nesse sentido, eles acabam mediando a informação e influenciando a decisão do outro (SOUZA, J. C. F., 2015). Isso pode sobrecarregar um filho de pais surdos, mas os entrevistados passaram muito mais a ideia de que se sentiam importantes ao desempenhar essa função.[19]

Para além da tarefa de "intérprete", os codas parecem assumir uma postura de "advocacia" inspirada pela atitude de tomar conta de seus pais. Isso aparece nas entrevistas de forma mais sutil, mas está presente. Maitê, por exemplo, quando narra a história que representou um marco em sua vida, conta sobre os sentimentos que surgiram ao ver que sua mãe não estava compreendendo uma mensagem postada por outro familiar. Léa também relata o quanto Riva fazia as coisas para a mãe e que ela não assumiria essa tarefa, pois acreditava que a mãe poderia aprender a fazer por ela mesma. Sônia sentia-se cuidada pela mãe, mas também aparecem alguns comentários em que ela toma conta de seus pais. Em minha história, também tive a sensação de ver minha irmã tomando conta de meus pais e, depois, de ter que assumir algumas funções que não eram assumidas por outros filhos. Além dos cuidados, há um sentimento de querer defender seus direitos de acesso à informação e de reconhecimento de sua normalidade surda pelos outros ouvintes. Preston (1994) traz essa questão da "advocacia", que representa a defesa de alguém em relação aos outros, como presente em vários discursos de codas que entrevistou. Pereira (2013) também levanta esse fato como recorrente entre codas, em especial, entre aqueles que contaram suas histórias de vida a ele. Em um trecho de seus entrevistados, aparece isso de forma explícita: "Não cuidava só de meus pais, cuidava de uma casa" (HERMIONE, informação verbal, apud PEREIRA, 2013, p. 99). Esses cuidados e a advocacia pesam na vida de alguns codas. Eu, por exemplo, às vezes, sentia falta de ser cuidada, no sentido de não ter que assumir a posição de frente,

---

19 Existe o termo em inglês *language broker* para esse contexto que envolve bilíngues de línguas orais que acabam atuando como mediadores, mesmo não sendo intérpretes profissionais. Eles mediam a interação entre grupos sociais de línguas diferentes, pois conhecem as duas línguas e as duas culturas. Assim, desempenham a função de mediadores (TSE, 1996).

mas, em vez disso, de estar protegida e cuidada. Isso aparece, de certa forma, na fala de Hermione. A advocacia toma forma de "missão", que é o caso de quase todos os entrevistados, em especial de Sônia, Maitê, Riva, Adriana e minha também, no sentido de buscar formas de transformar a sociedade para compreender melhor os surdos. Cada uma com formas próprias para implementar ações e produzir mudanças a respeito de como as pessoas se relacionam com os surdos e como os surdos passam a ocupar seus espaços na sociedade.

A relação com as línguas, a Libras e a língua portuguesa, também representa um marco na vida dos filhos de pais surdos. O envolvimento com a família surda ou com a comunidade surda determina a fluência na língua de sinais. A língua de sinais, como registrado por Pereira (2013, p. 48), é uma "marca que evidencia a presença de uma pessoa surda". As pessoas percebem visualmente os surdos quando usam a língua de sinais. É uma língua que está no corpo. Quadros e Masutti (2007) destacam a questão do corpo na vida dos codas, pois a Libras é uma língua corporal. É uma língua que se realiza nas experiências visuais e corporais. As mãos se movimentam para combinar formas que apresentam sentidos. Os codas crescem com essa língua que é uma tradução íntima do ser surdo.

O português pode ser ou não considerado difícil, dependendo das experiências de cada um. Essa dificuldade, quando existe, normalmente acontece nos primeiros anos escolares, quando os codas se deparam com o mundo ouvinte. Provavelmente, as experiências de entrada no mundo ouvinte interferem na relação com a língua portuguesa, de forma mais ou menos marcante. A relação dos próprios pais com as línguas deve afetar diretamente as experiências de seus filhos. Os pais que foram oralizados e ensinados sobre a suposta supremacia da língua portuguesa, mesmo sendo fluentes na Libras, quando tiveram seus filhos, procuraram usar o português com eles. Consciente ou inconscientemente, havia a ideia de que a língua portuguesa era "superior" à Libras. Isso foi ensinado aos surdos quando foram às escolas, pois a educação com base no monolinguismo para garantir uma única língua nacional afetou esses pais surdos. Tais experiências tocaram essas pessoas e desdobraram diferentes relações com as línguas.

As biografias dos codas trazidas neste livro apresentam alguns aspectos da vida de diferentes filhos de pais surdos, com experiências distintas, mas também iguais. Vemos nos relatos que, apesar de cada história constituir uma história única a partir de uma experiência familiar singular, os codas compartilham as línguas, os valores culturais de uma comunidade surda, as experiências corporais e visuais a partir da língua de sinais e das formas de ver o mundo, bem como das representações que o "olhar" captura. Também compartilham as experiências de aprender a se relacionar nas zonas de contato, sendo ouvintes, sendo filhos de pais surdos, entre os surdos e entre os ouvintes. Além disso, os codas compartilham a experiência da surdez como algo "normal" e como algo que parte da "deficiência". Eles compartilham o estranhamento diante da visão dos ouvintes que desconhecem os surdos. Também compartilham a experiência de aprender que são ouvintes, mesmo sendo filho de pais surdos. Com isso, todos esses codas compartilham com mais ou menos intensidade a experiência de ocupar o terceiro espaço, o espaço de ser coda, com heranças surdas e com formas ouvintes de ser, com a possibilidade do entendimento mútuo, da compreensão.

CONSIDERAÇÕES FINAIS

Este livro apresentou o tema "língua de herança" a partir de sua definição, discutindo aspectos que fazem parte das comunidades bilíngues de diferentes origens, grupos étnicos, imigrantes e surdos. Demonstrou pesquisas que analisaram esses diferentes contextos e que observaram que há uma grande tendência de as línguas de herança serem minorizadas. A partir desses estudos, este livro focou a Libras, como língua de herança, debatendo a respeito dos diferentes grupos de sinalizantes: (1) os surdos, filhos de pais surdos, que caracterizam um grupo de referência; (2) os surdos, filhos de pais ouvintes, que não têm acesso à sua língua de herança no seio familiar, mas sim na comunidade surda; e (3) os ouvintes, filhos de pais surdos, que adquirem a Libras em casa com seus pais e a língua portuguesa nos demais espaços da sociedade. A partir dessa discussão mais geral, focamos os ouvintes, filhos de pais surdos, chamados de codas, pois eles têm acesso à Libras e à língua portuguesa como línguas de aquisição, pois veem a Libras, assim como os demais surdos, e ouvem o português, assim como os demais ouvintes no Brasil. Foram apresentadas pesquisas com esses sinalizantes de língua de herança e também biografias de alguns deles, a fim de oferecer uma visão mais socioantropológica.

Quando os filhos ouvintes de pais surdos se identificaram como codas, há o reconhecimento de uma identidade híbrida que fortaleceu os laços dos filhos com seus pais e estabeleceu uma relação de pertencimento com a comunidade surda. De certa forma, identificar esses codas como sinalizantes nativos reforça essa relação ainda de forma mais específica, pois a língua é parte essencial de uma comunidade. Essa identificação dos falantes e sinalizantes de línguas de herança fortifica a relação de pertencimento com a respectiva comunidade na qual seus pais ou as pessoas de referência dessa comunidade fazem parte. Isso se estende a todos os falantes e sinalizantes de línguas de herança.

Referências

ADRIANO, N. A. *Sinais caseiros*: uma exploração de aspectos linguísticos. 2010. Dissertação (Mestrado) – Programa de Pós-graduação em Linguística, Universidade Federal de Santa Catarina, Florianópolis, 2010.

ALBIRINI, A.; BENMAMOUN, E.; CHAKRANI, B. Gender and number agreement in the oral production of arabic heritage speakers. *Bilingualism*: language and cognition, v. 16, n. 1, p. 1-18, Jan. 2013.

ALBIRINI, A.; BENMAMOUN, E.; SAADAH, E. Grammatical features of egyptian and palestinian arabic heritage speakers' oral production. *Studies in Second Language Acquisition*, v. 33, n. 2, p. 273-303, June 2011.

ANATER, G. I. P. *As marcações linguísticas não-manuais na aquisição da língua de sinais brasileira (LSB)*: um estudo de caso longitudinal. 2009. Dissertação (Mestrado) – Programa de Pós-graduação em Linguística, Universidade Federal de Santa Catarina, Florianópolis, 2009.

BACELLAR, A. O. *A surdo mudez no Brasil*. 1926. Tese (Doutorado) – Faculdade de Medicina de São Paulo, Universidade de São Paulo, São Paulo, 1926.

BAKER, A.; VAN DEN BOGAERDE, B. Code-mixing in signs and words in input to and output from children. In: PLAZA-PUST, C.; MORALES-LÓPEZ, E. (Ed.). *Sign bilingualism*: language development, interaction, and maintenance in sign language contact situations. Amsterdam: John Benjamins, 2008. p. 1-28.

BARBOSA, F. V.; LICHTIG, I. Protocolo do perfil das habilidades de comunicação de crianças surdas. *Revista de Estudos da Linguagem*, v. 22, n. 1, p. 95-118, 2014.

BARROS, M. E. *ELiS - Escrita das línguas de sinais*: proposta teórica e verificação prática. 2008. Tese (Doutorado) – Programa de Pós-graduação em Linguística, Universidade Federal de Santa Catarina, Florianópolis, 2008.

BASSO, I. M. S. *Educação de pessoas surdas*: novos olhares sobre as questões do ensinar e do aprender língua portuguesa. 2003. Dissertação (Mestrado) – Programa de Pós-graduação em Educação, Universidade Federal de Santa Catarina, Florianópolis, 2003.

BELLUGI, U. et al. The development of specialized syntactic mechanisms in american sign language. In: INTERNATIONAL SYMPOSIUM ON SIGN LANGUAGE RESEARCH, 4., 1999, Hamburg. *Proceedings...* Hamburg: Signum-Verlag Press, 1999. p. 16-25.

BENEDICTO, E.; BRENTARI, D. Where did all the arguments go?: argument-changing properties of classifiers in ASL. *Natural Language and Linguistic Theory*, v. 22, n. 4, p. 7434, p, 2004.

BENMAMOUN, E.; MONTRUL, S.; POLINSKY, M. Defining an "ideal" heritage speaker: theoretical and methodological challenges reply to peer commentaries. *Theoretical Linguistics*, v. 39, n. 3-4, p. 259-294, Nov. 2013b.

BENMAMOUN, E.; MONTRUL, S.; POLINSKY, M. Heritage languages and their speakers: opportunities and challenges for linguistics. *Theoretical Linguistics*, v. 39, n. 3-4, p. 129-181, Nov. 2013a.

BENMAMOUN, E.; MONTRUL, S.; POLINSKY, M. *Prolegomena to heritage linguistics*. DASH: Digital Access to Scolarship at Harvard. 2010. Disponível em: <http://www.temoa.info/node/243354>. Acesso em: 21 maio 2012.

BERENT, G. P. Sign language-spoken language bilingualism and the derivation of bimodally mixed sentences. In: BHATIA, T. K.; RITCHIE, W. C. (Ed.). *The handbook of bilingualism and multilingualism*. 2nd. ed. Malden, MA: Wiley-Blackwell, 2013. p. 351-374.

BERENZ, N. F. *Person and deixis in brazilian sign language*. 1996. Dissertation (PhD) – Deparment of Linguistics, University of California, Berkeley, 1996.

BERENZ, N. F.; FERREIRA BRITO, L. Pronouns in BCSL and ASL. In: PAPERS FROM THE FOURTH INTERNATIONAL SYMPOSIUM ON SIGN LANGUAGE RESEARCH, 4., 1987, Lappeenranta, Finland. *Anais...* Hamburg: Signum Press, 1990. p. 26-36.

BERGER, I. R. Por políticas linguístico-educacionais sensíveis ao contexto da tríplice fronteira Argentina-Brasil-Paraguai. *Revista Ideação*, v. 13, n. 2, p.33-44, 2. sem. 2011.

BHABHA, H. K. *O local da cultura*. Belo Horizonte: Ed. UFMG, 1998.

BHABHA, H. K. *O local da cultura*. Belo Horizonte: Ed. UFMG, 2003. Reimpressão.

BIALYSTOK, E.; MARTIN, M. M.; VISWANATHAN, M. Bilingualism across the lifespan: the rise and fall of inhibitory control. *The International Journal of Bilingualism*: cross-disciplinary, cross-linguistic studies of language behavior, v. 9, n. 1, p. 103-119, 2005.

BISHOP, M.; HICKS, S. (Ed.). *Hearing, mother father deaf*: hearing people in deaf families. Washington, D.C.: Gallaudet University Press, 2008.

BISHOP, M.; HICKS, S. Orange eyes: bimodal bilingualism in hearing adults from deaf families. *Sign Language Studies*, v. 5, n. 2, p.188-230, 2005.

BLOMMAERT, J. *The sociolinguistics of globalization*. Cambridge: Cambridge University Press, 2010.

BOON, E. D. *Heritage welsh*: a study of heritage language as the outcome of minority language acquisition and bilingualism. 2014. Dissertation (PhD) – Department of Celtic Languages and Literatures, Harvard University, Cambridge, 2014.

BOON, E. D.; POLINSKY, M. From silence to voice: empowering heritage language speakers in the 21 century. *Informes del Observatorio / Observatorio's Reports*, 002, 06, Instituto Cervantes at FAS, Harvard University, 2014. Disponível em: < http://scholar.harvard.edu/files/mpolinsky/files/002_informes_mp_from-silence.corrected.pdf>. Acesso em: 02 abr. 2012.

BRASIL. Lei nº 10.436, de 24 de abril de 2002. Disponível em: <http://www.planalto.gov.br/ccivil_03/leis/2002/l10436.htm>. Acesso em: 02 abr. 2012.

CAMPELLO, A. R. S. A constituição histórica da língua de sinais brasileira: século XVIII a XXI. *Revista Mundo & Letras*, v. 2, p. 8-25, jul. 2011.

CARVALHO, V. F. *Avaliação dos acadêmicos ouvintes e professores surdos na UFSC na disciplina de Libras como L2*: os cinco tipos de prova. 2015. Dissertação (Mestrado) – Programa de Pós-graduação em Linguística, Universidade Federal de Santa Catarina, Florianópolis, 2015.

CASTRO, C. A. S. *Composicionalidade semântica em Libras*: fronteiras e encaixes. 2007. Tese (Doutorado) – Programa de Pós-graduação em Linguística, Universidade Federal do Rio de Janeiro, Rio de Janeiro, 2007.

CHEN PICHLER, D. et al. Conventions for sign ane speech transcription of child bimodal bilingual corpora in ELAN. *LIA*: Language, Interaction and Acquisition, v. 1, n. 1, p. 11-40, 2010.

CHEN PICHLER, D. et al. Heritage signers: bimodal bilingual children from deaf families. GALA. *Proceedings...* (em fase de elaboração).

CHEN PICHLER, D.; LEE, J.; LILLO-MARTIN, D. Language development in ASL-english bimodal bilinguals. In: QUINTO-POZOS, D. (Ed.) *Multilingual aspects of signed language communication and disorder*. Bristol: Multilingual Matters, 2014. p. 235–260.

CHEN PICHLER, D.; QUADROS, R. M.; LILLO-MARTIN, D. Effects of bimodal production on multi-cyclicity in early ASL and Libras. In: BOSTON UNIVERSITY CONFERENCE ON LANGUAGE DEVELOPMENT – BUCLD, 34, 2009, Boston. *Proceedings...* Boston: Boston University, 2010.

CHO, G.; CHO, K. S.; TSE, L. Why ethnic minorities want to develop their heritage language: the case of korean-americans. *Language, Culture and Curriculum*, v. 10, n. 2, p. 106-112, Jan. 1997.

CHOMSKY, N. Derivation by phase. In: KENSTOWICZ, M. (Ed.), *Ken hale*: a life in language. Cambridge, MA: MIT Press, 2001. p. 1-52.

CHOMSKY, N. *Knowledge of language*: its nature, origin, and use. New York: Praeger, 1986.

CHOMSKY, N. *Linguística cartesiana*: um capítulo da história do pensamento racionalista. Petrópolis: Vozes; São Paulo: EdUSP, 1972.

CHOMSKY, N. *The minimalist program*. Cambridge, MA: MIT Press, 1995.

CHRISTMANN, K. E. O processo de aquisição da linguagem de crianças surdas com implante coclear em dois diferentes contextos: aplicação do método Extensão Média do Enunciado (EME) e apresentação de estudos dos estágios de aquisição com dados em língua de sinais. 2015. Dissertação (Mestrado) – Programa de Pós-graduação em Linguística, Universidade Federal de Santa Catarina, Florianópolis, 2015.

COOK, V. J. Evidence for multicompetence. *Language Learning*: a journal of research in language studies, v. 42, n. 4, p. 557-591, Dec. 1992.

COSTA, D. A. F. *A apropriação da escrita por crianças e adolescentes surdos*: interação entre fatores contextuais, L1 e L2 na busca de um bilinguismo funcional. 2001. Tese (Doutorado) – Faculdade de Letras, Universidade Federal de Minas Gerais, Belo Horizonte, 2001.

COSTA, V. H. S. *Iconicidade e produtividade na língua brasileira de sinais*: a dupla articulação da linguagem em perspectiva. 2012. Dissertação (Mestrado). – Programa de Pós-graduação em Linguística, Universidade Federal de Santa Catarina, Florianópolis, 2012.

DALCIN, G. Um estranho no ninho: um estudo pscicanalítico sobre a constituição da subjetividade do sujeito surdo. In: QUADROS, R. M. (Org.). *Estudos Surdos I*: série pesquisas. Petrópolis: Arara Azul, 2006. p. 186-215.

DAVIDSON, K. Quotation, demonstration, and iconicity. *Linguistics and Philosophy*: an international journal, v. 38, n. 6, p. 477–520, 2015.

DEHAENE, S. et al. Anatomical variability in the cortical representation of first and second language. *Neuroreport*, v. 8, n. 17, p. 3809-3815, Dec. 1997.

DINIZ, H. G. *A história da língua de sinais dos surdos brasileiros*: um estudo descritivo de mudanças fonológicas e lexicais da Libras. Petrópolis: Arara Azul, 2011.

DONATI, C.; BRANCHINI, C. Challenging linearization: simultaneous mixing in the production of bimodal bilinguals. In: BIBERAUER, T.; ROBERTS, I. (Ed.). *Challenges to linearization*. Berlin: Mouton de Gruyter, 2013. p. 93–128.

DONATI, C.; BRANCHINI, C. Simultaneous grammars: two word orders but only one morphology. In: EUROPEAN SUMMER SCHOOL IN LOGIC, LANGUAGE AND INFORMATION, 21., 2009, Bordeaux. *Papers...* Bordeaux: ESSLLI, 2009. p. 20-31.

DÖPKE, S. *One parent, one language*: an interactional approach. Amsterdam: John Benjamins, 1992.

DORIAN, N. C. *Language death*: the life cycle of a scottish gaelic dialect. Philadelphia, PA: University of Pennsylvania Press, 1981.

DRAPER, J.; HICKS, J. Where we've been; what we've learned. In: WEBB, J. B.; MILLER, B. M. (Ed.). *Teaching heritage language learners*: voices from the classroom. Yonkers, NY: ACTFL, 2000. p. 15-35.

ELLIS, R. Interlanguage and the natural route of development. Theories of second language acquisition. In: ELLIS, R. *Understanding second language acquisition*. 6th ed. New York, NY: Oxford University Press, 1990. Chap. 3.

EMMOREY, K. et al. Bimodal bilingualism. *Bilingualism*: language and cognition, v. 11, n. 1, p. 43-62, 2008.

EMMOREY, K.; HERZIG, M. Categorical versus gradient properties of classifier constructions in ASL. In: EMMOREY, K. (Ed.). *Perspectives on classifier constructions in signed languages*. Mahwah, NJ: Erlbaum, 2003. p. 221-246.

EMMOREY, K.; MCCULLOUGH, S.; BRENTARI, D. (2003). Categorial perception in American Sign Language. *Language and Cognitive Processes*, v. 18, n. 1, p. 21-45, Feb. 2003.

FARIA-NASCIMENTO, S. P. A metáfora na LSB e a construção dos sentidos no desenvolvimento da competência comunicativa de alunos surdos. 2003. Dissertação (Mestrado) – Departamento de Linguística, Línguas Clássicas e Vernáculas, Universidade de Brasília, Brasília, 2003.

FARIA-NASCIMENTO, S. P. *Representações lexicais da língua de sinais brasileira*: uma proposta lexicográfica. 2009. Tese (Doutorado) – Universidade de Brasília, Brasília, 2009.

FAVORITO, W. *O difícil são as palavras*: representações de/sobre estabelecidos e 'outsiders' na escolarização de jovens e adultos surdos. 2006. Tese (Doutorado) – Universidade Estadual de Campinas, Campinas, 2006.

FENEIS. *Quantitativo de surdos no Brasil*. 2011. Disponível em: <http://libraseducandosurdos.blogspot.com.br/2012/09/quantitativo-de-surdos-no-brasil.html>. Acesso em: 28 mar. 2012.

FERREIRA BRITO, L. Epistemic, alethic, and deontic modalities in a Brazilian Sign Language. In: FISHER, S. D.; SIPLE, P. (Ed.). *Theoretical issues in sign language research*. v. 1. Chicago: University of Chicago Press, 1990. p. 229-260.

FERREIRA BRITO, L. *Por uma gramática de línguas de sinais*. Rio de Janeiro: Tempo Brasileiro, 1995.

FERREIRA BRITO, L. Similarities and differences in two sign languages. *Sign Language Studies*, n. 42, p. 45-46, 1984.

FISHMAN, J. A. 300-plus years of heritage language education in the United States. In: PEYTON, J. K.; RANARD, D. A.; MCGINNIS, S. (Ed.). *Heritage languages in America*: preserving a national resource. Whashington, D.C.: Center for Applied Linguistics, 2001. p. 81-89.

FISHMAN, J. A. *Do not leave your language alone*: the hidden status agendas within corpus planning in language policy. Mahwah, NJ: Lawrence Erlbaum, 2006.

GESSER, A. *Um olho no professor surdo e outro na caneta:* ouvintes aprendendo a língua de sinais. 2006. Tese (Doutorado) – Programa de Pós-graduação em Linguística, Universidade Estadual de Campinas, Campinas, 2006.

GÖKGÖZ, K.; QUADROS, R. M.; LILLO-MARTIN, D. *Syntactic constraints on code-blending: evidence from distributions of subject points and object points*. (em fase de elaboração).

GOLDIN-MEADOW, S. *The resilience of language*: what gesture creation in deaf children can tell us about how all children learn language. New York: Psychology Press, 2003.

GOLDIN-MEADOW, S.; BRENTARI, D. Gesture, sign and language: the coming of age of sign language and gesture studies. *Behavioral and Brain Sciences*, v. 5, p. 1-82, Oct. 2015.

GRIPP, H. G. *A história da língua brasileira de sinais (Libras)*: um estudo descritivo de mudanças fonológicas e lexicais. 2010. Dissertação (Mestrado) – Programa de Pós-graduação em Linguística, Universidade Federal de Santa Catarina, Santa Catarina, 2010.

GROSJEAN, F. *Bilingual*: life and reality. Cambridge, MA: Harvard University Press, 2010.

GROSJEAN, F. Neurolinguist, beware! The bilingual is not two monolinguals in one person. *Brain and Language*, v. 36, n. 1, p. 3-15, 1989.

GROSJEAN, F. *Studying bilinguals*. New York, NY: Oxford University Press, 2008.

HALL, S. *Da diáspora*: identidades e mediações culturais. Belo Horizonte: Ed. UFMG, 2003.

HALLE, M.; MARANTZ, A. Distributed morphology and the pieces of inflection. In: HALE, K.; KEYSER, J. (Ed.) *The view from building 20*: essays in honor of Sylvain Bromberger. Cambridge, MA: MIT Press, 1993. p. 111–176.

HOFFMEISTER, R. J. Considerations about linguistic studies and deaf education. In: NEW ENGLAND SIGN LANGUAGE FESTIVAL (SIGNFEST), 2016, Boston, USA. Anais... Boston: Boston University, 2016.

HOFFMEISTER, R. J. One generation thick. In: CODA-INTERNATIONAL CONFERENCE, 11., 1996, Califórnia, USA. *Anais...* Califórnia, USA: Coda-International, 1996.

HOFFMEISTER, R. J. One generation thick. In: CODA-INTERNATIONAL CONFE-RENCE, 12., 1997, Colorado, USA. *Anais...* Colorado, USA: Coda-International, 1997.

HOFFMEISTER, R. J. One generation thick: In: CODA-INTERNATIONAL CONFE-RENCE, 13., 1998, Virginia, USA. *Anais...* Virginia, USA: Coda-International, 1998.

HOITING, N. Deaf children are verb attenders: early sign vocabulary development in dutch toddlers. In: SCHICK, B. S.; MARSCHARK, M.; SPENCER, P. (Ed.). *Advances in the sign language development of deaf children*. Oxford: Oxford University Press, 2006. p. 161-188.

ISAKSON, S. K. *Heritage signers*: language profile questionnaire. 2016. Dissertation (MAIS) – Western Oregon University, Oregon, USA, 2016.

JENNINGS-WINTERLE, F.; LIMA-HERNANDES, M. C. *Português como língua de herança*: a filosofia do começo, meio e fim. Nova Iorque: Ed. Brasil em Mente, 2015.

KANTO, L.; HUTTUNEN, K.; LAAKSO, M. L. Relationship between the linguistic environments and early bilingual language development of hearing children in deaf-parented families. *Journal of Deaf Studies and Deaf Education*, v. 18, n. 2, p. 242–260, 2013.

KAPLAN, R. B.; BALDAUF, R. B. *Language planning*: from practice to theory. Clevedon: Multilingual Matters, 1995.

KARNOPP, L. B. *Aquisição do parâmetro configuração de mão dos sinais da Libras*: estudo sobre quatro crianças surdas filhas de pais surdos. 1994. Dissertação (Mestrado) – Instituto de Letras e Artes, Pontifícia Universidade Católica do Rio Grande do Sul, Porto Alegre, 1994.

KARNOPP, L. B. *Aquisição fonológica na língua brasileira de sinais*: estudo longitudinal de uma criança surda. 1999. Tese (Doutorado) – Pontifícia Universidade Católica do Rio Grande do Sul, Porto Alegre, 1999.

KOGUT, M. K. *As descrições imagéticas na transcrição e leitura de um texto em SignWriting*. 2015. Dissertação (Mestrado) – Programa de Pós-graduação em Linguística, Universidade Federal de Santa Catarina, Florianópolis, 2015.

KONDO-BROWN, K. (Ed.). *Heritage language development*: focus on East Asian immigrants. Amsterdam: John Benjamins, 2006.

LADD, P. Time to locate the big picture? In: *Cross-linguistic perspective in sign language research*: selected papers from TISLR 2000. Seiten: Signum, 2003. p. 3-16.

LANE, H. *A máscara da benevolência*: a comunidade surda amordaçada. Lisboa: Instituto Piaget, 1992.

LANE, H.; BAHAN, B.; HOFFMEISTER, R. J. *A journey into the deaf-world*. San Diego: DawnSignPress, 1996.

LANZA, E. *Language mixing in infant bilingualism*: a sociolinguistic perspective. New York, NY: Oxford University Press, 1997.

LEITE, T. A. *A segmentação da língua de sinais brasileira (Libras)*: um estudo linguístico descritivo a partir da conversação espontânea entre surdos. 2008. Tese (Doutorado) – Faculdade de Filosofia, Letras e Ciências Humanas, Universidade de São Paulo, São Paulo, 2008.

LEITE, T. A.; QUADROS, R. M. Línguas de sinais do Brasil: reflexões sobre o seu estatuto de risco e a importância da documentação. In: STUMPF, M.; QUADROS, R. M.; LEITE, T. A. (Org.). *Estudos da língua brasileira de sinais II*. Florianópolis: Ed. Insular, 2014. p. 15-28.

LENNEBERG, E. H. *Biological foundations of language*. New York: John Wiley, 1967.

LILLO-MARTIN, D. et al. Bilingual language synthesis: evidence from WH-questions in bimodal bilinguals. In: CONFERENCE ON LANGUAGE DEVELOPMENT, 36., 2012, Boston, MA. *Proceedings...* Somerville, MA: Cascadilla Press, 2012. p. 302–314.

LILLO-MARTIN, D. et al. Bimodal bilingual cross-language influence in unexpected domains. In: LANGUAGE ACQUISITION AND DEVELOPMENT - GALA, 2009, Lisboa, Portugal. *Proceedings...* Newcastle upon Tyne: Cambridge Scholars Press, 2010. p. 264–275.

LILLO-MARTIN, D. et al. Language choice in bimodal bilingual development. *Frontiers in Psychology*, v. 5, n. 1163, p. 1-15, 2014.

LILLO-MARTIN, D.; QUADROS, R. M. Acquisition of syntax-discourse interface: the expression of point of view. *Lingua*, v. 121, n. 4, p. 567-688, 2011.

LILLO-MARTIN, D.; QUADROS, R. M. de.; CHANDLEE, J. Two in one: evidence for imperatives as the analogue to RIs from ASL and LSB. In: CONFERENCE ON LANGUAGE DEVELOPMENT, 33., 2009, Boston, MA. *Proceedings...* Somerville, MA: Cascadilla Press, 2009. p. 302-312.

LILLO-MARTIN, D.; QUADROS, R. M.; CHEN PICHLER, D. The development of bimodal bilingualism: implications for linguistic theory. *Linguistic Approaches to Bilingualism*, v. 6, n. 6, p. 719-755, 2016.

MACSWAN, J. Codeswitching and generative grammar: a critique of the MLF model and some remarks on "modified Minimalism". *Bilingualism, Language and Cognition*, v. 8, n. 1, p. 1–22, 2005.

MACSWAN, J. The architecture of the bilingual language faculty: evidence from intrasentential code switching. *Bilingualism, Language and Cognition*, v. 3, n. 1, p. 37–54, 2000.

MASSINI-CAGLIARI, G. Language policy in Brazil: monolingualism and linguistic prejudice. *Language Policy*, v. 3, n.1, p. 3–23, 2004.

MAYBERRY, R. I. Early language acquisition and adult language ability: what sign language reveals about the critical period for language. In: MARSCHARK, M.; SPENCER, P. E. (Ed.). *Oxford handbook of deaf studies, language, and education*. v. 2. Oxford: Oxford University Press, 2010. p. 281-291.

MAYBERRY, R. I.; WITCHER, P. What age of acquisition effects reveal about the nature of phonological processing. *Center for Research in Language*, v.17, n.3, p. 1-9, Dec. 2005.

MCCLEARY, L.; VIOTTI, E. Língua e gesto em línguas sinalizadas. *Veredas*, v. 15, n. 1, p. 289-304, 2011. Disponível em: <http://www.ufjf.br/revistaveredas/files/2011/05/ARTIGO-212.pdf>. Acesso em: 28 mar. 2012.

MCCLEARY, L.; VIOTTI, E. Sign-gesture symbiosis in brazilian sign language narrative. In: PARRILL, F.; TOBIN, V.; TURNER, M. (Ed.) *Meaning, form, and body*. Stanford, CA: CSLI Publications, 2010. p. 181-201.

MCCLEARY, L.; VIOTTI, E.; LEITE, T. A. *Descrição das línguas sinalizadas*: a questão da transcrição dos dados. *ALFA*: Revista de Linguística, v. 54, n. 1, 2010.

MIRANDA, W. O. *Comunidade dos surdos:* olhares sobre os contatos culturais. 2001. Dissertação (Mestrado) – Programa de Pós-graduação em Educação, Universidade Federal do Rio Grande do Sul, Porto Alegre, 2001.

MONTRUL, S. Incomplete acquisition and attrition of spanish tense/aspect distinctions in adult bilinguals. *Bilingualism*: Language and Cognition, v. 5, n. 1, p. 39-68, 2002.

MONTRUL, S. *Incomplete acquisition in bilingualism*: re-examining the age factor. Amsterdam: John Benjamins, 2008.

MONTRUL, S. Morphological errors in spanish second language learners and heritage speakers. *Studies in second language acquisition*, v. 33, n. 2, p. 163-192, 2011.

MULROONEY, K. J. Variation in ASL fingerspelling. In: LUCAS, C. (Ed.). *Turn-taking, fingerspelling, and contact in signed languages*. Washington, D.C.: Gallaudet University Press, 2002. p. 3-23.

NASCIMENTO, G. R. P. do. *Aspectos da organização de textos escritos por universitários surdos.* 2008. Tese (Doutorado) – Programa de Pós-graduação em Letras, Universidade Federal de Pernambuco, Recife, 2008.

NUNES, J. M.; QUADROS, R. M. Phonetic realization of multiple copies in brazilian sign language. In: *Signs of the time*: selected papers from TISLR 2004. v. 1. Hamburg/Germany: Signum Press, 2008. p. 179-192.

PALLIER, C. S. et al. Brain imaging of language plasticity in adopted adults: can a second language replace the first? *Cerebral Cortex*, v. 13, n. 2, p. 155-161, 2003.

PALMER, J. L. *ASL word order development in bimodal bilingual children*: early syntax of hearing and cochlear-implanted deaf children from signing families. 2015. Dissertation (PhD) – Gallaudet University, Washington, D.C., 2015.

PARADIS, M. L1 attrition features predicted by a neurolinguistic theory of bilingualism. In: KÖPKE, B. et al (Ed). *Language attrition*: theoretical perspectives. Amsterdam: John Benjamins, 2007. p. 121-133.

PASSOS, G. C. R. *Os intérpretes de língua de sinais*: atitudes frente à língua de sinais e às pessoas surdas. 2010. Dissertação (Mestrado) – Programa de Pós-graduação em Linguística, Universidade Federal de Santa Catarina, Florianópolis, 2010.

PATERNO, U. *A política linguística da rede estadual de ensino em Santa Catarina em relação à educação de surdos*. 2007. Dissertação (Mestrado) – Programa de Pós-graduação em Linguística, Universidade Federal de Santa Catarina, Florianópolis, 2007.

PAVLENKO, A. L2 influence and L1 attrition in adult bilingualism. In: SCHMID, M. et al. (Ed.). *First language attrition*: interdisciplinary perspectives on methodological issues. Amsterdam: John Benjamins, 2004. p. 47-59.

PEREIRA, M. C. C. (Org.). *Leitura, escrita e surdez*. São Paulo: FDE, 2005.

PEREIRA, M. C. C.; ROCCO, G. C. Aquisição da escrita por crianças surdas: início do processo. *Letrônica*, v. 2, n. 1, p. 138-149, jul. 2009.

PEREIRA, O. R. *Nascidos no silêncio*: as relações entre filhos ouvintes e pais surdos na educação. 2012. Dissertação (Mestrado) – Programa de Pós-graduação em Educação, Universidade Metodista de São Paulo, São Bernardo do Campo, 2013.

PERLIN, G. Identidades surdas. In: SKLIAR, C. (Org.). *A surdez*: um olhar sobre as diferenças. Porto Alegre: Mediação, 1998.

PERLIN, G.; MIRANDA, W. Surdos: o narrar e a política. *Ponto de Vista*: Revista de Educação e Processos Inclusivos, n. 5, p. 217-223, 2003.

PETROJ, V. et al. ASL dominant code-blending in the whispering of bimodal bilingual children. In: BOSTON UNIVERSITY CONFERENCE ON LANGUAGE DEVELOPMENT (BUCLD), 38., 2014, Boston, MA. *Proceedings*... Somerville, MA: Cascadilla Press, 2014.

PEYTON, J. K.; RANARD, D. A.; MCGINNIS, S. (Ed.). *Heritage languages in America*: preserving a national resource. Whashington, D.C.: Center for Applied Linguistics, 2001.

PIZZIO, A. L. *A tipologia linguística e a língua de sinais brasileira*: elementos que distinguem nomes de verbos. 2011. Tese (Doutorado) – Programa de Pós-graduação em Linguística, Universidade Federal de Santa Catarina, Florianópolis, 2011.

PIZZIO, A. L. *A variabilidade da ordem das palavras na aquisição da língua de sinais brasileira*: construções com tópico e foco. 2006. Dissertação (Mestrado) – Programa de Pós-graduação em Linguística, Universidade Federal de Santa Catarina, Florianópolis, 2006.

POLINSKY, M. Gender under incomplete acquisition: heritage speakers' knowledge of noun categorization. *The Heritage Language Journal*, v. 6, n. 1, p. 40-71, 2008.

POLINSKY, M. Heritage languages and their speakers: state of the field, challenges, perspectives for future work, and methodologies. *Zeitschrift fuer Fremdsprachwissenschaft*, v. 26, p. 7-27, 2015b.

POLINSKY, M. Incomplete acquisition: american russian. *Journal of Slavic Linguistics*, v. 14, p. 191-262, 2006.

POLINSKY, M. Reanalysis in adult heritage language: new evidence in support of attrition. *Studies in Second Language Acquisition*, v. 33, n. 2, p. 305–328, 2011.

POLINSKY, M. When L1 becomes an L3: assessing grammatical knowledge in heritage speakers/learners. *Bilingualism*: Language and Cognition, v. 18, p. 163-178, 2015a.

POLINSKY, M. Word class distinctions in an incomplete grammar. In: POLINSKY, M., RAVID, D.; SHYLDKROT, HB-Z (Ed.). Perspectives on language and language development. Dordrecht: Kluwer Academic Press, 2005. p. 419-436.

POLINSKY, M.; KAGAN, O. Heritage languages: in the "wild" and the classroom. *Language and Linguistics Compass*, v. 1, n. 5, p. 368-395, 2007.

POLLOCK, D. C.; VAN REKEN, R. E. *Third culture kids*: the experience of growing up among worlds. Yarmouth, ME: Intercultural Press, 2001.

PRATT, M. L. A crítica na zona de contato: nação e comunidade fora de foco. *Travessia*, n.38, p. 29, 1999.

PRATT, M. L. Arts of the contact zone. In: STYGALL, G. (Ed.). *Academic discourse*: readings for argument and analysis. Fort Worth: Harcourt College Publishers, 2000. p. 573-587.

PRESTON, P. *Mother father deaf*: living between sound and silence. Cambridge, MA: Harvard University Press, 1994.

PYERS, J.; EMMOREY, K. The face of bimodal bilingualism: grammatical markers in american sign language are produced when bilinguals speak to english monolinguals. *Psycholigal Science*, v. 19, n. 6, p. 531–536, 2008.

QUADROS, R. M. Avaliação da língua de sinais em crianças surdas na escola. *Letras de Hoje*, v. 39, n. 3, p. 297-309, 2004a.

QUADROS, R. M. *Desenvolvimento linguístico e educação de surdos*. Santa Maria: UFSM - MEC, 2006d.

QUADROS, R. M. *Educação de surdos*: a aquisição da linguagem. Porto Alegre: Artmed, 1997.

QUADROS, R. M. Efeitos de modalidade de línguas: as línguas de sinais. *ETD: Educação Temática Digital*, v. 7, n. 2, p. 167-177, 2006b.

QUADROS, R. M. *Estudos Surdos I*. Petrópolis: Arara Azul, 2006a.

QUADROS, R. M. *Estudos Surdos III*. Petrópolis: Arara Azul, 2008a.

QUADROS, R. M. et al. Code-blending speech with depicting signs. To be submittet at *Linguistic Approaches to Bilingualism*. (em fase de elaboração - b).

QUADROS, R. M. et al. *The languages of bimodal bilinguals heritage signers*. To be submittet at *Glossa*. (em fase de elaboração - a).

QUADROS, R. M. Gramática da língua de sinais brasileira: os diferentes tipos de verbos e suas repercussões na sintaxe. *Revista da ANPOLL*, v. 1, n. 16, p. 289-320, 2004b.

QUADROS, R. M. Language policies and sign languages. IN: JAMES W. TOLLEFSON, J. W.; PÉREZ-MILANS, M. (Org.). *The oxford handbook of language policy and planning*. Oxford: Oxford University Press, (em fase de elaboração).

QUADROS, R. M. *Letras Libras: ontem, hoje e amanhã*. Florianópolis: Ed. UFSC, 2015.

QUADROS, R. M. *Libras como língua de herança*. 2016. Relatório Pós-Doutoramento) – Departamento de Linguística e Instituto de Ciências Sociais, Harvard University, Cambridge, CNPq/Brasil, 2016a.

QUADROS, R. M. Linguistic policies, linguistic planning, and brazilian sign language in Brazil. *Sign Language Studies*, v. 12, n. 4, p. 543-564, 2012.

QUADROS, R. M. O tradutor e intérprete de língua brasileira de sinais e língua portuguesa. Brasília: MEC; SEESP, 2004c.

QUADROS, R. M. *Phrase structure of brazilian sign language*. 1999. Tese (Doutorado) – Pontifícia Universidade Católica do Rio Grande do Sul, Porto Alegre, 1999.

QUADROS, R. M. Políticas linguísticas e educação de surdos em Santa Catarina: espaço de negociações. *Cadernos do CEDES* (UNICAMP), v. 26, n. 69, p. 141-162, 2006c.

QUADROS, R. M. Sign language acquisition. In: MARTÍ I CASTELL, J.; MESTRES I SERRA. J. M. (Org.). *Les llengües de signes com a llengües minoritàries*: perspectives lingüístiques, socials i polítiques. Barcelona: Limpergraf, 2010. p. 121-142.

QUADROS, R. M. *Sign Languages*: spinning and unraveling the past, present and future. Petrópolis: Arara Azul, 2008b.

QUADROS, R. M. Situando as diferenças implicadas na educação de surdos: inclusão/exclusão. *Ponto de Vista*: Revista de Educação e Processos Inclusivos, v. 5, p. 81112, 2003.

QUADROS, R. M.; CAMPELLO, A. R. S. Constituição política, social e cultural da língua brasileira de sinais. In: VIEIRA-MACHADO, L. M. C.; LOPES, M. C. (Org.). *Educação de surdos*: políticas, língua de sinais, comunidade e cultura surda. 1 ed. Santa Cruz/RS: EDUNISC, 2010. p. 1547.

QUADROS, R. M.; CRUZ, C. R. *Língua de sinais*: instrumentos de avaliação. Porto Alegre: Artmed, 2011.

QUADROS, R. M.; KARNOPP, L. B. *Língua de sinais brasileira: estudos linguísticos*. Porto Alegre: Artmed., 2004.

QUADROS, R. M.; LILLO-MARTIN, D. Clause structure. In: BRENTARI, D. (Ed.). *Sign languages*: cambridge language surveys. 1 ed. Cambridge: Cambridge Universtity Press, 2010. p. 1-45.

QUADROS, R. M.; LILLO-MARTIN, D. Focus constructions in american sign language and língua de sinais brasileira. In: *Signs of the time*: selected papers from TISLR 2008. v. 1. Hamburg: Signum Verlang, 2008. p. 171-176.

QUADROS, R. M.; LILLO-MARTIN, D.; CHEN PICHLER, D. Methodological considerations for the development and use of sign language acquisition corpora. In: RASO, T.; MELLO, H. (Org). *Spoken corpora and linguistic studies*. Amsterdam: John Benjamins, 2014. p. 84104.

QUADROS, R. M.; LILLO-MARTIN, D.; CHEN PICHLER, D. Desenvolvimento bilíngue intermodal: implicações para educação e interpretação de línguas de sinais. In: MOURA, M. C.; CAMPOS, S. R. L.; VERGAMINI, S. A. A. (Org.). *Educação para surdos*: práticas e perspectivas II. São Paulo: Santos Editora, 2011. p. 1-14.

QUADROS, R. M.; LILLO-MARTIN, D.; CHEN PICHLER, D. O que bilíngues bimodais tem a nos dizer sobre o desenvolvimento bilíngue? *Letras de Hoje*, v. 48, n. 3, p. 380-388, 2013b.

QUADROS, R. M.; LILLO-MARTIN, D.; EMMOREY, K. As línguas de bilíngues bimodais. *Linguística*: Revista de Estudos Linguísticos da Univerdade do Porto, v. 11, p. 139-160, 2016.

QUADROS, R. M.; MASUTTI, M. CODAs brasileiros: libras e português em zonas de contato. In: QUADROS, R. M.; PERLIN, G. (Org.). *Estudos surdos II*. Petrópolis: Arara Azul, 2007. p. 238-266.

QUADROS, R. M.; MASUTTI, M. L. Brazilian codas: libras and portuguese in contact zones. In: BISHOP, M.; HICKS, S. L. *Hearing, mother father deaf*: hearing people in deaf families. 1 ed. v. 14. Washington, D.C.: Gallaudet University Press, 2008. p. 197218.

QUADROS, R. M.; OLIVEIRA, J. S.; MIRANDA, R. D. IDSinais para organização e busca de dados em corpus de Libras. In: STUMPF, M.; QUADROS, R. M.; LEITE, T. A. (Org.) *Estudos da língua brasileira de sinais II*. Florianópolis: Ed. Insular, 2014. p. 2944.

QUADROS, R. M.; PERLIN, G. *Estudos Surdos II*. Petrópolis: Arara Azul, 2007.

QUADROS, R. M.; PIZZIO, A. L. Aquisição da língua de sinais brasileira: constituição e transcrição dos corpora. In: LIMA-SALLES, H. M. M. (Org.) *Bilinguismo dos surdos*. Goiânia: Cânone Editorial, 2007. p. 49-72.

QUADROS, R. M.; QUER, J. A caracterização da concordância nas línguas de sinais. In: LIMA-SALLES, H. M. M.; NAVES, R. R. (Org.). *Estudos gerativos da língua de sinais brasileira e de aquisição do português (L2) por surdos*. Goiânia: Cânone Editorial, 2010. p. 33-58.

QUADROS, R. M.; STROBEL, K.; MASUTTI, M. L. Deaf gains in Brazil: linguistic policies and network establishment. In: BAUMAN, H. D. L.; MURRAY, J. J. (Ed.). *Deaf gain*: raising the stakes for human diversity. Minneapolis: University of Minnesota Press, 2014. p. 341-355.

QUADROS, R. M.; STUMPF, M. *Estudos Surdos IV*. Petrópolis: Arara Azul, 2009.

QUADROS, R. M.; STUMPF, M.; LEITE, T. A. (Org.). *Estudos da língua brasileira de sinais*. v. 1. Florianópolis: Ed. Insular, 2013.

QUADROS, R. M.; VASCONCELLOS, M. L. B. (Org.) *Questões teóricas das pesquisas em línguas de sinais*. Petrópolis: Arara Azul., 2008

QUADROS, R. M.; WEININGER, M. J. (Org.). *Estudos da língua brasileira de sinais*. v. 3. Florianópolis: Ed. Insular, 2014.

RAMOS, C. R. *Uma leitura da tradução de Alice no país das maravilhas para a língua brasileira de sinais*. 2000. Tese (Doutorado) – Programa de Pós-graduação em Letras, Universidade Federal do Rio de Janeiro, Rio de Janeiro, 2000.

REYNOLDS, W. *Early bimodal bilingual development of ASL narrative referent cohesion*: in a heritage language framework. 2016. Dissertation (PhD), Department of Linguistics, Gallaudet University, Whasgington, D.C., 2016.

REYNOLDS, W.; PALMER, J. Codas as heritage learners'signers. In: CODA-INTERNATIONAL CONFERENCE, 29., 2014, Arizona, USA. *Anais...* Arizona, USA: Coda-International, 2014.

RODRIGUES, C. H.; QUADROS, R. M. (Org.). Apresentação: estudos da tradução e da interpretação de línguas de sinais. *Cadernos de Tradução*, ed. especial, v. 35, n. 2, p. 2-10, jul./dez. 2015.

RUTHERFORD, J. The third space: interview with Homi Bhabha. In: RUTHERFORD, J. (Ed.). *Identity*: community, culture, difference. London: Lawrence & Wishart, 1990. p. 207-221.

SACKS, O. W. *Seeing voices*: a journey into the world of the deaf. Berkeley: University California Press, 1989.

SANTOS, D. V. *Estudo de línguas de sinais*: um contexto para a análise da língua brasileira de sinais. 2002. Tese (Doutorado) – Universidade Federal do Rio de Janeiro, Rio de Janeiro, 2002.

SANTOS, S. A. Intérpretes de língua brasileira de sinais: um estudo sobre as identidades. 2006. Dissertação (Mestrado) – Programa de Pós-graduação em Educação, Universidade Federal de Santa Catarina, Florianópolis, 2006.

SAUSSURE, F. *Curso de linguística geral*. 27. ed. São Paulo: Cultrix, 2006.

SCHMITT, D. *A história da língua de sinais em Santa Catarina*: contextos sócio-históricos e sociolinguísticos de surdos de 1946 a 2010. 2013. Tese (Doutorado) – Programa de Pós-graduação em Linguística, Universidade Federal de Santa Catarina, Florianópolis, 2013.

SELIGER, H. Deterioration and creativity in childhood bilingualism. In: HYLTENSTAM, K.; OBLER, L. K. *Bilingualism across the lifespan*: aspects of acquisition, maturity and loss. Cambridge: Cambridge University Press, 1989. p. 173-184.

SELINKER, L. *Rediscovering interlanguage*. London: Longman, 1994.

SILVA, L. *Investigando a categoria aspectual na aquisição da língua brasileira de sinais*. 2010. Dissertação (Mestrado) – Programa de Pós-graduação em Linguística, Universidade Federal de Santa Catarina, Florianópolis, 2010.

SILVA, R. C. *Indicadores de formalidade no gênero monológico em Libras*. 2013. Dissertação (Mestrado) – Programa de Pós-graduação em Linguística, Universidade Federal de Santa Catarina, Florianópolis, 2013.

SILVA, S. G. L. *Compreensão leitora em segunda língua de surdos sinalizantes da língua de sinais*: um estudo comparativo entre estudantes de uma educação em ambiente bilíngue e não bilíngue. 2016. Tese (Doutorado) – Programa de Pós-graduação em Linguística, Universidade Federal de Santa Catarina, Florianópolis, 2016.

SILVA-CORVALÁN, C. Spanish language attrition in a contact situation with english. In: SELIGER, H. W.; VAGO, R. M. (Ed.). *First language attrition*. Cambridge: Cambridge University Press, 1991. p. 151-172.

SILVERSTEIN, M. "Cultural" concepts and the language-culture nexus. *Current Anthropology*, n. 5, v. 45, p. 621-652, Dec. 2004.

SINGLETON, D. M.; RYAN, L. *Language acquisition*: the age factor. 2nd ed. Clevedon: Multilingual Matters, 2004.

SINGLETON, J.; NEWPORT, E. When learners surpass their models: the acquisition of american sign language from impoverish input. 1994. Manuscript. University of Rochester, Rochester, NY, 1994.

SKLIAR, C.; QUADROS, R. M. Invertendo epistemologicamente o problema da inclusão: os ouvintes no mundo dos surdos. *Estilos da Clínica*, v. 5, n. 9, p. 3251, 2000.

SLOBIN, D. I. Issues of linguistic typology in the study of sign language development of deaf children. In: SCHICK, B.; MARSCHARK, M.; SPENCER, P. E. (Ed.). *Advances in the sign language development of deaf children*. Oxford: Oxford University Press, 2006. p. 20-45.

SOUZA, A. N. *Educação plurilíngue para surdos*: uma investigação do desenvolvimento da escrita em português (segunda língua) e inglês (terceira língua). 2012. Projeto de Tese (Doutorado) – Programa de Pós-graduação em Linguística, Universidade Federal de Santa Catarina, Florianópolis, 2012.

SOUZA, A. N. *Surdos brasileiros escrevendo em inglês*: uma experiência com o ensino comunicativo de línguas. 2008. Dissertação (Mestrado) – Programa de Pós-graduação em Linguística Aplicada, Universidade Estadual do Ceará, Fortaleza, 2008.

SOUZA, J. C. F. *Intérpretes Codas*: construção de identidades. 2014. Dissertação (Mestrado) – Programa de Pós-graduação em Estudos da Tradução, Universidade Federal de Santa Catarina, Florianópolis, 2015.

SOUZA, L. M. T. M. Hibridismo e tradução cultural em Bhabha. In: ABDALA JÚNIOR, B. (Org). *Margens da cultura*: mestiçagem, hibridismo & outras misturas. São Paulo: Boitempo Editorial., 2004. p. 113-133.

SOUZA, T. A. F. *A relação sintático-semântica dos verbos e seus argumentos na língua brasileira de sinais – Libras*. 1998. Tese (Doutorado) – Centro de Letras e Artes, Universidade Federal do Rio de Janeiro, Rio de Janeiro, 1998.

SOUZA, W. P. A. *A construção da argumentação na língua brasileira de sinais*: divergência e convergência com a língua portuguesa. 2009. Tese (Doutorado) – Universidade Federal da Paraíba, João Pessoa, 2009.

STROBEL, K. *As imagens do outro sobre a cultura surda*. Florianópolis: Ed. UFSC, 2008.

STUMPF, M.; QUADROS, R. M.; LEITE, T. A. (Org.). *Estudos da língua brasileira de sinais II*. Florianópolis: Ed. Insular, 2014.

SUTTON-SPENCE, R.; QUADROS, R. M. Sign language poetry and deaf identity. *Sign Language & Linguistics*, v. 8, n. 1/2, p. 177-212, 2005.

TSE, L. Language brokering in linguistic minority communities: the case of chinese and vietnamese-american students. *The Bilingual Research Journal*, n. 3/4, v. 20, p. 485-498, summer/fall 1996.

VALDÉS, G. Heritage language students: profiles and possibilities. In: PEYTON, J.; RANARD, J.; MCGINNIS, S. (Ed.). *Heritage languages in America*: preserving a national resource. Whashington, D.C.: Center for Applied Linguistics, 2001. p. 37-80.

VALDÉS, G. Heritage language students: profiles and possibilities. In: WILEY, T. G. et al. (Ed.). *Handbook of heritage, community, and native american languages in the United States*: research, policy, and educational practice. New York, NY; London: Routledge, 2014. p. 27-35.

VAN DEN BOGAERDE, B.; BAKER, A. E. Bimodal language acquisition in Kodas. In: BISHOP, M.; HICKS, S. L. (Ed.). *Hearing, mother father deaf*: hearing people in deaf families. 1 ed. v. 14. Washington, D.C.: Gallaudet University Press, 2009. p. 99131.

VAN DEN BOGAERDE, B.; BAKER, A. E. Code mixing in mother-child interaction in deaf families. *Sign Language & Linguistics*, v. 8 n. 1/2, p. 153–176, 2005.

VENTUREYRA, V. A. G.; PALLIER, C.; YOO, H. Y. The loss of first language phonetic perception in adopted Koreans. *Journal of Neurolinguistics*, v. 17, n. 1., p. 79-91, Jan. 2004.

VERAS, E. C. *Procedimentos metodológicos para a compilação de um corpus de língua de sinais a partir da rede*: reflexões com base em um corpus piloto de gêneros na plataforma Youtube. 2014. Dissertação (Mestrado) – Programa de Pós-graduação em Linguística, Universidade Federal de Santa Catarina, Florianópolis, 2014.

VILHALVA, S. *Mapeamento das línguas de sinais emergentes*: um estudo sobre as comunidades linguísticas indígenas de Mato Grosso do Sul. 2009. Dissertação (Mestrado) – Programa de Pós-graduação em Linguística, Universidade Federal de Santa Catarina, Florianópolis, 2009.

WANDERLEY, D. C. *Aspectos da leitura e escrita de sinais*: estudos de caso com alunos surdos de educação básica e de universitários surdos e ouvintes. 2012. Dissertação (Mestrado) – Programa de Pós-graduação em Linguística, Universidade Federal de Santa Catarina, Florianópolis, 2012.

XAVIER, A. N. Uma ou duas? Eis a questão!: um estudo do parâmetro número de mãos na produção de sinais da língua brasileira de sinais (Libras). 2014. Tese (Doutorado) . Instituto de Estudos da Linguagem, Universidade Estadual de Campinas, Campinas, 2014.

ZANCANARO JUNIOR, L. A. *Produções em Libras como segunda língua por ouvintes não fluentes e fluentes*: um olhar atento para os parâmetros fonológicos. 2013. Dissertação (Mestrado) – Programa de Pós-graduação em Linguística, Universidade Federal de Santa Catarina, Florianópolis, 2013.

ZWITSERLOOD, I. Classifiers. In: PFAU, R.; STEINBACH, M.; WOLL, B. (Ed.). *Sign language*: an international handbook. Berlin: Mouton de Gruyter, 2012. p. 158-185.

LEITURAS RECOMENDADAS

ANDERSON, R. T. Loss of gender agreement in L1 attrition: preliminary results. *Bilingual Research Journal*: The Journal of the National Association for Bilingual Education, v. 23, n. 4, p. 389-408, 1999.

BEAUDRIE, S.; DUCAR, C.; POTOWSKI, K. General sociolinguistic considerations. In: BEAUDRIE, S.; DUCAR, C.; POTOWSKI, K S. (Ed.). *Heritage language teaching*: research and practice. Columbus, OH: McGraw-Hill Education, 2014. p. 17-35.

FARIA, C. V. S. *Aspectos da morfologia da língua brasileira de sinais*. 2003. Tese (Doutorado) – Universidade Federal do Rio de Janeiro, Rio de Janeiro, 2003.

FERNANDES, E. *Problemas linguísticos e cognitivos do surdo.* Rio de Janeiro: Agir, 1990.

FINAU, R. A. *Os sinais de tempo e aspecto na Libras.* 2004. Tese (Doutorado). – Programa de Pós-graduação em Letras, Universidade Federal do Paraná, Curitiba, 2004.

GROSJEAN, F. *Life with two languages*: an introduction to bilingualism. Cambriedge, MA: Harvard University Press, 1982.

HOFFMEISTER, R. Border crossings by hearing children of deaf parents: the lost history of Codas. In: BAUMAN, H. D. L. (Ed.). *Open your eyes*: deaf studies talking. Minneapolis: University of Minnesota Press, 2007. p. 189-215.

MONTRUL, S. Second language acquisition and first language loss in adult early bilinguals: exploring some differences and similarities. *Second Language Research*, v. 21, n. 3, p. 199- 249, 2005.

QUADROS, R. M. *As categorias vazias pronominais*: uma análise alternativa com base na Libras e reflexos no processo de aquisição. 1995. Dissertação (Mestrado) – Pontifícia Universidade Católica do Rio Grande do Sul, Porto Alegre, 1995.

QUADROS, R. M. Documentação da língua brasileira de sinais. In: SEMINÁRIO IBEROAMERICANO DE DIVERSIDADE LINGUÍSTICA, 2014, Foz do Iguaçu. *Anais...* Brasília: IPHAN Ministério da Cultura, 2016b. p. 157174.

QUADROS, R. M.; CRUZ, C. R.; PIZZIO, A. L. Memória fonológica em crianças bilíngues bimodais e crianças com implante coclear, *Revista Virtual de Estudos da Linguagem - ReVEL,* v. 10, n.19, p. 185-212, 2012.

QUADROS, R. M.; LILLO-MARTIN, D. Sign language acquistion verbal morphology in brazilian and american sign language. In: SCLIAR-CABRAL, L. (Org.). *Psycholinguistics*: scientific and technological challenges. 1 ed. Porto Alegre: EDIPUCRS, 2009. p. 252-262.

QUADROS, R. M.; LILLO-MARTIN, D.; CHEN PICHLER, D. Early effects of bilingualism on WH-question structures: insight from sign-speech bilingualism. In: STAVRAKAKI, S.; LALIOTI, M.; KONSTANTINOPOULOU, P. (Ed.). Proceedings of GALA 2011. Newcastle upon Tyne: Cambridge Scholars Press, 2013a. p. 300–308.

ROTHMAN, J. Heritage speaker competence differences, language change, and input type: inflected infinitives in heritage brazilian portuguese. *The International Journal of Bilingualism*: cross-disciplinary, cross-linguistic studies of language behavior, v. 11, n. 4, p. 359-390, 2007.

SOUZA, A. N. *Educação plurilíngue para surdos: uma investigação do desenvolvimento da escrita em português (segunda língua) e inglês (terceira língua).* 2015. Tese (Doutorado) – Programa de Pós-graduação em Linguística, Universidade Federal de Santa Catarina, Florianópolis, 2015.

WILEY, T. G. On defining heritage languages and their speakers. In: PEYTON, J. K.; RANARD, D. A.; MCGINNIS, S. (Ed.). *Heritage languages in America*: preserving a national resource. Washington, D.C.: Center for Applied Linguistics, 2001. p. 29-36.

WILEY, T. G. The problem of defining heritage and community languages and their speakers: on the utility and limitations of definitional constructs 1. In: WILEY, T. G. et al. (Ed.). *Handbook of heritage, community, and native american languages in the United States*: research, policy, and educational practice. New York, NY; London: Routledge, 2014. p. 19-26.

ZENTELLA, A. C. *Growing up bilingual*: puerto rican children in New York. Oxford: Blackwell, 1997.

IMPRESSÃO:

Pallotti
GRÁFICA EDITORA
IMAGEM DE QUALIDADE

Santa Maria - RS - Fone/Fax: (55) 3220.4500
www.pallotti.com.br